东西文化之辨：
梁启超的哲学思考

王崇崇 ● 著

中国社会科学出版社

图书在版编目（CIP）数据

东西文化之辨：梁启超的哲学思考/王金崇著. —北京：中国社会
科学出版社，2018.11
ISBN 978 - 7 - 5203 - 2885 - 2

Ⅰ.①东… Ⅱ.①王… Ⅲ.①梁启超(1873 - 1929)—
思想评论 Ⅳ.①B259.15

中国版本图书馆 CIP 数据核字（2018）第 165755 号

出 版 人	赵剑英
责任编辑	刘　芳
责任校对	夏慧萍
责任印制	李寡寡

出　　版	中国社会科学出版社
社　　址	北京鼓楼西大街甲 158 号
邮　　编	100720
网　　址	http://www.csspw.cn
发 行 部	010 - 84083685
门 市 部	010 - 84029450
经　　销	新华书店及其他书店

印刷装订	环球东方（北京）印务有限公司
版　　次	2018 年 11 月第 1 版
印　　次	2018 年 11 月第 1 次印刷

开　　本	710 × 1000　1/16
印　　张	15.5
插　　页	2
字　　数	230 千字
定　　价	68.00 元

凡购买中国社会科学出版社图书，如有质量问题请与本社营销中心联系调换
电话：010 - 84083683

目　　录

绪　　论

如果谈到梁启超的学术思想，就会谈到梁启超对文化的研究与考察。梁启超采用哲学的方法对文化进行了考察和研究，并形成了特点鲜明的思想成果。他的思想成果是中国近代文化哲学的典范。

一　选题的目的及意义

梁启超学术研究的中心问题便是文化问题。文化是一个民族的主题。中国文化是中国政治、经济发展的历史背景和土壤，从这个意义上说，必须要重视中国文化的建设。然而中国文化是继承与创新的综合体，所以重视文化的建设既要强调文化的传统性又要强调文化的现代性。传统文化的现代转换源自中国近代启蒙思想。如果谈到中国的启蒙思想，就会谈到近代启蒙家、哲学家梁启超的学术思想研究对中国近代文化自觉的贡献。文化自觉主要指一个民族、政党在文化上的自我反省、自我觉醒和自我创立，包括对文化在历史进程中地位和作用的深刻认识，对文化发展规律的正确把握，对文化发展责任的主动担当。近年来，对于中国现代文化自觉的追本溯源，不仅仅局限于五四时期中西方文化的相互碰撞，而是把寻根的目光从西方转向中国本土，这一考察视野的转换，就意味着近代梁启超的学术思想并不是简单的"从传统向现代"的过渡，而是中国文化现代化、文化自觉的内在演化脉络中非常核心的一段。

在梁启超的学术思想中，既包含对文化知识体系、文化发展规律的正确把握，又包含对国民教育责任的主动担当。他对文化建设的研究、对国民本质的理解和设计，都体现出独具一格的文化哲学魅力。

文化哲学是以哲学的方式来研究文化。文化哲学的双重任务是对文化观念的把握和对人本质的建构。对文化观念的把握包括对文化知识体系的建构，对文化形成、发展等规律的认识；对人本质的建构则体现于对人深层心理结构的理解和设计上。梁启超对学术思想研究的两个主要方面就是对文化的考察和研究及对主体人格的根本理解和设计，这包括他在形而上学层面对文化的哲学解析和归纳及在具体历史语境下对中西文化的批判，两者都为他的新文化建设思想提供了理论依据；他对主体人格的设计则主要体现于 20 世纪初开始的国民人格德性教育上。

中国的近代是一个多事之秋：中西文化冲突和交融，各种文化观念如雨后春笋、层出不穷，文化呈现出复杂、激进和多样性。在动荡和激进的年代里，激进与破坏处于第一位，这直接导致了梁启超的新文化建设和人格建构思想遭到排斥；但是到了新中国成立之后和平发展的年代里，建设处于第一位，破坏处于第二位，于是梁启超的建设性思想重新发扬光大。在文化哲学视域下研究梁启超的学术思想，可以使人对于近现代的古今中西文化之争形成规律性的认识，并使人们对于梁启超的文化建设和人格建设思想拥有清醒理性的认识，理解他的建设性思想对于当代文化建设和公民道德建设的理论价值和意义；从文化哲学的视角考察梁启超的学术思想，可以将其视为中国近代文化哲学的里程碑，为当代中国文化哲学的发展提供可资借鉴的材料。

事实上，当今文化研讨中争论的许多问题，其实早在近代梁启超的学术思想里就已经提出来了，有一些已经形成正确结论，完全可以作为今天文化研讨的借鉴。因此，对梁启超学术思想进行考察，具有极大的社会价值和理论意义。

二　国内外研究现状

在国内，当前对于梁启超的思想，主要以传统资源为话语背景，集中从史学角度、伦理角度、整体结构性角度、佛学角度、政治角度、启蒙角度等方面来阐述其思想的历史价值和意义，使关于梁启超的思想研究呈现出与政治、经济、文化交融性增强的现象。

汪晖于2008年再版的《现代中国思想的兴起》一书，在史学范围内，顺应历史文化的演进，自觉反省民族文化和西方文化，从启蒙的角度把国民个体德性特点按照历史文化的演进划分出阶段。

有学者从伦理和政治的视角，以个体发展与社会发展的互动关系为主线，论述梁启超对传统资源的积极反省，在个体德性教育的结构、方法、观念等方面提出新见解、新思路。例如曲蓉于2011年所作《论公德——历史框架与现代价值》一文是以儒家文化为出发点，借助阐发近代梁启超对国民进行公德德性的培养来促进当代对公共观念的认同。戴圣鹏在2012年所作的《梁启超的公德思想及历史意义》一文中，阐发了梁启超注重培养国民具有西方公共意识的德性，使个体价值符合历史的发展。而裴自余在2012年发表的《追寻现代国家的观念基础——晚清的国民国家论述》一文，批判了改良派以有机体国家、集体的国民意识吞噬个体国民意识，指出梁启超所倡导的集体主义扼杀了中国个体公民的个性发展，倡导在道德建设中应重视个体德性和素质。

有学者从社会发展过程的全面性角度出发，涉及梁启超在整体结构的角度上为社会追加个体方面的德性要素，例如小田2012年所作《论社会史的整体性》一文，强调只有在诸多日常德性要素之间建立起结构性联系，才能以此为中心确定社会结构的边界及核心思想。

从佛学视角出发，泯灭个体"小我"的一切德性而融入作为群体的"大我"，体现出梁启超的宇宙观、世界观和本体论的多重碰撞，突破了梁启超思想研究与政治、经济关系交融性增强的现状。例如魏义霞2011年在《无我：从谭嗣同到梁启超》一文中，指出梁启超以佛学来说明肉身的"我"随生随灭、没有恒常的自性，为后期国民主观方面德性改造埋下伏笔。

总之，当前国内大多数关于梁启超对国民的改造的探讨，都殊途同归地表现为提高个体的私德或公德素质，但都没有站在文化哲学的视角上系统地考察梁启超的学术思想及其意义。

近年来海外和港台学者经常以"他者"的眼光，透过西方哲学的角度，使用西方哲学语言来分析梁启超在中国近代社会转型期的文化态度的生成和发展以及新民德性建设的原因，或者论述梁启超在中国近代思想学术变迁中对中国文化发展起到的承上启下作用。

黄克武在 2006 年再版的《一个被放弃的选择：梁启超调适之思想研究》一书中，透过西方文化视角侧重于研究梁启超的个体德性建构原因，论及梁启超对国民进行深层人格结构中"幽暗意识"的剖析，把各种矛盾对立思想都协调统一于国民个体德性结构中。

美国学者费正清、赖肖尔 2012 年出版的《中国：传统与变革》一书中，认为梁启超面对西方文化时能够超越经学的范围，自觉反省西方文化，以现代性的视角重新评价中国文化，是以"他者"的眼光重新评判梁启超在近代社会转型期对中国传统文化"亲善"态度带给中国"五四"之后文化哲学分化的影响以及对中国思想学术发展演变的促进作用，侧重于梁启超文化反省和文化选择。

李文森的《梁启超与中国近代思想》、柯文的《在中国发现历史——中国中心观在美国的兴起》、张朋园的《梁启超与民国政治》等，都是重视梁启超文化建设和新民德性建设两方面总体思想层面的研究。这些书以年谱形式历数梁启超的思想和活动，重点阐述在中西文化碰撞过程中梁启超思想学术的变迁、演进及对中国文化转型的贡献，但都是以并列、客观史实的形式论述梁启超的文化批判和新民德性建设，二者在逻辑上没有交集。

此外，还有以论文集形式展现出梁启超整体意义上的文化思想。例如李喜所主编的《梁启超与近代中国社会文化》一书，是由三十多名学者分别对梁启超各个方面的学术思想——其价值取向、社会关系、政治、经济、哲学、文化、教育、文学、伦理、佛学、女性解放——进行探讨和研究，虽然各个方面的论题颇具深度，但各个论题之间不具关联性，只是在综合基础上呈现出文化自觉意识。

总之，海外论及梁启超的著作没有在文化哲学角度上深入分析梁启超学术思想的理论意义和社会价值。所以在文化哲学视域下研究梁启超的学术思想将是一个全新的角度，以文化哲学的眼光去审视梁启超的思想会别有洞天，会惊奇地发现他对文化问题的研究、对人本质的关注其实都与同时代的西方兴起的文化哲学之间具有某种暗合性，这能够使人更清晰地了解到梁启超学术思想的时代性和中西融通性。

三　什么是文化哲学

（一）对文化的界定

文化哲学兴起于 19 世纪末 20 世纪初的欧美等国家。

"文化"一词在中国古代一般指"文治教化"。《周易》中有"观乎人文以化成天下"，即是文化的原始提法。后来古代学者倾向于使用诗、书、礼、乐来教化天下，所以就多从这个角度定义文化。如西汉刘向所说"凡武之兴，为不服也；文化不改，然后加诛"，都是从文化的教化作用和意义方面来解释文化的发生问题。

英国功能主义文化学家代表马林诺夫斯基（1844—1942）认为："人屈从于环境的定数及自身生物体的需要，人必须拥有人工辅助和自造的环境才能得到对自然的控制力，才会满足于生存。"[①] 他认为文化的发生是出于自保。同样，德国生物人类学家格伦（1904—1976）认为，人与动物最大的区别在于人未特定化，动物器官有构造的专门化，具有特殊规定性，因此它们的活动范围也被限定在狭窄的区域。人出于自保，为扩大自己的活动范围从而达到普遍化，就必须以文化创造来弥补和增强自己的生存能力。

英国人类学家泰勒（1832—1917）在介绍文化含义时曾说："从广义的人种学意义上说，文化或文明是一个复杂的整体，它包括知识、信仰、艺术、道德、法律、风俗以及作为社会成员的人所具有的其他一切能力和习惯。"[②] 他的介绍注重文化的精神性、综合性和整合性，但它却把文化描绘成了各个具体分子的组合，并且也没有说明各个分子之间的关系，只看到表层的东西没有看到文化深层的结构和意义。

---

① ［英］马林诺夫斯基：《文化论》，费孝通译，中国民间文艺出版社 1987 年版，第 14 页。

② ［英］泰勒：《原始文化》，连树声译，广西师范大学出版社 2005 年版，第 1 页。

复旦大学教授庄锡昌指出："文化是历史上所创造的生存式样的系统，既包含显型式样又包含隐型式样；它们具有为整个群体共享的倾向，或是在一定时期中为群体的特定部分所共享。"① 这种解释是把文化看作一个整体系统，既包含客观可感知的物质结构，也包括隐性的意义和价值结构，并指明了文化的大众性、集体性特点。

（二）对文化哲学的界定

文化哲学兴起的原因有两种：一是人类生存境遇的转变，二是人类文化思想演进使然。对文化的重新审视和反思导致文化哲学的兴起。

朱谦之把文化哲学理解为进行各种文化综合的、根本的研究。当代西北政法大学刘进田教授以人的主体实践为基础来探寻文化本质，他说："所谓文化哲学，就是从哲学视界出发，对文化作总体的根本的观念把握和建构。文化哲学是透过文化对象对人的本质和主体性的根本理解和设计，是关于人的自我意识和自我创造的最高智慧。"② 刘进田教授看到了人在文化当中的主体性地位，文化的本质是人的最高智慧，而人的本质则是文化创造，在文化哲学的视域下把文化与人内在统一起来。所以他认为文化哲学是知识体系，又是价值体系，它既揭示文化发展规律，又向人们提供生活信念、人生意义，满足人的终极关怀。因此文化哲学是对文化的观念把握和建构，但不论是对文化观念的把握还是建构都必须与人的本质和主体性相关。衣俊卿认为文化是有机体，是人类文明的总称，是人的第二自然，是给定的和自在的行为规范体系，是自觉的精神和价值观体系，是展示人之本质的符号体系，是人的生活样法或生存方式。

总之，文化哲学就是以哲学的方式对文化的形成和发展进行反思、批判、构建乃至预测，力求突破旧有模式，建构和谐的文化心境世界，使生活在一起的人们能够具有统一的精神意向、价值诉求，从而解决自身所面临的包括精神、制度、物质等在内的危机问题。而中

---

① 庄锡昌等编：《多维视野中的文化理论》，浙江人民出版社1987年版，第116页。
② 刘进田：《文化哲学导论》，法律出版社1999年版，第1页。

国近代思想家梁启超则经由一系列的包括对文化的哲学性考察、对主体作用认识等在内的学术研究，走上一条文化建设、人格教育之路。作为近代学者，他察觉到了时代发展的本质力量。

四　文化哲学与梁启超的关系

梁启超（1873—1929），字卓如，号任公，又称为饮冰室主人，广东新会人，是我国近代杰出的哲学家、思想家、政治家和教育家。梁启超在东方的近代中国，承接起西学东渐的任务，把西方的自由、平等、民主等新观念积极传输给中国，把中国近代的危机看作是一场文化的危机，不遗余力地兴起文化救国运动。为使全民参加到这场运动中，他在文化理论上展开了一场无声的战争，力图建构起中西结合的新文化和新民人格结构，推动全社会乃至整个近代的自救和发展。

（一）梁启超文化研究的起因

作为19世纪末20世纪初中国近、现代转型期的传统知识分子，梁启超既熟知本土民族文化，又游历过西方，对西方文化广泛涉猎，西方从欧美流行起来的文化哲学研究思潮很自然地会影响到梁启超，梁启超采用哲学方式对古代和近代文化思想的形成、发展以及对文化的构成、发展、作用等问题的学术研究就是明证。

梁启超专心于学术思想研究的原因主要包括以下几个方面：

首先，在中西文化冲突与碰撞中，近代中国的落后与失败都反映出中国固守的社会风俗、制度、思想观念等方面的滞后，这致使东西方物质、精神方面的差距加大，于是梁启超早年反省中国文化的自身缺欠。晚年时由于他在第一次世界大战后出游了欧洲多个国家，对欧洲衰败的景象产生了概观，这种概观影响到了他学术思想的变化，直接导致梁启超对西方文化的反省和批判，也决定了梁启超对东西文化价值的选择与偏重。于是梁启超的学术思想研究主要停留于在哲学层面上对文化的解析，对中西文化和中西文化哲学的选择与比较，对国民人格结构的理解与设计等。

其次，辛亥革命后，改良派所针对的专制政府已经不存在，后期梁启超又退出政界，于是便把全部精力转移到学术研究方面，这也是他进行学术研究的历史背景。

最后，由于师承康有为，接触到公羊三世的变易观以及西方达尔文的进化论，这使梁启超运用联系、发展、变化的眼光去看待中国文化和西方文化，致使他不断地采用变易的眼光、辩证的思维方法去分析当时社会学术思想的变迁和原因。

总之，梁启超以学术研究的方式反省了中国文化的何去何从、如何选择的问题，适应了中国近代社会的文化发展诉求。

（二）梁启超学术研究的内容和目的

梁启超学术思想研究的内容主要包括：对中国传统文化的批判、西方文化问题的研究、文化范畴的抽象界定、文化的主体、自由的地位、文化的主导观念、文化的选择、文化的作用、文化思想的教育实践、对近代中国文化发展规律的总结、对人的本质的改造等方面，这些研究可以具体到梁启超对先秦各派学术思想的产生与发展、清代学术史的研究、对佛学的研究、对文化史的研究、对儒家哲学的探讨、在宏观结构主义层面上对文化的哲学性探讨、对东西方文化的自觉反省、对国民人格结构的理解与设计等。这些都使梁启超对学术思想的研究体现出独具一格的文化哲学魅力。

梁启超通过对学术思想的哲学性研究，目的是从学术研究中领悟到做人的方法，从文化思想中寻找到使群己和谐的民族精神，只有使群体团结，才能共同抵御和解决中国近代社会危机。衣俊卿教授说，"文化哲学研究的最低要求是人们能够团结地生活在一起""文化哲学寻求的文化具有社会公正性"①。尽管由于历史背景，梁启超无法超越自己的时代局限，对学术思想的研究还缺乏一定的深度和广度，但他以新文化建设形式展现出中国未来的文化构想，并对国民的理性精神和自由精神进行整合，这使他的学术思想仍具有相当高的近代启蒙和引领作用。通过考察梁启超对学术思想的研究，可以使人洞见中

---

① 衣俊卿：《文化哲学——理论理性和实践理性交汇处的文化批判》，云南人民出版社2002年版，第88页。

国文化思想发展的规律、近现代文化的多元发展，可以为当代中国以人为本的文化建设路径提供历史依据和借鉴，还可以为当代文化哲学的发展提供源泉性理论参考。

第一章 梁启超对中国传统文化的学术性考察

梁启超对文化的哲学性研究首先体现于他把中国传统文化中主要思想流派作为独立存在的客观对象，在学术上对各派文化思想的形成、发展与特点进行研究，具体包括对先秦各派学术思想的考察、对佛学思想的考察、对清代学术规律的总结以及点评出研究过程之外的深意，这彰显出梁启超的学术研究思想既是一种文化知识体系，又是一种文化价值体系。

第一节 对先秦学术思想的研究

梁启超自欧洲游历归来后，对传统文化的尊崇与日俱增。他希望采用先秦流派中孔子、墨子、老子等人的思想去拯救精神饥渴的欧洲人。于是，梁启超潜心于先秦诸子思想的研究。梁启超在先秦思想学术史领域的研究，主要体现于他在 1922 年所作的《先秦政治思想史》一书中。该书约 22 万字。作为一部完成较早的研究先秦思想史的开创性著作，此书论述了古代先秦文化的产生、发展及形成的社会历史情况，论述了先秦各学派的伦理道德思想、治国理念以及各派对于教育、乡治、管理、寝兵、日常生活等问题的看法，阐明各学派的思想特点及相互影响。梁启超也作有大量先秦思想学术方面的论著，例如《儒家哲学》《墨子学案》《孔子》《老子哲学》《老孔墨以后学派概观》等，是对先秦各学派代表人物主要思想的重新探讨、批判和反思的成果。在这些作品中，突出的特点就是能够抓住各个学派政治思想的核心内容，辨析其不同主张，进行全方位、多层次的比较研究，并且为学与人格教育相贯穿。

一　对先秦诸子思想研究的视角

梁启超的论述并不局限于先秦学术思想本身，他在书中的论述很多运用了文化比较学的方法，可以说梁启超是站在世界文化高度上来阐述先秦思想的。梁启超看到先秦文化具有独特的发展特点和方式，没有以"希伯来人、印度人之超现世的热烈宗教"文化占主流地位；中国文化也不同于"希腊人、日耳曼人之冥想的形而上学"文化，①中国文化重伦理道德实践而非形而上学的思考，在日常生活中注重人生哲学和政治哲学类问题的探讨，因此在16世纪之前，中国传统的伦理文化和世界上其他地区文化的发展进程不相上下。梁启超尤其称赞中国传统文化思想的独特价值，"中国人则自有文化以来，始终未尝认国家为人类最高团体，其政治伦常以全人类为其对象，故目的在平天下。而国家不过与家族同为组成'天下'之一阶段"②。他认为中国传统文化的着眼点不仅仅在于本国而在于世界，中国人没有国家主义而有世界主义，以天下为目标。在政治上，中国文化表现为统一各个诸侯国的行动，进而演化为一统天下的思想；在伦理上，中国文化表现为对全人类的关爱。所以梁启超认为中国传统文化中的政治观念和伦理观念具有普世性。墨子讲"天子唯能壹同天下之义"而宣扬全天下理念，法家主张武力统一，道家也遵循天人合一的宇宙观，只是各思想流派在力主统一天下时所采用的方法、途径不同。在梁启超看来，先秦各思想学派主张的"合一""天下"等观念直接促进了全中国的统一。其实，欧洲至今仍保持四十多个大小国并立的局面，而中国自秦朝以来统一是常态，大部分原因就是由于欧洲文化与中国文化理念的不同而造成的。

---

① 梁启超：《先秦政治思想史》，《饮冰室合集》卷9，中华书局1989年版，第1页。
② 同上书，第2页。

二　研究先秦学术思想的方法

梁启超对先秦思想史论述时进行了全方位、多层次的比较研究，具有较强的系统性和科学性。梁启超自己总结说，所有的事情都应该在全面衡量之后才能见其真相，不经过反复权衡比较就无法看到自己的缺点，也不会了解自己的优点。除此之外，梁启超还采用了辨伪和近代西方理论的解说方法等。

（一）比较研究法

梁启超在研究学术论著时擅长比较研究，梁启超比较的内容，具体包括下列三个方面：

第一，同一思想学说内部不同思想家之间及不同时期同一思想学说的演变比较。梁启超对同一时期不同思想家的比较以孟子和荀子为例。他说："儒家政治思想，其根本始终一贯。惟自孔子以后，经二百余年发挥光大，自宜应时代之要求，为分化的发展，其末流则孟子、荀卿两大家，皆承孔子之绪，而持论时有异同，盖缘两家对于人性之观察异其出发点。……孟子主张性善，荀卿主张性恶。"[①] 梁启超还把儒家同一学派中孟子重视崇高精神的培养、向往大同社会与荀子重视物质和小康社会之间进行了比较，总结说孟子类似于大乘佛教，而荀子类似于小乘佛教等。对于不同时期同一派别人物的思想比较，他还以孔子倡导的"礼"与荀子倡导的"礼"为例。在梁启超看来，孔子倡导礼的目的是单纯地提升人格境界而达成一种精神愉悦，表现出了智慧、灵动和超脱，而荀子的礼明显是为了限制、规范人们的欲望和言行所设计出的条条框框，因此僵化而无情趣。

第二，梁启超还主要以儒、道、墨、法四学派之间的比较来说明不同学派之间思想的不同。他把儒家比作人治主义和礼治主义，把道家比作无治主义，把墨家比作人治主义，把法家比作法治主义。梁启超还采用近代西方议会做比喻来解说先秦各思想流派的特点，例如他把法家比作了议会中的右党，把道家比作左党，把儒家比作中央党，

---

① 梁启超：《先秦政治思想史》，《饮冰室合集》卷9，中华书局1989年版，第84页。

墨家则属于偏右的党派。这样，梁启超便把中西古今的语言和思想结合起来，以现代西方文化来解释中国古代思想。梁启超还进行了儒家"仁"爱思想与墨家"兼爱"思想之间的比较。例如他认为墨家的兼爱主义和儒家的大同主义，两者理论方法虽然相同，但对实践的规定却完全不同。"孔子的大同主义并不希望立刻实行，以为须渐渐进化，到了'太平世'才能办到；在进化过渡期内，还拿'小康'来做个阶段；墨子却简单明了，除了实行兼爱不容有别的主张，孔墨异同之点在此。"①梁启超自然认为儒家的大同程序更加合理一些，这可以为他的现实政治活动添加注脚。尽管梁启超看到了各学派的差别，但他也看到了各学派的共同之处，如先秦思想皆以"天下"、人格向外扩张为目的，表现出"世界主义"倾向；宇宙之间都具有一定法则；国家都是在民心所向基础上建立等。

第三，梁启超还进行了中外整体文化的比较，他指出中国传统文化能够举世闻名的原因正在于它与人的日常生活方式紧密相连，体现出民众在一种制度之下的生活哲理。他说："盖无论何时代何宗派之著述，未尝不归结于此点。坐是之故，吾国人对于此方面诸问题之解答，往往有独到之处，为世界任何部分所莫能逮。吾国人参列世界文化博览会之出品恃此。"②在进行中西文化比较之时梁启超充满了民族自信。梁启超还认为中国文化在发展形式上与西方不同，比如中国就没有超现世的宗教观及形而上学的传统等，中国倾向于人的权威和道德践履。梁启超也在《子墨子学说》等文中，采用了比较法。

（二）中西概念互释

梁启超对先秦诸子的解读，使用了很多西方概念来阐释。例如，梁启超采用罗素的思想来说明老子的政治理想；用佛教的起信论与老子的本体论相互比附；采用英国霍布斯式的民约论来进一步发掘墨子国家主义的价值。再有，梁启超认为墨子反对夺人衣食之财的解说与马克思经济学说相类似；在分析墨子的宗教观点时利用西方宗教常识

---

① 梁启超：《墨子学案》，《饮冰室合集》卷8，中华书局1989年版，第11页。
② 梁启超：《先秦政治思想史》，《饮冰室合集》卷9，中华书局1989年版，第1页。

来解说，他认为宗教普遍是为了吸引教徒，为宣扬自己的宗教教义而经常谈及彼岸世界的美妙及灵魂与肉体的区别，墨子却与一般性宗教不同，只提出无法自圆其说的"明志""天鬼"之说，因此最终导致自己的教义失败。梁启超认为这些都会使崇尚近代西方语言和思想的国民加深对先秦各思想流派代表的兴趣和印象。有时候梁启超的比附并不是完全合理，例如他说："我国则孔墨孟荀商韩以至许行白圭之徒，其所论列，殆无一不带有社会主义色彩。"① 梁启超把先秦诸子的思想信手比附成近代西方出现的社会主义观念，是因其还没有彻底了解社会主义的含义，就有如把孔子和马克思联系到一起一样。由此梁启超还犯了一个类似的错误，认为墨子的唯物主义比马克思还要彻底、纯粹，便把墨子比作"大马克思"，② 这混淆了先秦思想与社会主义理论的阶级区别。

（三）反对过分疑古

在考证辨伪方面，梁启超反对过分疑古，尤其是对胡适的怀疑主义大加批判，认为胡适所作的《中国哲学史大纲》容易使人对孔子和老子的出现感觉很突兀。梁启超对于疑古派的精神，虽然肯定却不十分认同。他说："疑古原不失为治学的一种方法，但太过也很生出毛病。……讲古代史若连《尚书》、《左传》都一笔勾销，简直把祖宗遗产荡去一大半，我以为总不是学者应采取的态度。"③ 于是梁启超提出自己的意见，表明虽然赞成质疑古本，但不能质疑过度，一方面要采取怀疑精神，另一方面要本着尊重敬畏的态度，有所保留，要有回旋余地。并且他提及康有为的《新学伪经考》一书，认为自己虽然受到很多来自康有为的启发，但是也担心康有为有武断之处，希望对其中某些部分作一些更改。虽然梁启超对于胡适、钱玄同等人对古代材料的科学质疑精神加以肯定和赞扬，认为如果他们考证出来的结果是错误的，一定会有别人加以更正，不会埋没真实；如果考据出来的结果正确，则可

---

① 梁启超：《先秦政治思想史》，《饮冰室合集》卷9，中华书局1989年版，第5页。
② 梁启超：《墨子学案》，《饮冰室合集》卷8，中华书局1989年版，第20页。
③ 同上书，第53页。

以确定该书为伪书，这对于人类历史来说具有重大意义，因此如果力行学术上的求真态度，辨伪工作大有前途，但梁启超也指出这些学者专以辨伪为工作，实在是怀疑得过度，这一点则不可取。

此外，梁启超也注重先秦各派思想之间的影响与重合。他指出法家和名家的一些思想就出现在荀子学说中；而道家和墨家的学说对孟子思想产生很大影响。此外，梁启超还发现，各思想学派发展到末期，相互交叉影响，其内容、思想和性质便不如初期时单纯而变得复杂、相互包容，这是应当值得注意的一点。例如先秦后期法家思想代表人物韩非本是荀子学生，但却没有走入儒家学派，他不仅是法家代表还具有道家思想倾向，从他的《喻老》和《解老》文章中就可以看出他对道家思想的兴趣和理解；慎到也是法家的代表人物，同样出于国家治理的目的时常表露出道家思想。梁启超所作的分析，可以说入木三分。

（四）采用辩证法考察学术思想

用辩证的眼光看待先秦思想，鲜明地体现于梁启超对各派学说正反两方面的考察上。比如梁启超揭示了儒家学说在核心思想、修身养性、教育方法等方面的诸多优点，也指出儒家的"命定说"在几千年间阻碍了社会的进化。此外，梁启超指出了墨家谈"利"是对儒家谈"义"的对抗，也看到了墨家另一面的"有余力以相劳，有余财以相分"的主张其实是与儒家的"力恶其不出于身也，不必为己；货恶其弃于地也，不必藏诸己"思想殊途同归。再者，梁启超认为以胡适、陈独秀等人为代表的激进青年喊出"打倒孔家店、重新估定一切价值"的口号，这样做是对古人缺乏同情，过于苛刻，极端的态度并不代表真正的积极意义。他说："中国学术，不满人意之处尚多。为什么有那些缺点？其原因又何在？吾人至少应当把儒家道术，细细研究，从新估价。当然，该有许多好处。不然，不会如此悠久绵远。我们很公平的先看它好处是什么，缺点是什么。有好处把它发扬，有缺点把它修正。"① 梁启超要求人们对待某一思想学派不要轻易评定

---

① 梁启超：《儒家哲学》，《饮冰室合集》卷12，中华书局1989年版，第7页。

它的好与坏，应该先拿过来细细研读才会真正了解古代学术资料的价值和意义，要公平、公正地对待一门学问。对于学术中出现的错误思想，应当改正，对于优点理所当然地应去发扬。他主张用一分为二的眼光看待学术问题，这不同于胡适对传统文化全盘否定的观点，并且梁启超出于力图保护传统文化的目的而要求人们正确对待传统。这说明梁启超对事件、派别、思想等能够从正反两方面看待。他辩证分析的态度不言而喻。

（五）学术研究与人格教育相结合

为学与主体人格教育相结合的方法既是梁启超政治追求的必经途径，也是其对文化观念的把握与建构。学术研究与教育相联系表明梁启超对文化观念的把握和建构都与人的本质和主体性相关，这证明梁启超对文化的研究达到了文化自觉的程度，已经触及人的本质结构方面。以人的深层心理为主的人格结构的变化能够影响到人与外部环境之间的能量交换能力，能够决定外部环境的理想化程度，所以说学术研究与人格教育相结合表明近代中国的文化哲学研究在梁启超这里达到了最高阶段。梁启超通过欧洲游历看到了过度知识化和战争带来的问题以及当时中国人的精神现状，下定决心用东方传统文明来救治欧洲人的精神危机和中国人的精神饥荒，他认为挽救精神饥荒要从学会做人开始，因此他说："问诸君'为甚么进学校'？我想人人都会众口一词的答道：'为的是求学问。'再问：'你为什么要求学问？''你想学些什么？'恐怕各人的答案就很不相同，或者竟自答不出来了。诸君啊！我请替你们总答一句话罢：'为的是学做人。'"① 梁启超在《为学与做人》文章里面也提及过为学的首要目的是学做人，他的言外之意是：先会做人才会去做事，因此如何做一个有素质、有品德的人在梁启超这里相当重要。而社会上很多人进学校求学，或出于入仕途从政目的，或出于增加生存技能目的等，其实最根本的目的，在梁启超看来就是如何做一个有益于他人和社会的有德性的人，是"为他"而不是只"为我"的人，是既能够独善其身也能够与群体相处

① 梁启超：《墨子学案》，《饮冰室合集》卷8，中华书局1989年版，第105页。

融洽的人。这样，梁启超把求学和做人统一于道德诉求中。可以看出，梁启超在对中国古代思想进行研究时，不仅仅只是在学术的方法、内容、结构等方面提出自己的见解，而且还注重学问与育人相结合，理论和实际相统一。

梁启超非常赞赏孔子在人格教育中把知、情、意三者圆融无碍结合起来的方法，还告诉人们"知不可而为"的道理；而对于老子的人格教育，梁启超最欣赏的是其"为而不有"思想，认为老子所指的品质、地位和德行高的人既能达成目的而又不必刻意去追求的想法值得称道，他赞同韩非子对老子的解释："'生于其心之所不能已，非求以为报也。'简单说来，便是无所为而为。既无所为所以只好说为劳动而劳动，为生活而生活，也可以说是劳动的艺术化。"① 即是说，尽自己的努力去做，但不必一定要拥有预期结果，不要抱有一定成功的期望，如此才会减轻心理压力和负担。这是人格的修为、精神境界的升华，只有如此才能把劳动和生活的困境当作一场人格的历练和修养，会轻松地把劳动当作人格的艺术修养。这样，梁启超把严肃理性的学问考据工作与带有情感、毅力的教育及人格修养方法融会贯通。此外，梁启超尤为欣赏墨子人格中"摩顶放踵利天下"的无我精神，他认为在研究墨子学说时，发现墨子的学说暴露出许多矛盾，但其人格理论却极具价值，不仅在中国，就是在全世界也少有如此完善的理论。这些都说明梁启超研究先秦人物思想时非常重视他们的伦理思想和人格修养，能够对合理的、积极进取的东西加以采纳和宣扬，他还认为墨子的"非攻""知行合一"等人格的感化力都是人类向上的元气。

三　对先秦各派思想内容的总结

梁启超在《先秦政治思想史》中总结了各个学派的主要内容。梁启超首先采用绪论来总领全书的资料来源、线索和内容等。

---

① 梁启超：《"知不可而为"主义与"为而不有"主义》，《饮冰室合集》卷4，中华书局1989年版，第67页。

　　在各派内容的来源方面，梁启超按照资料的可信度和可取性先后分为四种：第一种是各个学者所作的文章、论著及别人对他们言论的记载；第二种是各种政治家的事迹记载；第三种是当时的制度、法典等；第四种是间接资料，即同时代其他能够推论出当时历史背景和社会思想的作品。梁启超格外强调应该尽量采用和信赖第一种直接资料，把第二种和第四种别人的记载和著作当作参考，可以忽略第三种制度法典方面的资料，资料应当选用严谨而具有说服力的。梁启超把先秦思想的内容分为两大类：第一类是理论和应用，两者既有区别又相互联系；第二类是个人思想和时代思想。

　　梁启超作《先秦政治思想史》的突出成就之一，是准确地指出先秦各学派主要的政治思想，显示出其高度的概括性与抽象性思维。

　　梁启超指出"仁"是儒家哲学的核心，也是政治思想的出发点。他以对比的方式指出儒家专事以己度人，推己及人，己与他人之间存在差别，所以儒家的爱是有差别的爱，而墨家则反对这种差别的爱，他们认为差别会带来爱的程度和质量的不同，强化了己与他人的区别，会造成事实上的不平等，因此墨家提倡的是"待周爱人然后为爱"，把差别视为罪恶的源头。但孟子反驳墨家为"兼爱无父"，认为墨家只见到了人类平等的自然属性却抹杀了事物及其关系在实质上的差别。梁启超看到墨家是普遍平等的爱，非常重视爱的社会作用，墨家把社会之乱、战争、篡夺、乖忤、盗窃、诈欺等都归因于不相爱，所以墨家才力倡平等无差别的爱。但梁启超也看出平等无差别之爱是墨家的至高理想，在现实中却行不通。梁启超对墨家的较为狭隘的功利主义也进行了批评。墨子非乐，只看到了物质利益而完全看不到精神利益；只知娱乐可以荒废事业、浪费时间而不知娱乐能以间接力量陶冶人的德性、增长人的智慧和舒展人的四肢，所获得的益处足以补偿所损失的。

　　道家则主张消极无为，希望回复到民不相往来的原始状态，主张杜绝技巧和不追求成为圣贤，认为这样，欺世盗名的事情自然就禁止了，即不去开发民众的智慧，使民众没有过多的欲望；治理国家的最可行方法是休养生息、把天下众人利益放在第一位，不争、谦让、退守、居下。梁启超比较了老子思想和儒家思想之后，指出老子的消极、退让和取消问题的态度有悖于人类勃发向上的进取精神，而儒家倡导的人格宏大、向上的精神，如养浩然正气、自强不息等要比道家主张的怯懦、狡猾、后退高明多了。

在这里，梁启超虽然指出了各思想学派的积极作用，但仍然对各派的思想核心进行了反思与批判。尽管梁启超对儒家学说保留了一定的批判，但对于其他学派的批判也足以使他符合文化哲学批判的要求与路向，使他更具有近代化的思维与特点。但是梁启超在撰写《先秦政治思想史》时却没有深入论及各个不同身份地位的思想家也具有不同的阶层要求和欲望，他在潜意识里把所有阶层的欲望和要求看作同一的，并且对当时社会中已出现的阶级斗争说持反对意见，在思想深处便否定了阶级斗争的存在，这些都说明梁启超在书中的论述不够深刻，没有与当时的社会情况相结合，没有实质性触及政治思想的根源。

梁启超还详细而深入地论述了西周在国内实行分封制的历史作用，并说明此举对中华民族发展的深远意义。他认为分封制的意义在于把西周的生活方式、风俗、精神和制度等文化向四周传播开来，使中原获得比较先进的文化。同时通过文化的冲突、碰撞、融合，使周围小的诸侯国受到吸引和同化，这成为华夏民族统一的前提。梁启超还指出不同学派的思想互相渗透、相得益彰，并非截然对立。例如儒家荀子所讲的礼，就与法家的政治思想相互转化，荀子说："礼，法之大分也。"韩非说起过："礼者，人主所以为群臣寸尺寻丈检式也。"韩非既是法家代表，又是融合儒、法两家的学者。

此外，梁启超还专门对胡适的《中国哲学史大纲》进行了评析。他肯定了胡适的著作敏锐而大胆创新，但认为胡适把孔子、老子等个人思想作为先秦史的思想开端未免过于偏颇，因为《诗》《书》《礼》《易》这样的书大多是在孔子之前出现的，那些作品里面所包含的宇宙观、人生目的、人如何适应自然等问题都给后世哲学家以启示，这些思想应该早于孔子和老子。梁启超指出："《诗经》说的'天生蒸民，有物有则，民之秉彝，好是懿德，'唯号斯言，有伦有脊'；《书经》说的'天叙有典，天秩有礼'；'洪范九畴，彝伦攸叙'；《易经》爻辞说的'君子终日乾乾夕惕若'，'直方大'，'观我生进退'，'不远复'，'无抵悔'，等等，都含有哲学上很深的意义。《左传》、《国语》里头所记贤士大夫的言论，也有很多精粹微妙之谈。孔子、老子自然是受了这种熏习，得许多素养，才能发挥光大成一家之言。"① 正是《诗经》中所表达出的思想和观点才使孔子和老子受益匪浅，也即是孔子和老子都各自秉承了《诗经》中的一些哲学观点才使自己的学派发扬光大，所以梁启超认为胡适只把孔子和老子思想作为先秦思想的最早开端明显有误。

胡适不仅排斥《左传》《周礼》，对《尚书》更是只字不提，并且仅仅把先秦各学派蓬勃发展的原因归为政治黑暗、战祸连年，梁启超则不然。梁启超认为各学派文化思想的产生和在当时呈现出多元特点是由于霸权建立后，人民生活安定，能够有闲余时间专做学问；同时交通便利、各国来往频繁，加大了文化沟通、传播的概率；并且兼并战争也使各民族文化产生了接触、冲突与同化；再有，各国并立，人才是竞争的关键，所以士的身价与日俱增；还有对于社会现状怀有不安、不满的情绪；等等。总之，梁启超比胡适的笼统概括更多地罗列出十多种各派文化思想兴起的原因，他客观地结合了当时的历史背景，体现出梁启超宏观透视与个案相结合的逻辑思维。

梁启超还格外著书对先秦各重要学派思想做出交代，比如在1920年作《老子哲学》《孔子》，1921年著有《墨子学案》，1927年作《儒家哲学》，这些都体现出梁启超对先秦各流派文化知识体系的看法和总结。

由于老子的生活时代和背景线索是学术界一直争论的问题，所以梁启超在《老子哲学》中推测老子生活在距战国较近的年代，比孔子年长约30岁。经过进一步考察，梁启超又对《史记》中关于老子的说法提出六个质疑：第一，老子的儿子生活于孔子去世后六七十年

---

① 梁启超：《评胡适之中国哲学史大纲》，《饮冰室合集》卷5，中华书局1989年版，第53页。

间，在《史记》中却说老子是孔子的前辈，照此推理老子也应生活于孔子之后，否则时间无法对应。第二，在记载孔子言行的《论语》以及《孟子》和《墨子》中都没有出现有关老子的事迹，而《史记》中却说孔子把老子比作龙，这着实令人匪夷所思。第三，在儒家的经典《礼记》中描述的老耽形象，他是一个不张扬、退让、讲求修身和守礼法的人，但在道家的经典《老子》中体现出来的话语、思想却与之相反。第四，考察一下《史记》中的观点所依据的材料，大部分是由《庄子》中的只言片语拼凑而成，而《庄子》本身却多数记载寓言故事，不足以令人信服。第五，梁启超认为《老子》的思想从整体上看，对时势政治过于关注，并不是淡泊名利，且对于治理国家有自己的独特分析和见解，例如老子认为民手中的利器增多国家会生乱，人们过多注重奇技淫巧，则不入流、怪诞的事物就会增多。第六，老子还认为严刑酷法之下盗贼反会大增，并且"'六亲不和有孝慈，国家昏乱有忠臣。'这一类话，不大像春秋时人说的。果然有了这一派议论，不应当时的人不受他的影响；我们在《左传》、《论语》、《墨子》等书里头，为什么找不到一点痕迹呢？这是第五件可疑。再从文字语气上论，《老子》书中用'侯王'、'王侯'、'王公'、'万乘之君'等字样凡五处，用'取天下'字样者凡三处，这种成语，像不是春秋时人所有。还有用'仁义'对举的好几处，这两个字连用，是孟子的专卖品，从前像是没有的。还有'师之所处，荆棘生焉，大兵之后，必有凶年'这一类的话，像是经过马陵、长平等战役的人才有这种感觉，春秋时虽有城濮、鄢陵等等有名大战，也不见死多少人，损害多少地方，那时的人，怎会说出这种话呢？还有'偏将军居左，上将军居右'，这种官名，都是战国的，前人已经说过了"①。梁启超认为老子的话在当时的社会应该有一定影响力，然而在与孔子同时代的经典书籍里面却对老子只字未提，《老子》中还出现一些"先知"一样的辞藻和官名，都不是春秋时期所应出现的，这一切都证明《老子》像是战国时人的附会和总结。由此，梁启超

---

① 梁启超：《老子哲学》，《饮冰室合集》卷8，中华书局1989年版，第11页。

做出结论：《老子》应该成书于战国时期。梁启超的这一结论影响到当代许多史学家对老子生活时间的看法。

梁启超认为老子在《道德经》中主要论述了三个问题：道的本体、道的名相和道的作用，于是他在《老子哲学》中提出一些有价值的哲学见解。例如，梁启超针对《老子》中讲到宇宙万物的本体问题时，老子说了"有物混成，先天地生""是谓天地根"，表现出老子把天地的初始状态视为混杂在一起的某些自然元素，梁启超认为老子在寻求天地根本属性的问题时突破了天统辖一切的观念，打破了天的神秘和独尊地位，消解了"天神"的存在，当代很多学者也与梁启超这一看法相一致。再如，梁启超利用抽象与具体之间的关系来解释老子的"一"与"万物"的关系，他首先肯定"一生二，二生三，三生万物"的合理性，然后充满逻辑智慧地分析出："我想老子的意思，以为一和二是对待的名词。一既说个'一'，自然有个'二'和他对待，所以说'一生二'。一二对立，成了两个，由两个生出'第三个'来，所以说'二生三'。生出来的'三'，成了独立体，还等于'一'，随即有'二'来和他对待，生的'三'，不止一个，个个都还等于'一'，无数的一和二对待，便衍成万了。"① 随后，梁启超又做了许多精彩比喻来说明空无与用之间的关系。例如，盛物的器具如果没有凹陷处，便没有盛装物品的功能；车轮中间如果不挖出圆形空洞，车体便不能运行；房屋没有门窗作洞，空气便不能流通，人也无法出入。梁启超指出，老子的最大功绩是为中国造出了辩证法哲学，并且称赞老子哲学是使人精神向上的学问。梁启超还在《老子哲学》里面借助很多佛学思想来阐发自己的观点，这说明梁启超具有近代佛学思想倾向。

梁启超在《孔子》研究中继承了前人的研究成果，又开拓了孔子研究的新局面，在孔子研究史上具有特定的承先启后的历史意义和作用。

梁启超在《孔子》中专门对孔子事迹及生活时代进行了考察，对

① 梁启超：《老子哲学》，《饮冰室合集》卷8，中华书局1989年版，第11页。

孔子的生卒年、思想渊源进行了综述。梁启超认为由于孔子生于鲁国，在卫国逗留的时间比较长，而这两国都是周文化曾经繁荣的地方，所以孔子具有很强的周文化使命感。梁启超通过考察社会历史等情况，确认孔子的思想体系连贯而完整，绝不是凭空出现的。他把孔子的思想内容主要概括为：学、仁、礼、乐、正名、性、命、鬼神与祭祀等。其中孔子"学"的内涵是修养自己的人格，并不是平常的读书之义，并且孔子的学问是重道德实践、轻知识，这是梁启超对以往孔学的突破之处。至于"礼"与"乐"则是孔子修养人格的方法，孔子能够因各人的性情而使"礼"发生作用，并且把"乐"作为学生的必修科目，把音乐与民族兴亡的国家大事联系在一起。之所以在孔子那里"礼乐"并重，梁启超看到是因为"礼"可以收敛民心，起到制约作用，而"乐"可以和民性、陶冶情操、"礼乐"结合，水乳交融，才能够真正塑造理想人格。至于"性"与"命"，梁启超也作了评价。他说孔子的"知命主义"既有优点也有缺点：一方面，它可以使人们掌握规律，按照规律去办事而不会盲目冒进；另一方面，它却又打压了人们的创新精神，会使人产生消极宿命论。

至于孔子的"鬼神"与"祭祀"之说，梁启超有自己的见解。他认为孔子不语怪力鬼神，是无神论者，然而孔子却支持祭祀，证明孔子对于鬼神观念只是哲学意义上的倡导者而不是宗教意义上信徒。孔子支持祭祀只是出于返本而不忘初的民风情怀，从而在全社会产生民俗淳朴、仁厚，政治顺畅的效果。所以孔子的祭祀与鬼神关系不大，只是培养人们拥有传承精神的一种手段而已。梁启超对孔子思想的再反思与再推敲，显示出其在对文化知识体系把握过程中的严谨态度和深邃思想。

梁启超认为孔子的政治理想具体体现于《礼记·礼运》中大同社会的描述。他说："天下为公，选贤与能，自然是绝对的德谟克拉西了，讲信修睦，自然是绝对的平和主义和非军国主义了。大同社会是要以人为单位不以家族为单位的。男女是平等的，男有男的职分，女有女的归宿，生产是要提倡的……但劳作的目的是为公益不为私利，所以不必为己。"① 梁启超点评出孔子的政治理想是实现大同社会，在大同社会中，对内政治上讲求公正、唯贤是举的民主，对外能够和平共处。大同社会里的生产与劳动是以群体主义为本位，同时又秩序井然。

至于孔子的哲学思想，梁启超认为《易》是孔子思想集大成者，他把孔子的"神无方而易无体"看作思想界的一大革命。梁启超把孔子的"易"总结为无体、生活、运动、规律、法则五个方面，指出孔子利用"中庸"思想把这五方面调和起来。

梁启超于1921年作有《墨子学案》，是对早期的《子墨子学说》思想体系的更正和拓展。在《墨子学案》中梁启超从墨子的基本思想、家庭教育观念、经济思想、力行精神、逻辑学、社会总体思想和科学技术成绩等方面进行全面论述，出现新的框架和理论观点。梁启超指出，墨子的突出成就是树立起不分亲疏远近的兼爱以及舍己救人、大无畏的精神，这些思想尤其在下层民众中深入人心，成为民族生命力的一部分。梁启超认为墨子精神表达出反对侵略战争、勇于保卫国家、为国捐躯、颂扬民族英雄等优良传统，墨子提出的兼爱观念就是为减轻各国频繁战争造成的伤害。墨子由兼爱而提出"非攻"思想，不辞辛苦地身体力行，奔走于各国之间，企图阻止各国之间的战争，表现出他对所有人类平等的关爱以及持之以恒的伟大人格。可见，在《墨子学案》中梁启超流露出对墨子思想及墨子人格的赞美之情，从侧面表达出对传统文化的自豪感。

梁启超总结出墨子最著名的思想是"兼相爱交相利"，爱与利并重，体现出社会底层小生产者的生活状态和实际要求，明显不同于儒家的"正其谊不谋其利，明其道不计其功"的一贯主张。由此，梁启超展开了对儒家思想的批评。他认为儒家学说最大的弊端在于只注重事情出发点的高尚与否，却不注重事情结局的好坏，这样会造成道德标准与生活需求相脱节、物质与精神相对立，因此在近代社会应该提倡墨子爱和利并重的思想主张，它更符合时代的要求。

① 梁启超：《孔子》，《饮冰室合集》卷8，中华书局1989年版，第41—42页。

梁启超认为墨子经济思想的主要内容是反对奢侈享乐、提倡俭朴，希望人人努力劳动，各尽其职，各显其能，提倡有余力帮助他人分担劳动，劳动不必为己，有了多余财物分给别人；主张整个社会应该人与人之间友爱互助，有种小手工业者大同理想的意味。由于崇尚俭朴和简单，墨子还认为儒家的长时间守丧耗费时间，并反对伤财烦琐的厚葬，同时赞同人口增多，这样会带来更多的体力劳动者，能够创造更多的物质等。墨子思想反映出下层人民对物质生活的渴望。

对于墨子的宗教思想，梁启超在《墨子学案》中一反以往对其宗教思想的肯定，认为墨子的"天志"思想漏洞百出，所做的论证多半陷于循环论，是迷信思想，也是学说中的最大失败之处。在这里，梁启超一针见血地指出，"天志"的失败主要是因为它本身就难以自圆其说，而墨子再把它拿过来应用自然就没有说服力。梁启超的这些观点使其对学术的研究更加科学化，被同一时代的许多学者所认可。

梁启超还借用了西方近代科学理论在《墨子学案》中阐述墨子的逻辑学、知识论和自然科学等方面取得的成果。例如，对于逻辑学的应用，梁启超指出墨子运用了类似的演绎和归纳法，在论证时能够推演出事物真相，并且总结出各种事物现象之间的关系顺序。

由于墨家学说中所出现的重民生利益、民生平等的思想符合中国近代社会启蒙和救亡的需要，梁启超极力肯定墨家的兼爱思想，希望改造和为民所用。他希望在墨家兼爱、互利基础上融合西方文化中的个体自由价值，防止西方以权利主体自居所导致的极端利己主义。

此外，《墨经》论知识的来源时强调只能靠闻知、说知和亲身经历这三种，还指出凡事都需经过检查和反复推敲才能考察出真知。梁启超认为这些方法都表现出理性精神，因此他把墨子学说中的这些突出成就称作是祖先遗留下来的宝藏。

梁启超在《儒家哲学》一书里，已经融入了比较深刻与完善的学术见解和研究方法。梁启超指出，儒家哲学以研究人的行为为中心思想，研究的关注点主要是个人怎样修己，人怎样与他人交往，人与人交往的准则是什么，这是与西方哲学在本质上的不同。梁启超在书中主要展开三个方面的问题：第一个方面是对儒家哲学的形而上的思考，即儒家哲学是什么，研究儒家哲学的原因和研究儒家哲学的方法；第二个方面是简介两千多年来儒学的变迁史；第三个方面是概括儒家哲学研究的主要问题，包括性善恶、天命和心体问题。

对于先秦各派思想内容的考察，都体现出梁启超对文化知识体系的宏观把握。

第二节　对佛学的接触与运用

面对近代中国危机，一批有识之士通过各种学说、理论和运动来寻找拯救中国的方法，其中西方的柏格森生命哲学、詹姆士人格唯心主义、唯意志论、进化论学说以及社会主义运动等，东方的儒家心学、佛学等都使近代救亡图存的学者眼前骤然一亮，而其中佛学对于身处其中的人们更是具有独特魅力。佛教自公元 2 年传入中国以来，在中国便取得普遍的民众性基础，无论是上至官宦富贵，下至平民百姓，人们都对佛教耳闻目睹，长期受到其思想教义的熏陶。在近代的中国，儒学成为激进派和改良派的批判对象，以修身成仙为宗旨的道教也受到社会现状的叨扰而日渐衰落。很大一部分学者便希望借助佛教教义来解决现世困境，构建新的社会秩序，于是中国近代社会兴起了一场佛学复兴思潮。这些开始弘扬佛法的人物，除大德高僧之外，主要的人物便是民间修行的居士和治理佛学的学者，佛学在民间的范围极广。研习和修行佛学的人致力于整理佛法经典、研究佛学原理、厘清佛教传播史、弘扬教义等方面。梁启超评价说所有的近代思想家都曾研究过佛学，并且他本人也是近代研究佛学的学者之一。

一　对佛学的接触

梁启超对佛学的正式接触始于在万木草堂学习前后，当时他把佛学作为政治追求和社会变革的思想支柱，同时希望以佛学的为人处世方法来提升国民道德水平，并常常对佛经发挥自己独到的见解。梁启超总共作有三十多篇佛学方面的文章及一些手稿，它们都是梁启超有关佛学研究的精华所在。

　　早期的梁启超对佛学的研究还只停留于表面而不能深入。梁启超曾遗憾地说，康有为经常讲博大精深的佛学思想，然而自己根基浅薄不能真正理解多少。这种看法一直伴随到后来与谭嗣同等人探讨佛学之时，梁启超仍在自我检讨，说自己为烦恼所累而不知解脱，认为今生自己宿业未尽才成为佛学的门外汉。其实这种现象是由于梁启超只看重佛学教义的实用性而非佛教本身的精华才对他进一步参悟佛理起到了阻碍作用，而佛学需要反复磨炼和修行心性，进行个人的体会和领悟，才能达到参悟佛法境界。

　　在维新运动的酝酿和发展时期，梁启超结交许多笃信佛学的师友，并经常探讨佛学，这便促使他能够在佛学的领域里进一步研究。梁启超与笃信佛学的谭嗣同走到一起，两人有共同的兴趣、爱好和政治理想，因此能够互相学习、切磋佛学。梁启超通过自己的观察曾概括出谭嗣同治佛学的特点是"应用佛学"，即以佛学的部分义理来服务社会生活和政治需求，力主以佛救世。梁启超所指的"应用"二字，是指一些知识分子以对佛教的基础阐释为主，融合当时社会上流行的新词、新概念，来构建有利于社会发展的道德价值体系，促使国民认同新的道德观。此外，随着和夏曾佑、唐才常等人之间长期的佛学交流，他对佛学的兴趣渐增，有时也能够津津乐道而乐此不疲。曾有学者评价这时的梁启超是非佛学术语而不用。这种佛学情怀就此伴随梁启超一生。然而他在考据、解说佛学义理时却并不承认自己的佛学情怀，尽管佛学情结已经深刻地影响到梁启超对政治和学术等方面的看法和见解。例如，梁启超要求国民放下一切心结、幻象，以主体心的力量唤醒自己，使国民相信主体心力能够挽救危机，心的主观能动性能够改变一切；对于文化的界定，也是借用佛学的"因""果"互动来说明某一文化的过程等。

　　然而对佛学应用的观点并未实现梁启超的政治抱负。戊戌政变之后，梁启超流亡日本，当时的日本正在发展佛学思想，在西方文化冲击下，日本佛学界产生了新的佛教观。他们认为宗教是唯一可以改变社会思想的力量，但要分清迷信和信仰的区别，可以借助宗教哲学来提升人们的思想、道德和信仰。梁启超非常关注日本宗教界的这种思想变化，这影响到他对国内政治实践、思想和文化路向的看法。再者，日本佛学界也专注于佛学义理和佛学史变迁的探讨，也为梁启超后期从学术史方面研究佛学而埋下伏笔。

到了 20 世纪 20 年代以后，尽管社会上仍存在许多问题，但清政府已不存在，国家体制发生根本性变化，梁启超原本希望采用佛学来改变中国国民所面临的专制束缚、德性和价值观等问题，突然之间发现所针对的专制政体已经不复存在，这使他失去了政治目标，也使他对佛学应用方面的研究失去了动力，便转而开始佛学史的研究，这意味着梁启超以佛学来改造社会的愿望落空。民国政府内部的腐败混乱使梁启超失望，梁启超早年对佛学的研究和运用以"达则以佛学兼善天下"为目的的，这时梁启超对佛学的研究则是以"穷则以佛学独善其身"为主。他对佛学的研究开始从历史的角度展开，并对佛教发展史和重要典籍作详细梳理。

用史学方法来研究佛学在当时是一个很重要的研究视角。因为佛教自汉传入我国以来，在教理方面异常发达而取得成就，又承袭传入之前的本来意义，形成各个佛学宗派，研究起来比较容易。但对于佛学历史，则由于事实复杂且向来没有推敲，更没有典籍能供参考；再者，根据佛教教义，佛教徒修行的目的就是突破历史连续性，所以研究佛学的历史性脉络，有如在黑暗中摸索，进行起来难度极大，但如能辅以历史背景来研究佛学教义，所得出的结果一定精确，因此佛学历史的研究非常重要，它是研究佛学义理的有效手段。

1922 年，梁启超发表《大乘起信论考证》一文，标志着他首次把历史角度的考证方法援入佛学领域，在中国佛界掀起波澜。《大乘起信论》是大乘佛教中一部重要著作，也是阐发如来藏经兴起原因的代表作，意义重大。梁启超收集诸多佛教材料、文献，进行了详细考证，其基本观点受到日本佛学学者松本文三郎、村上专精和望月信亨等人的影响。梁启超认为《大乘起信论》是中国人所作，并非从印度传来的经典。这一考证结果可以说在学术界和佛界都是一语激起千层浪，梁启超本人却认为这能够反映出中国人自身的创造能力。他说："为世界学术界之一重镇，前此共指为两千年前印度大哲所撰述，一旦忽证明其出于我先民之手，吾之欢聚一堂喜踊跃乃不可言喻……此业乃吾先民之所自出，得此足以为我思想界无限增重……吾辈生千年后，睹此巨大崇贵之遗产复归本宗，不能不感激涕流也。"① 梁启超认为这可以证明《大乘起信论》是民族本土文化的自身成果，令人精神振奋，这一伟大的文化创造力能够为后辈人做出榜样，更可以使后辈人引以为豪，从而增强民族认同感，也可以证明《大乘起信论》比老子《道德经》价值还高，"夫老子五千年言已为国学之至宝，而此论之可褒，实驾出老子五千言之上不知其若干倍，其可为国宝也"②。经过梁启超的历史考证，确立了《大乘起信论》的地位。

由此，梁启超以历史考证方法来研究佛学进入一个新阶段。他在1920 年以后的文章里，只有《论佛教与群治之关系》《说无我》《余之死生观》《佛教心理学浅测》等几篇文章阐述佛教义理，其他文章则涉及佛学的各个方面，比如佛教在中国的传播与发展情况、佛教在印度的兴起考证、佛教经典的梳理与考证、佛经的翻译和传播、中印佛教交流等，都具有较高的学术价值。此外，他还以严谨的学术态度对一些比较重要的佛学经典如《牟子理惑论》《四十二章经》《楞严经》的真伪进行了再辨析，坚持一家之言不足信的治学原则，提出质疑，并进行一系列比较深入的考证工作。梁启超对佛学的研究和其对西方文化、儒家哲学等的学术研究并驾齐驱，相得益彰。

梁启超很明显是把佛教作为一门学问来研究的，而学问则必定要与他的经世主张相契合。因此他是以学者的身份来研究佛学中一些经世致用的教义，而不是以佛教徒的身份带领国民前往彼岸世界。他是站在现实世界的角度，把佛学作为政治理念的精神支撑，使其成为社会变革的精神武器。但很多学者对梁启超早期的佛学经世、以佛学贯通政治的思想并不重视。当梁启超历经百日维新、流亡日本、回国任职、退出政治生涯等变化之后，其对个体生命的存在方式、意义具有

---

① 梁启超：《大乘起信论考证序》，《饮冰室合集》卷9，中华书局 1989 年版，第 37 页。

② 同上。

更多的本真理解，于是开始潜心佛学学术方面的研究。

二　对佛学的应用

梁启超把佛学作为实践哲学融入日常活动中，力求通过佛学的弘扬来提高社会道德判断力、重建社会文化体系，为赋予中国佛学以现代意义而做出历史性尝试。他对佛学的现代性思考，不仅表现在他后期对佛学的学术性研究，也体现于早期政治追求过程中政治思想与佛学的相融性上。

梁启超早期受到康有为的佛学观影响。康有为研究佛学的目的是经世，他认为佛学和儒学同等重要，互为补充，这启发了梁启超的佛学研究的实用性。梁启超曾致力于为国民寻找一个新的、起到振奋人心兼具凝聚力的信仰，最后把着眼点落到他认为是最高尚的佛学上面，于是开始阐发佛学原理。他认为佛学可以弥补儒学的不足之处，佛法同样可以是经世致用的方法。由此，梁启超也赋予了佛学与儒学同样的救世任务。梁启超解说佛学与其他宗教的不同之处时指出，别的宗教，都让众生对一神或一人顶礼膜拜，只有佛教不是这样，佛认为众生都具有佛性，因为人人具有相同的佛性，所以人人有成佛的可能，即人人平等。而其他宗教虽然也好，但不求平等，只有佛教力倡平等，所以佛教与立宪追求最相容，它能够兼有据乱世、升平世、太平世这三世的特点而使三世合理相继。这样，梁启超把佛教与政治实践沟通起来。

在梁启超流亡日本之后，他开始以佛学为视角思考政治方面的个人及社会的自由。梁启超非常注重佛教与政治伦理之间的关系，他说："泰西有今日之文明者，由于宗教革命，而古学复兴也。"[①] 梁启超认为一个国家的强弱兴衰在于一国国民的智识和能力，而一国国民的智识、能力的增减在于国民思想的高下，思想的高下通畅与否又在于国民的习惯和信仰，因此佛学的作用非常重要，关乎一国的政治形象。尤其是1902年以后，梁启超对宗教和政治改良关系的见解逐渐

---

① 梁启超：《论支那宗教改革》，《饮冰室合集》卷1，中华书局1989年版，第54页。

深入，这在他所做的《保教非所以尊孔论》一文中有所表达，继而又说明了佛教对于社会公德建构的积极作用，该思想体现于《论佛教与群治之关系》《论宗教家与哲学家之长短得失》《余之死生观》《近世第一大哲康德之学说》等文章中，都是直接从佛教角度对政治自由、道德、哲学等问题进行了阐发。

梁启超所倡导的中国近代思想上的自我解放，是以中国传统文化结合西方的权利思想为基础，又辅以佛学的"真如"观念把自由表现出来，展现出佛学的现代性，同时把佛学思想作为西方自由主义输入中国的一个桥梁。

梁启超利用佛教中的"真如""真我"等来解说西方自由主义观念。梁启超把信仰的思想观念普遍化，《大乘起信论》的框架是一心开二门，其中的一心就是恒在的精神"真如"。通过《大乘起信论》的启示，梁启超把"真如"比附为自由的真我。梁启超曾断言，自由主义者口中的自由与不自由，其实可以用华严宗来解释，华严宗把人生生世世恒常的精神看作是自由不受限制的，把人所表现出来的肉身形态看作是不自由而受到躯壳束缚的。康德所说的道德就是指基于这种自由基础上的自我律令和标准，于是康德哲学中的自由与道德紧密相连。康德的自由里面包含有道德的责任，人的精神生命能够表现出道德的性质，精神生命是人的本质生命，是绝对自由状态，但人如果陷入肉体中不能自拔就会失去自由。康德哲学中的物自体被梁启超比作是佛教中的"真我"，是肉体生命之上超然的自由活泼之物，是一种精神状态。梁启超认为"真我"是去掉一切世俗烦琐的人的本真品性，道德之心便是由它所出，所以梁启超在《新民说》中把人分为两者，一是客观存在的肉体外形，二是"莹莹一点"的自由的具有创发力的灵魂，即精神。他认为肉体是小我，精神是大我，大我能够支配小我才是灵魂自由的表现，人若陷于欲望中则是被肉体的小我所统治而失去自由本性，肉体只会束缚灵魂、束缚自由，真正的自由是除掉肉体束缚的"真我"一样的精神自由。而肉体的人获得"真我"本性、回归真如的方法，是人必须站在空和无的角度来回归自性，排除烦恼和欲望，不为身外一切法相所累，而宇宙万物的一切法相都是因缘合成而无常的，终有破灭之时，只有生生世世参与轮回的"真如"精神才是真相，"真如"会拥有生生世世不同的肉体，同时会经历各种不同的幻象，来承载和见证所有的因果循环。所以梁启超认为，凡夫眼中的"我"都是由色、声、香、味、触、法而合成的肉身，把由色、声、香、味、触、法所带来的各种贪、嗔、痴念等一一除掉，仅仅把"我"看作轮回中的一个幻象，一切皆由心造，应该看到"我"的肉体早晚都要归入"无"，只有精神长存不灭，这样人才会放下一切执着、烦恼而拥有"无我"的观念，一切人生的问题也便迎刃而解。这样，梁启超便以佛学展现出对西方自由权利的理解以及在精神世界里获得自由的途径。在这里，梁启超以人的内心世界而不是以阿赖耶识为本体展开自由精神的追求，也与其政治理念有着不可分割的关系。

因为自由主义传入中国之时，正是公民政治伦理替代臣民政治伦理之时，西方的平等、民主、自由观念是公民政治伦理的核心。自由主义观念与社群概念有关，善群的提倡虽然不是梁启超首创，但伴随西方自由主义思想的传入，近代中国正处于独善其身的私德而非善群的公德关口。公德是梁启超所倡导的全民的伦理道德，因此自由主义与中国近代的群治观念共同成长，而佛学相对于西方的自由主义和中国的善群保种观念则是一仆二主的关系：一方面佛学负责以国民惯知的语言、信任的程度来阐发自由主义；另一方面佛学要利用自由主义理想激起国民善群保国的热情。虽然一直有学者认为梁启超的自由主义是"以他对'群'的集体主义的关注为中心。因此，梁基本上只是在集体主义的框架里向西方的自由主义相妥协"①。这只是看到了梁启超在政治上对于自由主义的保守，认为梁启超使个体与自由主义产生对立。然而在梁启超那里，正是由于通过以佛学援引自由主义，从而化解了个体与群体的对立关系，佛学以其特有的平等观和因果观使集体主义与个体的自由主义二者之间达成了某种平衡。

① 张灏：《梁启超与中国思想的过渡（1890—1907）》，江苏人民出版社1997年版，第17页。

　　梁启超还在《论佛教与群治之关系》一文中，把群治、公德等思想都运用佛学的比附纳入自由主义的脉络中来。他还把佛学与理想中的政治体制结合在一起考察，认为虽然专制政治和立宪政治都会使人服从统治，但其实质却不一样，专制政体违逆人心和人性，由于外在强力才使国民臣服，所采用的手段是使民愚昧无知而不知伸张权利，同时也不知有义务；立宪政体则相当于国民自治，国家存亡与己休戚相关，国民都有平等的权利和义务。所以专制政体下国民是被迫服从，立宪政体下国民是心悦诚服。梁启超把君主专制而非群治等同于迷信，因为君主把专制的合理性移交给造物主来解释，所以造成不平等。而平等的实质是自由主义的内在应有含义。君主制与其他宗教一样，都认为教徒的智慧不能与教主同日而语，因此教徒只能强信不能问究竟，教徒也永远不能成为教主。只有佛教的基本观点是人与人之间平等、人人可以成佛，所以人与佛也平等。在理解佛教教义的方法方面，是通过质疑和反复辨明，层层解惑，由不知而进入知，这体现出自由的怀疑主义和理性主义及平等主义之间的互动与沟通。而在自由主义的理念中，平等是自由的体现，自由与平等具有同样重要的地位。梁启超看到佛教义理强调宇宙万物平等，人人都经历生死之途，人生如梦幻泡影、转瞬即逝，所以佛教才主张除掉人们主观意识给客观世界造成的分化。这在形而上学层面上奠定了人人平等自由乃至群体也应当反对专制而求平等的思想。

　　梁启超认为佛教具有入世精神，比起基督教倡导人们到天国去见上帝、获得荣耀更有见地，因为佛教的天堂就在自己内心而非在自身之外，通过心性的修行，人可以身处世俗喧嚣而心处佛国，随时随地都可以生活在极乐世界。佛教又履行造新世界、"进化之责"，进化的目标是进入新造的极乐世界。明白佛教引领人入世修行的道理，在小的方面可以"救一国"，在大的方面"可以度世界"，因此有识之士进行的政治准备便成为佛教的入世修行方式。梁启超还通过个体所造之因无法消除、无人代受的佛学义理，来说明自由主义中的受益者——个人当造善因、行有益之事，如此会改变命运。梁启超认为因果循环和"发电报者"一样，善恶念头会如电波一样获得各种感应，感应的结果都回归自身，无人能改变，无人能代受。因此众生应在小的方面切实行善来挽救自身堕落，同时在大的方面形成全体共业的合力，来改变当前所处的环境，佛教共业的精神能够"熏染社会"、挽救"衰弱"。梁启超采撷了佛教的因果思想与国家命运相互论证，他的佛学实用思想可见一斑。

梁启超看到西方自近代以来带给人无尽的欲望，欲望可能会导致整个社会价值观的颠覆，因此他给中国人开出的良方是善群思想。在梁启超看来，国民的"权、智、德"都是破除奴性之后自由的结果，三者是统一的过程，是宇宙的公理和大化，是善群和群治的必备条件，符合进化的规律。梁启超善于运用佛学思想引领国民寻找宇宙变化的根源，唤起国民的文化自觉和现代性思想。他在《余之死生观》中，把宇宙的生生不息称为"羯磨"，它具有进化延续的品格，是承载进化的道德，是全世界人心理活动的总体合力。每一个体的思想、观念、言行举止都淤积成为全体的"羯磨"而记录在案，永不磨灭。所以"羯磨"是个体通向社会整体的依据、因果轮回的证据。梁启超便以群治精神的永恒性、遗传性和果报性来教导有识之士"苟有可以为彼之利益者，虽靡其躯壳，不敢辞也"[1]，希望有识之士为后人和未来而担当起建立新道德的责任。梁启超正是经过佛学阐释展开自由形而上问题探讨，继而下贯至新民的个体德性建构中。

由于佛教的大众化，所以佛教很容易成为接引西方自由主义的本土资源，更容易使西方思想融入本土文化。因此，梁启超利用佛学自由、平等的宗教观来激励近代有识之士反省人的存在价值以达到其改良、立宪的政治目的，由此，梁启超赋予了佛学经世致用的功能，这说明梁启超理解和接触到文化的作用问题。

第三节　对清代学术史的研究

梁启超对明清至 20 世纪初的学术思想演变做出的总结性言论主要

---

[1]　梁启超：《余之死生观》，《饮冰室合集》卷 2，中华书局 1989 年版，第 1 页。

体现在他所作的《清代学术概论》和《中国近三百年学术史》两本书中。《清代学术概论》简练、概括性强，偏重于"论"的方面，可以视为纵览清代学术的一部纲领性导论。《中国近三百年学术史》则侧重于"史"料部分，主要论述有清以来学术变迁与政治关系、清初各学派发展和主要成就及清代儒家学者整理旧学取得的成绩这三个问题。

一　《清代学术概论》的文化成就

梁启超在 1920 年所作的《清代学术概论》，篇幅 5 万字，原是为蒋方震的《欧洲文艺复兴史》所作的序，后独立成书。该书总结了清代学术的变迁过程，论述了各个阶段的趋势和时代背景。他气势磅礴地点评了三百年间著名学者的历史功绩和地位，分析精湛，全文被赞为是一册包罗万象的书籍。

梁启超把清代学术划分为"一、启蒙期，二、全盛期，三、蜕分期，四、衰落期"[①]。清代初期被列为启蒙期，代表人物有顾炎武、胡渭、黄宗羲、王夫之、颜元等人。启蒙期的历史、地理、天文学等也卓有成就，这时清代学术的规模初步建立。这一时期由于经过明代的学术空谈之风后，许多学者意识到其空疏、不切实际性，便相继回复到研究实学上来，加上当时社会比较安宁，可以使人潜心治学。一些有民族气节的学者也不屑于在朝廷做官，于是潜心做学问，这样一来宋明理学权威缺乏制度保障而摇摇欲坠，清代学术框架还尚未建立，无官方指导思想的限制，因此出现文化繁荣发展、自由治学的风尚。这便是当时众多学者共创启蒙思想并且使学术呈现纷繁复杂现象的原因。梁启超看到，自康熙之后，只有考证派盛行，成为清代学术的主流，其他学派衰落。造成这种现象的原因主要是清廷对有智识的学者防备和猜忌、大兴文字狱，学者对现实政治噤若寒蝉，于是将精力和才智转向考证古代经典。考证方面的学者经过实践形成了一套优良的研究方法，能够使众多其他学者既感到考证的趣味，又感觉到考证的必要性，于是考证工作愈来愈风行，精密而深邃，也由此获得比

---

① 梁启超：《清代学术概论》，《饮冰室合集》卷 8，中华书局 1989 年版，第 2 页。

较丰富的历史资料，并且能够对一些专门问题做出研究。当晚清学术进入蜕化分流时期，由于学术的演进及社会历史等原因，考证学派开始衰落，新兴学派开始产生。对于考证学派自身而言，清代学术本以求实而兴盛，但却陷入烦琐、庸俗的考证一流，更有甚者竟然对阴阳五行迷信等说法辩论不休，逐渐走向求实的对立面，况且考证派又自高自大、限制自由发挥，必然妨碍清代学术向前发展，于是今文经学派开始独领风骚，考证学派进入衰落期。从社会条件方面讲，考证学派的衰落大体是由于全民族面临外敌入侵，这时社会上很大一部分人将其归咎为学术风气不务实，因此经世致用的思潮兴起，同时西方文化思想逐渐充斥整个社会，使人们对外求索的渴望日益强烈，对国内陈腐学风的厌倦情绪也日益加剧。总之，梁启超认为清代学术的出发点就是对宋明理学的反动。

这些都是梁启超对清代学术思想变迁特点和原因的宏观说明，可以说是层次分明、脉络清晰。同时，《清代学术概论》对于重要问题还进行了具体分析。例如，顾炎武之所以能够作为清代学风的开创者，梁启超给出了自己的见解。首先，因为清代初期顾炎武猛烈攻击宋明空谈的学风，促进了明清之时学术学风的转换；其次，顾炎武的著述，只有《音学五书》是有系统的著作，其余都是长编，或者是笔记，如此来说，他能够成为一代开山宗师的原因，梁启超认为其学术造诣不必极为精深，最重要的在于能够创造性地规定出研究范围和研究方法，并以锐意进取的精神一贯坚持下来。梁启超指出顾炎武革新了一套研究方法，一共有三点创新。第一是"贵创"。顾炎武抨击明代人所作的书大部分是抄袭前人而来，而自己所作论著的原则必须是前人所未作过、后世还不可或缺的，他自己所作的书就没有一句是抄袭前人的。顾炎武平生最恨模仿和依傍，所说的话一定要出自观察和研究。第二是"博征"。顾炎武治学术方法的真谛是："学有本原，博赡而能贯通。每一事必详其始末，参以佐证，而后笔之于书，故引据浩繁，而抵牾者少。"[1] 顾炎武治学非常严谨，力求做每门学问都

---

[1] 梁启超：《清代学术概论》，《饮冰室合集》卷8，中华书局1989年版，第10页。

言之有据，例如他总结考察音韵的方法，要求重视"本证"和"旁证"，二者如果都没有，则考察其音是否完美动听、音韵和谐。梁启超评价顾炎武的这些方法都符合"近世科学"的研究方法。第三是"致用"。顾炎武主张凡是文章不与六经有关便不做，他本人也一生践履该主张。梁启超认为，应多出以实用主义为目的的著作，务必要使学问与社会的关系密切，这是对明清空谈派的一大针砭。顾炎武开启了清代儒家学者以朴学而自命的风气，有别于其他文人，后来清代学者以经世致用之风来影响政体，也是采纳了顾炎武的精神。

阎若璩的《尚书古文疏证》一书对思想界产生极大影响，尽管此书内容不免有遗漏、繁杂的缺点，被后人指出不少错误，该书却被清代学者所推崇。梁启超对此进行了深入分析。他怀疑东晋末期而出现的《古文尚书》十六篇和同时出现的孔安国《尚书传》都是伪书，因为自从宋代朱熹和元代吴澄以来就有人怀疑。然而只是有所怀疑却心存畏惧而无人敢下结论，直到《尚书古文疏证》出现。梁启超说在此之前，都不知道《古文尚书》会是伪书，几千年来，举国上下全都学习过《古文尚书》，七八岁儿童都能朗朗上口，在人心中一直把其视为神圣不可侵犯之物，历代帝王每日也都讲习它们，作为划分尊卑的依据。《尚书古文疏证》毅然认定《古文尚书》是伪书，若不是以天下最大的勇敢精神，肯定做不到。因此梁启超总结出：虽然《古文尚书疏证》仅仅是考证了《古文尚书》一经的真伪，但以今日眼光看待它的价值，则是思想界的一大解放。在这里，梁启超赞扬了敢于求实和怀疑的精神。

梁启超还以乾嘉考证学内部两大派代表人物惠栋、戴震为例来说明求实精神的可贵。梁启超认为，以惠栋为代表的吴派人物，具有"尊闻好博"的特点，又以尽信古人的方法定是非标准，所以惠栋既有巩固"汉学"地位的功劳，又有固执、盲从的嫌疑。戴震是皖派的代表，治学的特点在于不去盲目轻信也不武断，力求断事精确、本末兼察，他在其著作《孟子字义疏证》中痛斥理学家们以理杀人，把中国文化引向一个全新的起点。梁启超发现该书各个方面都充盈着科学的求真、求是精神，评价它是三百年间最有价值的奇书。

　　梁启超还在《清代学术概论》中总结了清末今文经学兴起的阶段性特点。梁启超是清末今文经学派重要代表，因此他对于今文经学异军突起的缘由和演变具有独到见解。

　　晚清今文经学大体上经历了三个阶段：

　　第一阶段，以刘逢禄、庄存与等人为代表，属于酝酿阶段。庄存与作有《春秋正辞》，是清代今文经学派的启蒙宗师，刘逢禄继承了他的今文经学风，作有《春秋公羊经传何氏释例》。梁启超称赞刘逢禄的《春秋公羊经传何氏释例》采用了科学归纳研究法，显得有条理、有顺序，是在清代人的著述中最有价值的著作。

　　第二阶段，在嘉、道年间，以龚自珍、魏源等为代表人物，属于今文经学崛起阶段。其特点是评论时政、指责专制。实际上龚自珍等人也常作考证学，他们虽作经学，但其治经学方法与正统考证派作经学方法还是大不相同。光绪年间今文经学者，正是继承了龚自珍、魏源以经言政的学风。

　　第三阶段，在光绪时期，以康有为、梁启超为主要代表，达到高潮阶段。康有为著有《新学伪经考》，表达了自己的怀疑与批判精神，由此产生巨大影响，致使考证学派的基础发生动摇。康有为认为一切古书都必须重新估价，梁启超对《新学伪经考》给予了高度评价。康有为还著有《孔子改制考》，康有为所说的改制问题，与刘逢禄和龚自珍比较又有不同，实际上是一种政体理想、社会发展的改造。《孔子改制考》开启了自由研究学风，成为康有为推行变法维新的理论依据。该书在思想界和社会上产生的作用，有如梁启超所说的"火山大喷火"，惹人热血沸腾，使人突破数千年经典的束缚。梁启超曾对康有为的"伪经""改制"等学说狂热推崇，并进行卓有成效的宣传。然而梁启超与考证学派关系密切，在经典学术研究上与康有为不同，经常会指出康有为的武断，后来干脆不再沿袭康有为的方法。康有为好引用纬书，为孔子罩上神秘性光环，梁启超却不以为然。因此梁启超自30岁以后，已不再谈伪经，也不谈改制。最终，康有为与梁启超分道扬镳。

　　以上几点，都可以说是清末学术演变的关键性问题。梁启超既能做到从宏观上把握学术发展的脉络和特点，又能深入分析，看到事物的正反两方面，做出较为客观的评论，因此在思想和研究方法上对以后的文化发展都具有深刻影响。

《清代学术概论》的珍贵价值，还在于它具有总结性的特点。这可以从梁启超在论述清末学者治理学问的成效、方法和精神等方面看出来。梁启超当时正处于东西方文化相互碰撞的时代，这使他眼界开阔，能够使近代科学贯彻到社会生活领域，并总结出演绎、归纳的科学研究方法，因而能对清代学术做出系统总结。

《清代学术概论》总结了朴学家们的考证经验和方法，受到学术界重视。梁启超在书中归纳出朴学家考据时的几点先进之处：第一，凡立出中心思想，必凭证据；第二，如果无证据而仅凭猜测，必定放弃不用；第三，证据单一不会轻易下定论。如果遇到有力的反证则放弃自己的观点；第四，隐匿的证据或者是曲解的证据，都被认为是不道德；第五，最喜欢罗列相同事物进行比较研究，然后得出规律；第六，大凡采用典籍说辞，一定明确标注出文献出处，否则认为是不守道德；第七，意见不合时，则相互辩论，为求得真理，师徒之间也不避讳；第八，辩论时言辞温厚，虽然不肯让步但同时尊重他人意见。如有盛气凌人或讥笑嘲讽他人的则被认为无学术道德；第九，文体言简意赅。

梁启超还总结出朴学家治学的精神，即不论是谁的言论，绝不轻易相信，一定要追求出它的本末来，并且经常从别人不注意的地方寻找线索，层层剖析直到尽头。如果证据不足，虽是师祖等人的言论也不会相信。梁启超指出这种清代学者治学的原则、方法和精神是近代科学成立的依据，也应当被近代学者继承和发扬。

此外，《清代学术概论》的珍贵价值，还体现在梁启超所表现出的渊博学识、开阔视野、理性总结及哲学思考等方面，并且他对待学术研究还力求做到公正、客观。梁启超在实事求是原则的指导下，努力摒弃尽信古人的陋习、固执僵化观念以及宗派的偏见。在书中他对于传统文化的弊端，比如好"依傍"、喜欢"比附"、"名实相混"等宿病都有清醒认识，对由于"重道轻艺"及空谈等所造成的自然科学方面的不发达也给予了深刻揭露，对几千年来的封建迷信和愚钝不化等观点都予以抨击。梁启超是清末今文经学派代表，但他却非常尊重古文经学派的成果，并不隐藏今文经学派的弱点。他一方面肯定魏源利用公羊学派观点批评时政，另一方面又指出魏源的言辞有偏激之处；他既高度评价了康有为是掀起清末思想解放巨潮的先进人物，同时针对康有为学风上出现的武断、牵强附会以及神化孔子的做法，也都毫不留情地加以指出。梁启超还诚恳地剖析自身治学广博却不精专、入而不深的缺陷，并为此做出公开检讨。他在总结自己学术上的是非功过及特点时，能够清醒地意识到自己在思想界的破坏力很大，而建设却过少，也非常有自知之明地披露自己从事一事业时往往集中精力，而过一段时间兴趣转移时又会抛弃以往所专注的东西。可见，梁启超对他人和自身的评价基本上能够做到客观公正。通过梁启超对他人和自我的评论，无疑有助于从总体上把握梁启超的学术思想特点。

二　《中国近三百年学术史》的文化成就

除去梁启超对清代学术的总体论纲外，他又在 1925 年表达了他对于"论"所提供的历史资料，此举非常符合他对于清代考证学者所总结出的"有论必有据"的治学原则，也表明了梁启超对文化知识体系的把握。梁启超所提供的清代学术史资料主要体现在他所作的《中国近三百年学术史》一书中。该书原是他在南开和清华大学授课时的讲义，并且其中部分内容曾在《东方杂志》上刊发。《中国近三百年学术史》印发的主要版本有 1929 年上海民智书局版，1932 年印发的中华书局《饮冰室合集》版本，1936 年印发的中华书局单行本，到 1985 年，复旦大学出版社把《清代学术概论》与《中国近三百年学术史》合编成《梁启超论清学史二种》一书。1989 年北京中华书局将其收录进《饮冰室合集》第 10 卷中。

《中国近三百年学术史》以 16 讲、26 万余字的篇幅和翔实的内容资料，比《清代学术概论》多出更多的篇幅，它在哲学与文化史料方面进一步展开分析，佐证材料全面而丰富，可以称为《清代学术概论》的扩展版。《中国近三百年学术史》大体上沿用了《清代学术概论》的理念，从紧跟时代潮流、虽复古但求解放等思路入手，采用新学术史编写方法，深入分析学术与政治的关系，充分总结出民国初期清代学术情况，梁启超对这一时期所作出的学术成就大体上有三方面。

首先，梁启超开创了史学新体例，突破以往"学案"体例，并重点介绍了清代初期各学派的发展与建设情况及主要学者的成就。

中国学术史著作的最早体例，体现于汉代的《汉书·儒林传》和《汉书·艺文志》中。此外，黄宗羲《明儒学案》和《宋元学案》是比较严格意义上的学术史著作。"学案"体的清学史，在一定程度上反映了清代学术面目。但"学案"体不能全面反映出学术与政治、各学派之间的相互关系以及学术研究方法等问题。

梁启超点评了以往学术史所取得的成绩和存在的弊端，认为学术史著述，必须要宏观、全面而真实，应写出各学派的特点，阐明学术和时代的关系，并指出作学术史时必须遵循四个原则：第一，记叙某一派学说时，必须将其特点首先点评出来，令人具有总体观念；第二，在综述某一时代的学术情况时，需要把这一时代所有的代表性学派思想都搜集整理到一起，不可以凭借主观好恶而取舍；第三，要叙述所考察的学派的代表人物所处的社会历史情况及他的生活简历，得出代表人物的整体人格倾向；第四，站在客观角度上真实记录各学派实际情况，不加主观想象。

《中国近三百年学术史》基本上运用了全面搜集资料与客观真实的原则和标准，点评了以往数以千计的学术史著作。它共介绍了清代六百多位学者，选择重点进行评论，例如对儒家心学传人黄宗羲等、对经学代表顾炎武和胡渭等人重点介绍，对万斯同、全祖望、陆桴亭、梅文鼎、李恕谷、王锡阐、颜元、章学诚等都进行了专门评论，还对王夫之等人的思想、事功、节操等给予专门评述，而对于普通学者只采用作者和书名方式简要带过。因学者人数和成果繁多，则对考证学和清后期的今文经学，按学科分类和具体思想内容，选择了重点加以评述。

《中国近三百年学术史》通过资料考察，对各个主要学派和代表人物的成绩和缺点，作出客观评价。例如对于颜元，一方面赞扬他重视动态"习"的意义，另一方面批评他具有把"习"局限于"唐虞三代实务"的复古倾向；关于顾炎武的成就，是摒弃空谈，专门从客观方面考察事务条理，重视搜集材料并进行综合研究以求实证等；梁启超还重点介绍唐甄批评封建帝王的思想，称赞他具有独特见识等。由此梁启超把各个主要学派学术的特点描绘出来，并给予了适当评论。

其次，梁启超还揭示了政治与学术的关系，阐明清代学术发展的社会政治背景。梁启超在《中国近三百年学术史》中认为，每种学术思想的产生与发展，都与环境变化和民众心理变化息息相关。环境方面极广，包括政治、经济、军事、科技等，其中政治对学术的影响巨大，因此梁启超在书中最先讲明的就是学术演变与政治之间的关系。他总结出明代末期到清代末期的学术路线是从"经世致用"走到"为学术而学术"，再回到"经世致用"，虽然个中原因复杂，但主要是受到政治变迁的影响。为此，梁启超指出近代学术发展的规律：当清代的政治统治稳固，国民的思想受到禁锢时，人们会把精力转向注释古典经文，可以两耳不闻窗外事，一心在古代经文上求得精神寄托；当清王朝走向没落时，加上西方政治、经济、武力的冲击，则寻求救国的经世致用思想会兴起。从总体上说，是由社会政治变迁造成了学术思想的变化。梁启超还格外指出，伴随西方文化的输入，西方自然科学却没有在中国得到充分发展，根源在于科举制度使人重视的八股文是科学发展的文化阻力。梁启超认为，八股的固定思维模式和世间的一切学术都不相容，而当时的功名利禄都出自八股制度，自然不会有人肯放弃这条捷径去学习任重道远的科学知识。梁启超对清代学术发展与政治关系的分析，虽然不能完全揭示其关系，但体现出了制度文化对精神文化的制约关系。

梁启超在《中国近三百年学术史》中大量阐释了以考据学为主的有清一代学术在整理以往学术方面的成就。梁启超认为乾嘉考证学是清朝三百年文化的成果，他详细列举和说明了清代考据学者们在音韵学、小学、地理学、史学、经学等二十多门学科方面取得的成就，罗列出各学科的概况，对各个学科思想的产生、形成、现状和取得的成绩一一论述。因此，梁启超在《中国近三百年学术史》中对清代整体学术成果条理清晰地全面阐述，对学术史的入门学习、总体印象的把握，以及如何研究古代学术史也都具有启发作用，可以说它是学术的历史汇总。例如梁启超总结出《易经》是一部带神秘性的书籍。他简要介绍了汉代治《易》的三派以及别派《易》学，说明了晋代王弼注释的《易》是今天官方十三经注疏的权威版；朱熹综合邵雍、周敦颐、程颐的学说作《易本义》，是儒家与道家综合的《易》学，成为宋元明清的《易》学的正宗，一度成为科举考试标准用书；清代，黄宗羲等人的《图书辨惑》和《易学象数论》、胡渭的《易图明辨》等书把综合了道家的《易》学思想彻底剔除，恢复了儒家《易》学本来面目；后来张惠言、焦循、惠栋等又把各派的《易》说重新综合，并进一步发挥，使《易经》接近于"真解"。这样，梁启超就把汉以来的《易》学方面成就展现出来了。

在具体评价清代儒家学者整理旧学成绩时，梁启超还提出了许多有价值的见解。例如，在谈到清代地理学方面时，梁启超认为严格说来，清代的地理都是为史学服务，是为了方便读史学而作，地理学是史学的附属品，是读史的工具而已。而地理学的发展可以分为三个阶段：第一阶段有种贴近社会实用的意味，常讲一些山川地形。第二阶段主要讲一些开拓水渠、水道变化等事，类似于历史地理的变迁。第三阶段能够介绍一些域外的地理情况，早期的经世致用精神逐渐兴起。再如，把清代儒家学者与宋代儒家学者在辨伪方面比较后，梁启超指出："清儒辨伪工作之可贵者，不在其所辨出之成绩，而在其能发明辨伪方法而善于运用。对于古书发生问题，清儒不如宋儒之多而勇。然而解决问题，宋儒不如清儒之慎而密。宋儒多轻蔑古书，其辨伪动机往往由主观的一时冲动；清儒多尊重古书，其辨伪程序常用客观的细密检查。"[①] 又如，梁启超在谈到清代儒者礼学方面的成果时，

---

① 梁启超：《中国近三百年学术史》，《饮冰室合集》卷10，中华书局1989年版，第249页。

认为不值得去劳心费神研究几千年来烦琐的制度、礼仪等，如果换个角度，不把它们作为经学来考据和遵循，仅仅看作是史学资料，就会在法制史、风俗史等方面显得非常重要了。这些评述表明，梁启超对文化思想的归纳具有超越前人的逻辑思维与洞察力。

最后，梁启超还在《中国近三百年学术史》中评价了清代考据学派的治学方法和治学精神，指出它们背离了清初实用的传统，出现刻板僵硬以及缺乏科学精神等缺点。他说："清代风尚所趋，人人争言经学，诚不免汉人'碎义逃难'，'说三字至二十余万言'之弊。虽其间第一流人物，尚或不免，承流望风者更不待言……他们若能把精力和方法用到别的方面，成就或者可以很大。仅用之几部古经，已经十分可惜。即以经学论，讲得越精细、越繁重，越令人头痛。结果还是供极少数人玩弄光景之具，岂非愈尊经而经愈遭殃吗？依我看，这种成绩，只好存起来算做一代学术的掌故，将来有专门笃嗜此学之人，供他们以极丰富的参考。"① 如此一来，梁启超把清代考据学的费时费神、做无用功的不良风气以及造成的理论和实际相脱节的弊端都毫不留情地揭露出来。梁启超又指出清代乾嘉汉学在治学精神和方法方面也做出过突出成就，因为考据学派能够专从书本上钻研考察，虽然他们的考察浪费时间，但其严谨、实事求是地做学问方法却可以成为今天的典范。梁启超认为学问的最大障碍是盲目信仰，而凡信仰的对象，通常是不许人研究和进一步讨论的，如此就堵塞了使学问进一步拓展的道路，学问不能深入，当然也不会出现新的学问。梁启超希望破除学问的迷信，要求做学问的第一步就是去掉盲从，对一切敢于质疑和再研究。既然把信仰转换成研究对象，自然就会涉及研究对象的诸多方面，比如对象的发生、发展、流变等，便会出现无限多的研究角度和渠道。如此一来，梁启超极其赞赏疑古的风格和精神，中国人经历了《古文尚书疏证》之后，才了解到其实很大一批经典著作中，仍然有经不住推敲的东西，必须研究之后才可以下定论。研究

① 梁启超：《中国近三百年学术史》，《饮冰室合集》卷10，中华书局1989年版，第203—204页。

一旦开始，便会层层扩展开去。由此，梁启超肯定了清代儒家学者的疑古和考证的精神，认为这种精神是清代儒家学者治学的优点。

梁启超认为对古籍校勘是清代儒家学者在整理古代史学时所擅长的，也是非常重要的一项工作。清代儒者校对时拿不同版本的两本书对照，或者根据前人作为文献所引用过的话，加以确定选择；再参照其他书的旁证来改正语法的错误，如果没有更权威的版本，和其他书的相同之处就被确定为最好的选择；还可以从该书的中心思想、连续性等方面找出著书人的本意，来改正出现的错误，这是更具思想性的校勘法。在关于辨伪方法方面，梁启超认为清代儒者发明出很多方法：从此书所记的事迹、制度或所引文来考察，如果书中的事件、思想、文辞出现前人引用后人的情况，一定是伪书；从文体和语法方面去检查，由于文体在各时代有所不同，也能够使人对真伪一目了然；从思想渊源方面考察，各时代有各时代的主流学术思想，伪书难以符合主流思想从而容易被有学术造诣的人直接识破；从伪书所凭借的材料上考察，反证这些材料，若这些材料在原书上并没有，便可知真伪；从著作时代涉及的内容上来校对，如果研究某一时代的学术著作在论据中却没有同一时代众所周知的权威性经典，即它的参考文献中没有权威性著作，则该著作中的结论也不可信。梁启超认为这些都是清代学者在学术校勘上的贡献，他们不仅替后人收集到资料，而且资料选择的方法也都对后人具有借鉴意义。

梁启超于《中国近三百年学术史》中的视野并没有仅仅定格于清代，而是逡巡于清朝一代的前后，因为他认为晚明的二十多年，已经开创了清代学术先河，至民国后的十来年，可以说是清代学术的延伸与蜕化。梁启超把清代学术时间框定于17—19世纪中，第一次全面、系统地将清代学术史的启蒙、发展与变迁展现出来。从他中西结合的附会与对比，可以看出梁启超是以今文经学的观点来研究旧有学术史，在其总结出中国近三百年来的学术成就与学术框架的过程中，也显示出梁启超对时代精神的把握及对现实社会的实践反思，以及对中国传统文化何去何从的思索。这不仅表现为他在对理学反动的基础上进行清代学术史的梳理，也表现在他对同时代西方文化的态度及对有清一代自然科学的认识上。梁启超认为，有清一代学术界的走向，比起以往更具特色和进步，以后若能凭借这些成绩扩充演变，会迎来一个更切实、更伟大的时代。

三 对清代学术史的总结

梁启超在《清代学术概论》中指出学术研究的目的是要改造社会、改造国民精神、服务政治。梁启超在《清代学术概论》和《中国近三百年学术史》两本书中都赞扬了顾炎武的经世致用的政治取向及严谨学风，又在两部书中都谈及颜元，赞赏实学，反对空谈之风。其次还借用颜元的话来表示出宋学空谈之风，久必厌事，厌事必然至荒废事物，遇现实中事物必然茫然无措，因此既误人才也误了天下大事。梁启超看到，龚自珍通过实地勘察作有《西域至行省议》；魏源作《海国图志》，讲述域外风土人情、历史、地理、特产、人物等，对于闭关锁国的国人了解周边情况起到积极的推进作用；康有为作《大同书》，较之《礼运》更进一步具体描述了大同社会，为宣传未来的社会理想奠定了基础。因此从龚自珍、魏源到康有为等人开始了经世致用的学风。

梁启超总结出清以前的封建史记叙特点是：机械记录过往，没有使历史人物成为时代的代表，时代背景成为人物的附属物；理论与实际也严重脱节，因为没有一本史书是为普通国民而著，都是为封建统治者提供统治借鉴而已；史家把朝廷等同于国家，概念混淆，不能更好地与基层国民互通有无；缺乏怀疑精神，不敢质疑古人。由此梁启超断定二十四史不过是保守的墓志铭，与动态的历史相隔甚远，不能揭示历史规律，更不能与现实社会中政治、经济生活紧密相连。因此，旧史学是浪费民智的工具。梁启超旨在说明国家利益应高于朝廷、国民作用重于英雄、历史当与现实相联系的观点。

梁启超在《清代学术概论》中表达出自己的学术观点，他认为学术的生命力首先在于创新。创新的方法在于仔细观察事物，发现某点值得注意和有价值的地方。梁启超以顾炎武为例来说明其成为一代著名宗师的原因就在于创新精神，他说："炎武之言曰：'有明一代之人，其所著书，无非窃盗而已'。其论著书之难，曰：'必古人所未及就，后世之所不可无，而后为之。'其《日知录》自序云：'愚自少读书，有所得辄记之。其有不合，时复改定。或古人先我而有者，则遂削之。'故凡炎武所著书，可决其无一语蹈袭古人。"① 其次，要具有怀疑精神。梁启超认为宋、元、明以来谈论理学者，宁可得罪孔、孟却不敢指出周敦颐、二程、朱熹、陆九渊、王阳明等人的不足之处，若谈及则是对其大不敬，所以历史上许多学术研究没有取得进步，就是缺乏这种质疑、再推敲的功夫。再次，知识要广博、丰富。专注一事项时但凡与此事相关者都应加以研究。梁启超在《中国近三百年学术史》中提及做学术研究的几个必要条件，其中强调要把所研究的时代中各个重要的学派悉数搜集涉猎。他的研究涉及历史、经济、宗教、法学、文学、教育、艺术、新闻等各个领域，颇具百科全书的气势。例如仅仅在《清代学术概论》中评论清代地理学状况时，梁启超所借鉴的书籍就包括《水地记》《水经释地》《新校水经注》《水经注释》《水经注疏》《水道提纲》《汉志水道疏证》《校水经注》《汉书地理志水道图说》《水经注释地》《四书释地》《春秋地名考略》等三十多部著作，提到的学者有二十多人，可见梁启超对专门知识涉猎广泛。又次，梁启超提倡研究方法要具有比较之功，在比较之后才可以得出自己的结论。梁启超在《清代学术概论》和《中国近三百年学术史》中经常进行东西方学术发展的比较，比如在论及社会环境与学术进步之间关系时他就曾把欧洲的文艺复兴时期与中国的乾隆时代相比较。最后，梁启超表示，学术研究是求取真理的气象。他在成为康有为得力门生后还仍然强调"吾爱孔子，吾犹爱真理"，并且一反康有为的保皇派，不仅很少讲保皇，而且多是宣扬西方的民主自由，尤其一针见血地指出《大同书》中的社会只是康有为个人的构想，根本不是古代圣贤孔子原初的理想，特别是《大同书》中取消婚姻更有悖人性。

　　梁启超还在《清代学术概论》和《中国近三百年学术史》中提

_____

① 梁启超：《清代学术概论》，《饮冰室合集》卷8，中华书局1989年版，第9页。

及了科学文化在中国 17 世纪断裂的原因。他分析出主要有两个原因，都与西方的基督教有关：一是罗马教皇禁止中国的教徒再祭祖和拜天神，使中国的风俗与教令产生正面冲突，引起民愤。二是西方传教士参与了清廷的政治帮派斗争，结果则是受到政治的牵连，导致传教士失去在中国的传教资格，在中国也失去了威信。如此一来，由传教士所带入中国的科学文化知识也必然遭到冷落。梁启超为自然科学在中国的断裂而惋惜，因为他一直持有科学造福人类的观点。在对待外来科学态度上，梁启超一方面积极倡导西方文化的输入，另一方面又力图复兴中国传统文化，希望借助西方优秀文化成果来促进民族文化的复兴，而不是全盘吸收外来文化，因为他意识到当时的中国国民对于国外文化的认识，"一是混乱，二是肤浅"①，所以梁启超具有扎根本土文化的倾向，同时表明了他的文化选择态度。

梁启超最后总结出中国从明末至 20 世纪初的三百年学术变迁史具有厌倦主观冥想而倾向于客观考察的特点。这些对于培养近代国民的科学精神来说具有启蒙意义。

本章小结

综上所述，从梁启超对先秦政治思想内容和方法的研究中可以看出，他综合了大量资料，从文化哲学的角度上对先秦思想文化的产生、特点、发展演变及思想成果进行了哲学考察，并提出自己新的观点和见解，其成效相当于朱熹的《四书集注》，也可以称为梁启超对先秦诸子的独到见解。梁启超对于学术研究方法的总结，也对近代国民的人格修养起到一定作用。这种全新的研究视角和方法，对今天的思想学术研究具有重要的启迪作用。虽然梁启超在《儒家哲学》中通篇以赞赏的口吻来评价儒家哲学思想，但他也指出儒家哲学的不足之处是没有从认识论、逻辑学等入手展开学术脉络，略

---

① 梁启超：《中国近三百年学术史》，《饮冰室合集》卷 10，中华书局 1989 年版，第27 页。

显空疏而不精密。然而梁启超并未就此认定其为儒家弱点，他极力为儒家学说开脱，认为造成此种情况是因为儒家要讲的方面太多，因此不能专门去讲认识论，再者由于历史背景等原因使此类问题不如近代人讲得精细。梁启超本人对先秦思想的分析与考察也有其局限性。例如，他有时会把墨子或墨家思想与西方人物和学说从穿越时空的角度来相互比拟，忽略了墨家所特有的中国传统文化品格等。但梁启超对于国学的独特见解，对于当代传承和改进传统文化仍具有深刻启示。

梁启超在经世致用基础上利用佛学援引西方的自由平等观，但是佛学中脱离肉体的在灵魂上的自由平等与西方倡导的权利个体的自由平等，两者在性质上是否真正对等、是否可以相互比附，也令人质疑。这难免会有曲解自由主义的地方，因为佛学的"真如"思想是一种淡定的人生境界，没有制度保障，而西方的自由主义则是一种积极的政治伦理，所以"真如"无法直接深入政治追求和促进个体德性建构。但是利用佛教去理解西方思想观念却是梁启超大胆的尝试。

梁启超还在《清代学术概论》和《中国近三百年学术史》中对清代学术发展做出总体评论。他在这两本书中分别以"论"和"史"的形式阐发自己的观点，对于中国近代思想文化史的研究具有开创和引领作用。梁启超作为20世纪初社会背景下的学者，仍具有思想的局限性，例如，关于学术史发展的规律，梁启超虽然指出了政治与学术的相互关系，看到了制度文化与精神文化的相互制约，却没有看到物质文化对于精神文化的基础作用，尽管梁启超也在《清代学术概论》中曾客观地评价过自己的缺点。此外，梁启超时刻流露出今文经学学派强烈的现实感，不可避免地会在一定程度上影响其评述的客观性。但其思想所体现出的开创性意义却不言自明，从梁启超把东西方的名词概念相互比附、生动对比方面来看，虽然不够精确合理，但又恰好说明梁启超对待学术思想的开放心态和对待东西方文化总体走向的清醒认识，这使他总结出来的近三百年来有清一代学术成果具有重要的历史意义。

通过梳理梁启超对先秦各主要思想流派的研究、对佛学和清代学术成就的考察以及对研究方法的总结，说明梁启超把文化思想看作独立存在的客体，以宏观考察与个案分析相结合、抽象与具体相结合的方法对文化发展规律进行了探索，对文化作用给予了深刻的理解，也体现出他对文化知识体系的观念性把握。

第二章　梁启超文化史研究

梁启超对学术思想和史学研究的开创性总结主要体现在他所作的《论中国学术思想变迁之大势》《中国历史研究法》《中国历史研究法补编》《清代学术概论》及《中国近三百年学术史》等书中。他对史学研究方法的具体运用则体现在对几部先秦经典著作的考察中。梁启超对文化思想的范式研究说明他力图建立起一种普遍性的文化思想研究方法，这将为后世治学术思想和史学的学者提供宝贵借鉴，也为他在形而上学层面对文化进行总体性批判、解析作出铺垫。

第一节　对中国学术思想史的研究

梁启超对中国学术思想的演变、原因等都提出了自己的观点和见解，这主要体现于他所作的《论中国学术思想变迁之大势》中。

在向中国传输西方各种学术思潮时，梁启超逐渐认识到学术思想的重要性。因此在 1902 年所作的《论中国学术思想变迁之大势》中，梁启超赋予了学术思想极高的地位，他说："欲观其国文野强弱程度如何，必于学术思想焉求之。"① 在《论中国学术思想变迁之大势》中梁启超概述了自黄帝时期起到清朝四千多年的学术演变脉络，系统地点评了中国的学术发展情况。他认为一国的思想学术发展情况与政治、历史、风俗、法律等都有关，学术思想可以从语言文字、典籍、

① 梁启超：《论中国学术思想变迁之大势》，《饮冰室合集》卷1，中华书局1989年版，第1页。

历史发展情况等方面去考察，因此中华民族是"五洲中之最大洲"的"最大国者"，并且四千多年的历史从未中断过，这都有赖于民族"公用"的语言文字和包括《尚书》等在内的最古老经典文化的存在及自强不息的民族精神。

一　学术思想史研究的特点

在总结中国学术思想的变迁时，梁启超大体上采用了以下几个方式。

（一）划分学术思想的发展阶段

梁启超认为，从世界史角度来考察，在上世史时代由于中国拥有先秦诸子而在学术思想上居于第一位；在中世史时代比起欧洲的基督教等，中国的学术思想也居于第一位；只有到了近世史时代，中国与欧洲比较起来，让人感到"汗颜"。

从国内的学术思想发展情况来看，梁启超把中国的学术思想在宏观上划分出七个阶段："一、胚胎时代，春秋以前是也。二、全盛时代，春秋末及战国是也。三、儒学统一时代，两汉是也。四、老学时代，魏晋是也。五、佛学时代，南北朝、唐是也。六、儒佛混合时代，宋、元、明是也。七、衰落时代，近二百五十年是也。"① 此外，他把今日当作复兴时代，并看到各个时代之中的学术思想经常相互影响，界限不能完全分明。虽然他强调每一发展时期的阶段进化，但实际上他是强调宏观、整体学术思想的演进，因为每一期的进化都是在前一期的基础上而发展起来的。他把今日作为学术复兴阶段就是在整个历史进化过程中的顺次推演。可以看出，梁启超对中国学术思想阶段的划分显示出历史进化论的特点。梁启超接下来又详细阐述了每个阶段的思想特点和原因。例如他认为"胚胎"时代的学术思想是中华民族一切道德、法律、制度等的源泉，其特点是重实际而非天国或天帝，但该时期的学术思想专属于贵族所有，并未普及，梁启超为这

---

① 梁启超：《论中国学术思想变迁之大势》，《饮冰室合集》卷 1，中华书局 1989 年版，第 3 页。

种情况也作了辩解，并说明其他各国古代也都是贵族学术，普遍限制民智的发展；再如，以战国为主的"全盛"时期，学术兴盛的原因不外乎就是厚积薄发、社会变迁、思想言论自由、交通频繁、重人才、文字简化、讲学之风盛行等。梁启超对每一个学术发展阶段都做了详细解析。

（二）学术思想受地理条件制约

把学术思想的产生和兴起的原因与地理条件联系在一起来考察是梁启超研究学术思想史的另一特色。中国古代思想家注重的是"天人合一"关系，虽然"天"的含义已经包括自然万物及自然规律在内，却没有专门把地理条件与人的活动联系在一起，而梁启超却在这方面独有建树。他说："凡人群第一期之进化，必依河流而起，此万国之所同也。我中国有黄河、扬子江两大流，其位置、性质各殊，故各自有其本来之文明，为独立发达之观。……北地苦寒硗瘠，谋生不易，其民族消磨精神日力以奔走衣食、维持社会，犹恐不给，无余裕以驰骛于玄妙之哲理。故其学术思想，常务实际，切人事，贵力行，重经验，而修身齐家治国利群之道术最发达焉。惟然，故重家族，以族长制度为政治之本，敬老年，尊先祖，随而崇古之念重，保守之情深，排外之力强。则古昔，称先王；内其国，外夷狄；重礼文，系亲爱；守法律，畏天命；此北学之精神也。南地则反是。"[1] 他看到了北方学术思想与南方学术思想之间的差异，并分析出了产生差异的最大原因是地理条件。梁启超受到西方地理环境决定论的影响，也认为地形、地势、气候等自然条件对人的活动会产生决定性影响，而人的生活方式、行为习惯又决定了思想学术的造诣。

（三）以中西对比来突显中国学术思想的特点

梁启超通篇采用了中西比较法来阐述自己的观点。例如，他把先秦学派与印度、希腊都做了对比，分析了处于"全盛"时期的先秦的学术思想的优势、原因及缺陷。他认为中国大多侧重实际问题、人

① 梁启超：《论中国学术思想变迁之大势》，《饮冰室合集》卷1，中华书局1989年版，第17—18页。

事问题，中国和希腊同是重视世间的学派，而印度则是重视出世间的
学派。梁启超还总结出先秦思想优于他国之处在于五点：一是国家思
想发达；二是重民生问题；三是心怀天下；四是学派繁多；五是影响
深远。在总结先秦学术优越性时，梁启超无一例外都采用了中西比较
法去阐述其原因。例如，他在论及中国先秦的学术影响比他国深远得
多时说："希腊学术之影响于欧洲社会者甚微，盖由学理深远，不甚
切于人事也。先秦学者，生当乱世，目击民艰，其立论大率以救时厉
俗为主，与群治之关系甚切密，故能以学说左右世界，以亘于今。"①
梁启超也点评了先秦学术思想的缺陷之处，即缺乏逻辑思想、少物理
实学、无辩论之风、门户观念太深、崇古守旧观念强及师承限制过
严。在评论到这些缺陷之处时，梁启超仍然运用了中西对比的手法。
例如他以赞赏的口吻评价论理学（逻辑学）为讲学家的必备方法，
认为希腊自芝诺芬尼、苏格拉底到亚里士多德都采用该方法而使论证
严密、"首尾相赴"，真理也越辩越明晰，而中国只有名家的诡辩方
法与论理学相似，但在名家之后，与论理学相类似的方法也失传了。

二　对中西学术思想的展望

对于中西方的学术思想，梁启超理性看待它们的重要性和优缺
点，不希望中国人刚刚挣脱依附古人的奴隶性，便又盲目地追崇、依
傍西方而蔑视本族学术思想，从一种奴性迈向另一种奴性，这会得不
偿失。如果厌弃本国的学问，梁启超认为纵使中国有了成百上千的达
尔文、赫胥黎、斯宾塞、约翰·弥勒等，"其于学界一无影响也"。
梁启超在这里冷静地分析了近代中国出现的新的不良倾向。

梁启超还指出，输入西方学术时一定要符合中国的学术需要。他
虽然倡导不同学术思想之间的融合，但强调不能盲目引进。在输入西
方思想之前，中国学者也当对该学术思想事先有所了解，并要对本民
族的学术具有一定的知识储备，然后仔细辨别，"因其性所近而利导

---

① 梁启超：《论中国学术思想变迁之大势》，《饮冰室合集》卷1，中华书局1989年
版，第33页。

之"，才能够做到事半功倍。决不可人云亦云，否则输入的思想越多、越繁杂，对于本民族却越无裨益。

梁启超认为今日是复兴时代，也是学术"过渡时代""苍黄不接"之时，希望接续、发明中国的思想学术特质，"淬厉而增长之"，从而唤起爱国心。他不担心国外学术思想无法输入中国，而是惧怕本国的学术停滞不前。这便是他作《论中国学术思想变迁之大势》和研究中国学术思想的近期目的和意义。为鼓励中国人的学术自尊、自豪感和激起学术热情，梁启超颇具气度地把今日世界文明划分为两类："一、泰西文明，欧美是也；二、泰东文明，中华是也。"① 他认为两大文明同等重要，所以预测出 20 世纪未来的学术发展是"两文明结婚之时代也"，迎娶"西方美人"，必能"为我家育宁馨儿以亢我宗也"②。这表明他倡导两种文化思想的融合。从当代全球文化一体化、经济一体化的发展趋势来看，梁启超于 20 世纪初对学术思想的预测不乏科学性和先见性。

三　反对学术独尊现象

梁启超在总结中国的学术思想变迁之时，以敏锐的眼光指出中国的学术思想变迁情况与泰西国家相反，中国学术"常随政治为转移，此不可谓非学界之一缺点也"③。政治的排他性也势必带来中国学术的独尊现象，因此当政界不统一之时，相关的各学派也各执一词、互不相让；当政界统一时，学术界也"宗师一统"。对于这种现象，梁启超认为百害而无一益。因为学术思想由于缺少了百家争鸣的动力而开始停滞。儒学一统现象就是中国学界的一大不幸。儒学被独尊之后，则"每行一事，必求合于六艺之文"，这使儒学不能再广纳他学而妄自尊大，不利于儒学自身的发展；对于社会上其他的学术思想来说，由于非儒而遭到排斥，也无法得到充分发展。于是全社会的学术

① 梁启超：《论中国学术思想变迁之大势》，《饮冰室合集》卷 1，中华书局 1989 年版，第 4 页。
② 同上。
③ 同上书，第 37 页。

都会沉闷无生气。梁启超断言说中国学术的衰落就是"自儒学统一时代始"。

梁启超又进一步推论说，学术的建设并不是在于学者们而是在于帝王，帝王把天下作为私人之物，便希望在精神方面收服民众，统治者认为如果思想言论庞杂过多，人心便会"滋动"，若使人心归一，不如使学术思想统一。所以"凡专制之世，必禁言论、思想之自由"，统治者也"不惟其分而惟其合，不喜其并立而喜其一尊"①。由此梁启超断定独尊儒学是专制的代名词。其实，梁启超在总结中国的学术思想发展过程中批评独尊儒学的真实用意在于批判君主专制，旨在追求民权。因为儒学成为御用学术后，必然沦为统治者思想上的统治工具，所以儒学最大的缺陷是"专为君说法而不为民说法"，儒家的仁义思想在专制之下无法充分展现和推行，只有兴民权，当权者才会有所忌惮，"仁政之实乃得行"。把对学术思想的分析与具体社会实践相结合，历来是梁启超学术思想的一大特色。

梁启超以西方学术思想为参照系，以宏观、系统、层次分明的形式概述了中国学术思想发展的全貌，又对每个发展阶段的特征加以个性化理解，能够使人加深对中国学术思想史的理解。梁启超在近代撰写出第一部学术思想史，可以说是开启了近代学术思想史研究的先河。

第二节　史学方法研究

梁启超认为历史是"人类社会之赓续活动"，是发展变化的。他在《中国历史研究法》中说："个人之生命极短，人类社会之生命极长，社会常为螺旋形的向上发展。"② 梁启超是进化论的革命论者，从历史的发展中看到了人类社会发展变化的连续性，已经领悟到从史

---

① 梁启超：《论中国学术思想变迁之大势》，《饮冰室合集》卷1，中华书局1989年版，第40页。

② 梁启超：《中国历史研究法》，《饮冰室合集》卷10，中华书局1989年版，第2页。

中可以观测到一个社会的过去、现在和未来，所以他认为史的研究很重要。梁启超的《中国历史研究法》一书涉及的内容很广泛，共分为六章：第一章论述史的意义及其范围；第二章回顾并评价中国旧史学；第三章讲如何改造旧史学、建立新史学；第四章和第五章专讲史料的搜集与鉴别；第六章则阐述史实之间的关系。他在《中国历史研究法补编》的"总论"部分论及修史的目的、史家四长，并且概论五种专史；在"分论"部分则详细论述了各种专史的体例、特点和撰写方法。

一　史学研究的相关问题

梁启超认为，只有连续的人类活动才能构成历史，才是研究的对象，而那种在空间上含孤立性，在时间上含偶然性的活动都不是史的范围。因此，他强调对因和果的探讨。梁启超认为研究出的某一历史活动的"总成绩"就是"果"，这个"果"必然是另一活动的"因"。他在《中国历史研究法》中说："夫成绩者，今所现之果也，然必有昔之成绩以为因；而今之成绩又自为因，以孕产将来之果；因果相续，如环无端，必寻出因果关系，然后活动之继续性可得而悬解也。"① 梁启超看到了历史活动和历史现象的连续性、复杂性，一因多果，一果多因，除纵向的因果关系外，还有横向的因果关系，同一时代的某一活动和其他活动有因果联系，这一地区的活动和另一地区的活动也有因果联系。正因为梁启超强调历史的总体性、继起性和因果性，所以他特别推崇通史。

梁启超很重视历史研究的目的性，他在《中国历史研究法补编》中指出，凡作史总有目的，没有无目的的历史。他认为在中国从来没有如西方史学所鼓吹的为历史而研究历史的观念。旧史学研究只是为少数统治者提供"资鉴"，而现代史著作则是"为国民资治通鉴或人类资治通鉴"，以达到"为现代一般人活动之资鉴"的目的。这就扩

---

① 梁启超：《中国历史研究法》，《饮冰室合集》卷 10，中华书局 1989 年版，第 76 页。

大了史学的适用范围。

梁启超也非常重视史实的客观性和真实性。他在《中国历史研究法补编》中指出，史学家本身要具备四种品德，即史才、史学、史识和史德，并称为"四长"。梁启超把史德列为首位，在史德中，他又认为，史家第一道德，莫过于忠实。若要做到忠实，必须剔除夸大、附会和武断。史家应提倡实事求是，应对旧史不可轻信，当保持存疑态度。这是梁启超伴随着近代西方科学求真精神的传入而发出的对历史研究方法的顿悟，这也促使他向考据学靠拢，他对材料真实性的考据，其实背后有科学信念的支撑。

梁启超在论及历史研究的目的性和史实的客观性时，与旧史学家不同的是，他看到了二者之间存在的矛盾，并试图从史家的主观方面去寻找原因，寻找解决的办法，这比传统的旧史学家高出一筹。

梁启超在回答谁是历史的真正创造者时，分析了"英雄造时势"还是"时势造英雄"的问题，他认为罗素说"一部世界史试将其中十余人抽出，恐怕局面或将全变"是包含一定道理的，"试思中国全部历史如失一孔子、失一秦始皇、失一汉武帝……其局面当如何？"[1]这说明梁启超重视英雄在历史中的作用。继而，他又提出"历史的人格者"概念。所谓"历史的人格者"，按梁启超的解释，是指在历史中起积极主动作用，又在社会上产生极大影响的人物。这些"历史的人格者"，古今数量不同，在"文化愈低度"时代，这种人愈少，"愈进化则其数量愈大"。梁启超断言，在今后的历史中，应该以大多数劳动者或全民为人格者主体。因此"'历史即英雄传'之观念，愈古代则愈适用，愈近代则愈不适用也"[2]。这就是说，梁启超认为古代历史是由英雄所创造，今后将是人民创造历史。此外，梁启超在论及英雄人物与人民群众的关系、时势与英雄的关系时，也得出与旧英雄史观不同的结论。他认为，虽然从表象上看似乎一切史实都是少

---

① 梁启超：《中国历史研究法》，《饮冰室合集》卷 10，中华书局 1989 年版，第 113页。

② 同上书，第 114 页。

数人创造的结果，然而杰出人物背后却有"多数人的意识"在共同起作用，英雄与群众密不可分、相辅相成。研究历史的关键在于从分析具体而上升到共性，再看到共性存在于个性之中。为此，梁启超特别提出要注重研究民族心理或社会心理因素，认为其可以推论出历史的因果。

有无历史资料和历史资料是否具有真实性是得出科学结论的重要条件之一，因此梁启超特别重视史料的搜集整理工作。他把史料分为两类，一类是文字记录的史料，如史部书籍、有关文件、逸书、金石铭文等；另一类是文字记录之外的，如现存实迹、传述口碑、古物等。如此多的史料往往散布各处，必须用精密敏锐的方法才能搜集到。他特别推崇归纳法，并以大量篇幅来介绍它。梁启超还非常重视史料的鉴别，他说史料是史的组织细胞，史料不具体确定，则无法还原史的真相。梁启超对史料的理解十分宽泛，把史料分成两种共12类。在《中国历史研究法补编》中，他还提出具体搜集史料和鉴别史料的方法，书中列出辨伪公例12条，证明真书方法6条，伪事由来7条，辨伪应采取的态度6条。虽然梁启超的史料学理论和方法不够严谨，但他跳出了传统旧考据学的框架，使近代史料学得到很大发展。

搜集和鉴别史料固然重要，但善治史者，应着眼于"事实与事实之间"，这是"论次之功"。所谓"论次之功"，就是撰写历史的方法。在梁启超看来，历史事件之间相互联系，息息相通，一国的历史不是单一的，整个世界的历史也是相互关联的，这就要求史学家能够提纲挈领，运用巧妙联系、推理的方法反映出历史真相。要做到这一点，史学家需要阐述社会历史与时代背景，理清事件的来龙去脉，说明各事件的因果关系。当然，由于历史与自然科学的不同，二者所适用的因果律分别是自由法则和自然法则。这正是历史所难以把握的原因，也是史学家在此时发挥作用的关键所在。对于如何研究历史的因果关系，梁启超列出程序：先确立研究范围，然后搜集和鉴别史料，注意外部影响，找出史迹集团中的影响力人物，深入研究史迹中的心理因素和物质因素，寻找事件发生的诱因、原因和结果。梁启超还列举出大量实例来论述这些程序，从而加强了说服力。

梁启超主张用联系的方法去研究中国历史，用他的话说就是要"通"。"通"本不是梁启超的首创，汉朝时司马迁就提出了"究天人之际，通古今之变"的主张，唐代及以后的史学理论家刘知几、郑樵、章学诚也都主张"通"。梁启超继承了这一优秀遗产，并把它系统化，赋予了新的内容。

二　《中国历史研究法补编》对以往历史研究法的补充

梁启超从不把历史看作是个别的孤立的人的活动，而是人类社会的整体活动。因此，他主张从全局高度上概括出历史全貌。他在《中国历史研究法》中指出："史者何？记述人类社会赓续活动之体相，校其总成绩，求得其因果关系以为现代一般人活动之资鉴者也。"①"校其总成绩"，就是要把握历史的整体面貌，这是因为全面性意味着科学，只有符合科学的东西才能为现代人提供借鉴。历史"本是人类全体或其大多数之共业所构成"，因此其性质非单独性，而是社会的。然而梁启超并不排斥对一人、一事、一代史学的专门研究，不过是要求具备一定条件，即要看所研究的具体的个人、事件或一代的史学在中国全部历史中占何等地位。可以看出，梁启超突破了传统旧史学以帝王将相为研究对象的狭窄眼界，把整个人类社会作为研究对象，这种宏观的视域拓宽了史家眼界。

梁启超在《中国历史研究法补编》中明确声明此篇所讲的历史研究法与之前的历史研究法迥然不同，《中国历史研究法补编》是对《中国历史研究法》的补充。《中国历史研究法补编》分为总论和分论，总论注重理论的说明；分论注重专史的研究，其宗旨在于使具有研究历史兴趣的人面对各类专史时，了解应该研究什么和如何研究。该书偏重于专史的研究方法。梁启超指出："历史的目的在将过去的

①　梁启超：《中国历史研究法》，《饮冰室合集》卷10，中华书局1989年版，第1页。

真事实予以新意义或新价值，以供现代人活动之资鉴。"① 在前期的《中国历史研究法》中，梁启超指出史学家的目的在于使人们认识到当下的社会环境是从历史中渐次发展而来，绝不是凭空出现的，考察现在与过去的连续关系会使生活增加温故而知新的兴味。

在《中国历史研究法补编》中，梁启超讲到还原事实真相时可以利用钩沉法（披露最切近的一手资料）、正误法（改正前人记录的错误）、新注意（注意到史家向来不大注意的材料，予以一种新解释，使一小事件立刻重要起来，成为深挖下去的发端）、搜集排比法（把历史上看似零散的事件一件件排比起来加以研究，可以寻找到更多重要意义）、联络法（把历史通盘联系起来，可发现新的意义、新的价值）。

梁启超认为，若研究过去事实，这五种方法都有用，或全用或应该使用一两种。至于赋予历史事件以新意义，一种指的是把前人没有察觉到的活动中的意义再现出来，或者把前人看错的意义改正过来；另外一种是活动中本来没有什么意义，若干年之后忽然看出新意，把它总结出来。赋予新价值指的是对过去事实重新估价，然后使新意义和新价值供社会和个人活动借鉴。读史时应该具有自己独特的方式，以梁启超的经验，他把读史的方式归为一种鸟瞰式，一种解剖式。鸟瞰式是对历史有一个明了简单的概念，解剖式在于得知细节。在梁启超后期的《中国历史研究法补编》里面解剖式用得最多。

梁启超的《中国历史研究法》及《中国历史研究法补编》在批判和改造封建史学的基础上，吸收了西方近代史学理论和方法，同时吸纳和改造了中国传统史学的某些方法，以哲学的思维和方式构建起自己的史学体系基本框架，积极促进了中国传统史学理论的变革。

然而，在《中国历史研究法补编》完成之前的 1922 年年底，他在南京的一次讲座上，对《中国历史研究法》进行"修补"和更正，更正的内容主要有三处：一是，归纳法只适宜整理史料，不适宜研究

---

① 梁启超：《中国历史研究法补编》，《饮冰室合集》卷 12，中华书局 1989 年版，第 5 页。

史学，研究史学要靠直觉；二是，因果律是自然科学的命脉，而历史是"人类自由意志的创造品"，自然的因果规律不适用于人类历史；三是，历史现象中人类平等观念和"文化共业"是进化的，历史的其余方面则按照"一治一乱"的方式循环，这证明梁启超只承认精神方面是进化的。由于这三点正是《中国历史研究法》的精华所在，对它们的"修正"，则意味着梁启超历史观的退步。

第三节　运用历史研究法治国学

当20世纪初国学运动兴起之时，梁启超对国学发表的看法，对于新思潮的开展产生了非常重要的影响。他对现存旧国学进行批判和反思，然后总结出带有普遍适用性的国学阅读方法，给予后来学者很大启示。

一　对几部代表性经典著作的范式考察

梁启超认为受过中学以上教育的国人，对本国极为重要的几部书籍最少应读过一遍。比如《论语》《孟子》《大戴礼记》《史记》《荀子》《楚辞》《韩非子》《左传》《国语》《诗经》《礼记》等古代经典著作。对于如何有意义、有成效地阅读这些重要的古籍，梁启超提出自己的见解。他指出，在阅读古代经典时会遇到几个障碍：一是，苦于引不起兴趣；二是，苦于缺少时间钻入浩如烟海的书丛中；三是，苦于难得要领。若要克服这些障碍，需要建立起一套普遍性的阅读方法。

普遍性的阅读方法主要体现于梁启超的《要籍解题及其读法》一文中，《要籍解题及其读法》对具有代表性的经典著作进行了范例研究。这也是梁启超运用自己总结出来的中国历史研究法在具体经典著作中的贯彻与实践。

在《要籍解题及其读法》里面，梁启超对《论语》《孟子》进行了专门考察，根据大量资料进行了逻辑推理，解决了许多备受争议的国学学术问题。梁启超开篇就矫正了一个观点，即近人把《论语》

《孟子》两部书多称为经书，而古代则不然。汉儒只把《诗》《书》《礼》《乐》《易》和《春秋》尊为最宝贵的"六经"，因此《论语》《孟子》两书在汉代只是二三流书籍。六朝、隋唐以来《论语》研究日盛，宋儒从《礼记》中抽取《大学》《中庸》，与《论语》《孟子》合称为"四书"。明清八股取士的试题出自"四书"，因此包括《论语》《孟子》在内的"四书"的地位开始凌驾于"六经"之上。

梁启超又根据《汉书·艺文志》的记载判定了《论语》出自孔子弟子之手而不是孔子本人之手，并根据《论语》中所记载的鲁哀公、季康子、景伯等人的谥号以及出现的曾子临终之言推断出《论语》成书的时间是在孔子去世后数十年间。梁启超还通过赞同崔东壁所考得的名词的使用以及篇数、篇名、称呼、所记事件的真相而辨别了《论语》中部分内容的真伪，最后，他得出结论：《论语》内容十有八九可信，但仍有一二是出自后人附会，学者当注意。

至于《论语》的内容和价值方面，梁启超把内容归类为八项：一是关于个人人格修养方面的经验；二是关于社会伦理方面的内容；三是关于政治的内容；四是有关哲理的内容；五是关于孔门弟子等人因材施教的内容；六是对于孔门弟子及时人、古人的批评；七是自述语；八是孔子的日常行事及门人赞颂孔子的语言。而占全书三分之二的是人格修养和社会伦理方面的内容。《论语》具有启人智慧、尊重个体、理想关照等价值，最大的价值是教人进行人格修养。梁启超说："果能切实受持一两语，便可以终身受用。"[1] 梁启超极其看重《论语》在人格修养方面的作用。他个人总结出读《论语》的方法有六种：一是剔除后人附会的部分，以免混淆视线；二是将全书抄写一遍，分部分而研究；三是或以思想要点如"仁""学"等来分类进行比较研究；四是读此书时须立意作一篇孔子传或孔子学案，以对孔子达到一定的理解高度；五是以《左传》《国语》作为了解孔子时代的参考书；六是自行悟出其意最好，若不能理解则翻阅下一条的注释来

---

① 梁启超：《要籍解题及其读法》，《饮冰室合集》卷9，中华书局1989年版，第4页。

反推当前话语含义。反复熟读必能见孔子全人格。最后，梁启超列举出自宋代朱熹开始的《论语》注释书及相关书籍。

梁启超在考察《孟子》时，经过对名称的鉴别，认证了《孟子》所作年代为：上距孔子去世后一百八十多年，下距秦始皇合并六国七十多年。《孟子》十一篇中外书四篇《性善》《辩文》《说孝经》及《为政》，其文理不够深刻，与内篇不相似，看似是后人所作，因此梁启超赞同赵邠卿只包括内七篇在内的《孟子章句》。梁启超把《孟子》内容总结为六条：一是谈哲理；二是谈政治；三是谈一般修养；四是评历史人物而树立自己观点；五是关于他派的辩争；六是孟子的日常行事等。在梁启超看来，孟子是儒家支流，地位远不如老聃、墨翟，但其在文化史上具有两个特别贡献，即性善主义及排斥功利主义，只有孟子的历史之谈价值最低，因孟子并非史家，所谈及的史料多有失实，他多是借事明义。读《孟子》的目的可分为两种：一是提高修养；二是学术研究。读《孟子》的方法有四种：一是可以欣赏"进退""辞受""取与舍"之间的辩证关系等；二是观其宏大气象，人格自然扩大；三是观其意志的坚强；四是观其修养功夫方面的简易直截。梁启超指出，学术的研究，每研究一项，必须对每一句话彻底领会，并且对与书有关的资料广为搜集。例如研究孟子的政治论，需首先认知几个概念：民本主义、统一主义、非功利主义等，还须熟知其时代背景，遍观反对派的意见，然后再下定论。在《孟子》的众多注释书里面，梁启超最为赞赏焦循的《孟子正义》、戴震的《孟子字义疏证》、陈澧的《东塾读书记》、崔述的《孟子事实录》等。

梁启超对《荀子》的考察，与对《论语》和《孟子》的考察如出一辙：有相关佐证材料的收集、有篇章的辨伪部分、有人物纪年纪事、关于不同的《荀子》版本对照、按逻辑顺序推演出的《荀子》思想梗概及重要篇章的内容，只是在叙述荀子对"礼"的考察时，使其与近代科学精神相比附。梁启超还点明了几篇最精当的最值得阅读的文章，比如《正论篇》《礼论篇》《解蔽篇》《正名篇》《性恶篇》等，最无精彩的是《臣道篇》和《致仕篇》，大约这两篇与梁启超的时下倡导和政治追求背道而驰才会被梁启超刻意忽略。梁启超还怀疑《君子篇》《大略篇》《宥坐篇》《子道篇》等七篇不是荀子著作，说明其既尊重和信仰古代文献，也没有尽信古代文献。这些都说明梁启超对古文经典的阅读和倡导与他的今文经学学派风格相吻合，与近代社会的发展和需要密不可分。他的文化出发点起自敏锐、经世，具有针对性，绝不是碌碌、平庸和无所选择。这是梁启超文化哲学中独具一格的特色，也说明他的文化追求具有主体决定论倾向。

梁启超指出阅读《荀子》的目的有二：一是修养应用，二是学术研究。在研读《荀子》方法方面，梁启超倡导按事先规划的目的或带着问题意识去阅读每一篇，他说："凡欲彻底了解一家学说，最好标举若干问题为纲领，讲全书中关涉此问题之语句，悉数抄录，比较钩稽，以求其真意之所存。例如《荀子》之所谓性伪，所谓积，所谓习与化，所谓名，所谓礼，所谓蔽……，皆其主要问题也，各篇皆有论及。"① 分类摘抄在笔记上之后，归纳在一起便可获得《荀子》一书的全貌。如想考察《荀子》的学术框架，梁启超强调需要提取出重点篇章，按照设定的逻辑顺序去阅读，例如，"最初读《劝学篇》观其大概；次读《性恶篇》观其思想根核所在；次读《解蔽》、《正名》、《天论》三篇，观其所衍之条理；次读《礼论》、《乐论》两篇，观其应用于社会所操之工具如何；次读《正论篇》、《非十二子篇》，观其对于异派之攻难及辩护，如是则可以了解荀子之哲学及其教育……以上诸篇，极须精读；余篇涉览足矣"②。这表明梁启超在阅读时不仅提倡逻辑顺序，而且提倡主次分明，符合辩证法的要求。

梁启超对《韩非子》的考察简明扼要，也是首先从辨伪开始，然后指出《韩非子》中最重要的篇章，如"颇具唯物主义史观"的《五蠹篇》、激烈攻击儒家的《显学篇》、批判商鞅等人的《定法篇》

---

① 梁启超：《要籍解题及其读法》，《饮冰室合集》卷9，中华书局1989年版，第47页。

② 同上。

以及《难势篇》《问辩篇》《孤愤篇》《说难篇》等，继而也指出一些次要篇章。梁启超也毫无例外地介绍了《韩非子》的校释书和阅读方法，并且介绍了《韩非子》的文章价值。

对于《大学》和《中庸》，梁启超指出，它们都是七十子后学者所记载，其价值本来远在《论语》《孟子》之下，然而自被朱熹合为《四子书》之名后，地位几乎在群经之上。在梁启超看来，《大学》一书不过是秦汉间一儒生的言论，原本不值得如此尊重和固守；而据崔东壁所考证的《中庸》，是出于孟子之后，论心性，语言精辟，在哲学史上极具价值。总之，梁启超认为《大学》《中庸》两书虽值得一读，但不必过分尊崇。此外，《孝经》也如《孔子家语》《孔丛子》一样都是晋人的伪书，是汉人的附会，并非孔子著作，文义肤浅，不读也可以。梁启超总结指出，唯有《论语》最可信，终身受用不尽。

梁启超还专门考察了《史记》的作者司马迁的简历以及资料来源。他认为《史记》并非司马迁书籍原名，在《汉书》中称为"太史公百三十篇"，在《杨恽传》中称为"太史公记"，《宣元六王传》中称为"太史公书"等。梁启超于是按各材料的年代顺序考证了《史记》的名称演变，得出"史记"名称起于魏、晋年间，是"太史公记"的简称。梁启超认为，以前的史家作史一般都具有超越历史本身的目的，大部分是借史事而阐发微言大义。这种情况在中国尤为严重，所以《史记》的旨趣便如荀卿作《荀子》、董仲舒作《春秋繁露》的目的一样，发表的是司马迁的一家之言。《史记》在全书构造上气势磅礴，先立框架，然后填充各种资料，逻辑整理能力极强，同时又传递出自己的理想追求，此种做法前所未有。《史记》以人物为中心、历史宏观而连贯、材料阵容庞大又组织严谨、叙述简明扼要且语言生动，呈现出理想诉求与技术手段完美结合的特点。但《史记》也需要考证成书年代及有无后人涂改的情况。梁启超经考证，断言今天的《史记》绝非旧的"太史公记"。梁启超分析，《史记》部分招致后人篡改的原因无外乎是原版缺失内容部分由后人来补作，如《汉书·司马迁传》记载："十篇缺，有录无书。"缺的是《武纪》《乐书》《景纪》《兵书》《礼书》《汉兴以来将相年表》《三王世家》《龟策列传》《日者列传》和《傅靳列传》。接下来元成年间褚先生补作了《三王世家》《武帝纪》《日者》和《龟策列传》。再有人为图简便而把续本与原本合抄而更改了旧的史书。最难分辨真伪的就是后人故意篡改的部分，那就是康有为作《新学伪经考》时的材料依据。

梁启超强调，在通读《史记》之前，首先要考据内容资料的真实性，即剔除伪书部分，否则会影响人的理解程度。读《史记》可以运用常识的读法和专究的读法，又可细分为：以研究体例和研究宗旨为目的的读书、以研究古代史迹为目的的读书、以研究文章技术为目的的读书。在运用这些读书法之前都应有入门准备，比如先读《太史公自序》和《汉书·司马迁传》，考察作者年代、经历及全书大概内容。此外，整理《史记》时还应注意查看《史记》的治学方法及德性，必要时加注释，再编辑一古今地名索引以供对照，补充一大事年表使各国各自纪年一览无余。至于把《史记》内容分类来研究，如比较政治组织、观察社会状况等要因人而异。

由于梁启超的史学功底极其深厚，他对《左传》《国语》的考察较为详细。梁启超根据资料指出，虽然《左传》全称为《春秋左氏传》，左丘明唯恐后人对《春秋》肆意解释而使《春秋》失真，于是为统一口径而作《左氏春秋》，看上去一切似乎明了，但实际上《左传》并不完全传承《春秋》。梁启超考据出了几个重要疑点：一是《春秋》中没有的事情，而在《左传》中却提及，出现无经之传现象；二是与上述情况相反，《春秋》中出现的事件而在《左传》中却没有加以解释的不释经现象；三是出现完全不依附于《春秋》的传记；四是《左传》有违背《春秋》原意的地方。因此梁启超判断出《左氏》与《春秋》相互独立，至于"引传解经"其实是刘歆的杜撰。而《左氏春秋》与《国语》则是同一书，沿袭旧名、旧体例的被称为《国语》，部分内容抽出改为编年体的则被称为《春秋左氏传》，之所以由《左氏春秋》变为《春秋左氏传》，也是由刘歆的引传解经开始的。梁启超还列举了当时关于考证《左传》真伪的书籍，如刘逢禄的《左传春秋考证》、康有为的《新学伪经考》中《左传》部分、崔适的《史记探原》中《左传》部分。这些都说明梁启超把对古代文献的考证与当时前沿学术问题紧密结合起来，衬托出梁启超的理论前瞻性。关于《左传》和《国语》的著作者年代及其史的价值方面，梁启超也给出了明确回答。他格外指出《左传》在中外古史中比较简洁，并带有文学渲染色彩，大部分超出史官的实录。至于阅读《左传》的方法，梁启超认为当以世界的眼光精读此书，适宜暗记或抄录。

梁启超认为《诗经》是众多古籍中最纯粹可信的书籍，绝不会发生真伪问题的辩争，因此只对《诗经》产生的年代问题进行了考证，并由此深入更细致的问题。经过材料论证，梁启超认定《诗经》中最古老的篇章距离今天三千四五百年前，最晚的篇章距离今天两千六七百年。梁启超还提及孔子对《诗经》的删改问题。他复述《论语》中孔子所言："吾自卫反鲁，然后乐正，《雅》、《颂》各得其所。"又引"《孔子世家》中：'诗三百篇，孔子皆弦而歌之，以求合韶、武、雅、颂之音。'《庄子》曰：'孔子诵诗三百，歌诗三百，弦诗三百，舞诗三百。'"①。于是梁启超总结出："孔子最嗜音乐，最通音乐，故反鲁之后，以乐理诏鲁太师，又取三百篇之谱阙者补之，舛者订之，故云乐正而《雅》、《颂》得所，故云弦歌以求合韶、武。是故《雅》、《颂》之文犹昔也，失所得所，则弦之歌之舞之而始见。孔子正乐即正诗也。故《乐》无经，以《诗》为经；'雅言诗书执礼'而无乐，乐在诗中，不可分也。诗乐合体，其或自孔子始也。"② 这表明，梁启超看到了孔子与《诗经》的关系。梁启超认为虽然《诗经》的真伪不必再考证，但是根据年代推测，每篇首的《诗序》却有伪妄之处。继而，梁启超综合各种材料，对后人书中所提及的《诗经》中四类体裁南、风、雅、颂进行了有理有据的解说与概括。比如他概括"南"似乎是一曲终了时的合唱音乐，唱者不局限于乐工。对于读《诗经》的方法，梁启超看到由于《诗经》具有情感缠绵、委婉、

① 梁启超：《要籍解题及其读法》，《饮冰室合集》卷9，中华书局1989年版，第62页。

② 同上。

决绝、沉痛、挚爱等文学品质，所以适宜把全部《诗经》作为文学
来品读，专门从其抒写情感处入手赏玩，使一般人也能养成美感，则
人格也自行提升，他认为这也是《诗经》的真价值所在。读《诗经》
的方法还在于应用，使人与作者产生同感，从而触类旁通、增益才
智。再者由于《诗经》作为古代史料，它可以体现出全社会心、物
两方面的价值，还可以从社会心理方面去研究《诗经》。梁启超也毫
不例外地介绍了一些《诗经》注释本，例如刘向之的《新序》《说
苑》、魏源的《诗古微》及崔述的《读风偶识》等。

　　梁启超在引导青年对《楚辞》《礼记》《大戴礼记》的阅读时，
也是按照其一贯、统一的模式进行。例如，梁启超讲出《楚辞》的
编撰渊源及篇次、作者，并倡导对《楚辞》进行详细研究。他指出
阅读《楚辞》其实就是为了解屈原的思想而已，因此研究《楚辞》
即是在研究屈原。对于《楚辞》中的各个篇章，梁启超也提出了真
伪作者的问题。对于屈原的生平，梁启超按照年代的先后顺序给予了
清晰归纳，并由此总结出人物的性格取向。梁启超也列出了对《楚
辞》加以注释的书籍以及对《楚辞》的读法，又采用对比手法对具
有现实意义的《三百篇》和富有想象力的《楚辞》进行了简单对照，
旨在使青年对两部中国最古老的文学作品具有宏观概括和客观的
印象。

　　对于《礼记》和《大戴礼记》等书籍，梁启超示范出的阅读方
法同样是探求名称渊源，列举今本《礼记》目录及篇章内容和《礼
记》编撰者及删补者，彰显《礼记》价值，阐释阅读《礼记》的具
体方法。梁启超对于《礼记》的阅读方法独具一格，要求按照阅读
《礼记》的不同目的而运用不同的方法：如果阅读《礼记》的人是以
治古代礼学为目的，那么此类人必须辅以《仪礼》来合读，且应把
《礼记》分类抄录、比较研究等；如果是以治儒家学术思想史为目的
来读《礼记》的人，必须掌握文中儒家对于礼的观念、儒家争辩礼
节的态度及结果、儒家理想的礼治主义以及制度、礼教、哲学等思
想；而如果阅读《礼记》是以修养为目的的人，梁启超则为他们列
出第一等最该阅读的章节，如《大学》《中庸》《学记》《乐记》等，

第二等该阅读的是《经解》《坊记》《表民》《儒行》等，如此又分出可以跳跃阅读的第三、第四等篇目。

至此，梁启超对于学者最应阅读的书目——进行了引领式的范例研究，他完全颠覆了以往为读书而读书、囫囵吞枣、照抄照搬、人云亦云的读书方法。在古籍的研究方法方面他也进行了文化哲学式的反思与批判，并且给出了恰当的新方法，对于每一种理论和经典，都采用存疑的态度，重新考证其年代、作者、篇章真伪、著作价值等，在每一篇经典古籍的考证过程中都运用了逻辑推演与论证，在考证的每一阶段、每一方面都能得出较为独特的个人见解和新价值。

此外，梁启超还更正了一个观点：尽管需要用存疑的态度来对待一切旧学问，但是对于中国旧书，不可用"有用""无用"的实用主义标准来衡量，并不是横文书都有用、线装书都无用。依梁启超本人看来，著述有迎合时代性的，有不符合时代性的，然而不具时代性的书，无论何时都有用。作为好学的青年，最好找出一两部自己认为难读懂的书偏要一读，锻炼自己的毅力、耐力，且采用最新的方法去阅读，读通之后，所得益处不仅体现于对所读之书内容的了解，也体现于此书之外的收益。

当然，中国古代重要的、有价值的典籍不仅仅局限于以上几部经典，为此梁启超于1923年还为清华学生专门介绍了"国学入门书要目及其读法"。他列出了从先秦到清代有价值的应该阅读的书籍126部，对于每一部书梁启超都简要介绍了应首先阅读的相关入门书籍或简要介绍了该书的类别及大概内容以备于有选择性地阅读。在同一时期，胡适也为清华学生列出一个国学书目。梁启超毫不留情地评判了胡适的"一个最低限度的国学书目"，认为其所列书目没有先后顺序，缺乏基本的常识性史书而文学性书籍偏多，一方面遗漏太多，另一方面博而寡要。

梁启超所列书目是随国学兴起而应运出现的，中国近代历史由洋务运动到戊戌变法再到新文化运动，对文化的理解从器物方面到制度方面，再由制度方面到思想教育方面而渐次深入，梁启超的思想伴随中国文化的现代化进程进入第三个阶段，这时教育的基本内容是以国学为根本还是以西学为取向便引起了他的深刻反思。尤其是梁启超晚年时看到欧洲列国在经历战争之后，城市普遍凋敝、基督教丧失了道德号召力而沦为鼓励厮杀的"福音"等，他更加理性地剖析了西学的利弊，不再盲目追捧西学。他认为舍弃民族文化的根本而伸手向外是舍本逐末、空中楼阁的表现，不如巩固根本，先清楚地了解自己的优势是什么，不足是什么，需要和欠缺是什么，如此，以务实的态度做起，中国的复兴将不远。这些都促使梁启超回归到中国传统文化的研究上来，也是在此动机之下，梁启超列出国学书目，鼓励青年学者整理国故。

从梁启超所列出的书目可以看出，梁启超是在前人编撰国学举要书目基础上，创新式研究、整理国学的经验和方法之谈。他站在了中西文化比较高度上，采用西方先进的科学思想、技术、方法，对传统国学进行分类整理，使国学走出圣经贤传的误区，以此向科学化、现代化迈出。这一举动是为青年学者开启国学之门抛砖引玉。正因此，可以说梁启超的书目在文化史上具有重要启蒙意义，它标志着中国近代文化范式的重构。

梁启超所列出的书目的特点是：第一，把国学范围扩大，不仅仅把经学、汉学、宋学视为国学，而是把中国历史学都看作是国学，并且包括了诗、戏曲、小说等在内。第二，开始重视诸子学研究，对待各家学说、派别一视同仁，非独尊儒术，因此梁启超所列出的书目与旧书目大力宣扬儒学不同，列出的诸子学书籍中包括了如《老子》《庄子》《墨子》《韩非子》《管子》等。第三，在所列举的书目中反映出最新研究成果和学术趋向。比如乾隆年间的《四库全书》、张之洞的《书目答问》、孙诒让的《周礼正义》等。并且，梁启超还列举出同一时代的思想家康有为、文学家王国维等人的作品，都显示出研究成果的最新动态。第四，打破了以往按经、史、子、集形式来归类书籍的标准，而是按照内容、作用列出书目，比如他把小学类从经类中抽取出来，与文法书合在一起作为工具书类。

梁启超运用西方科学的分类体系来梳理国学，使国学富有新意。他所列书目对象性明确，具有鲜明针对性，并且少而精。他尤其强调读书与治学、读书与做人高度统一。梁启超的书目还体现出对待青年学者以启蒙为己任的特点。因此有学者评论梁启超的书目对于当时各种文化史的研究影响极大。

然而梁启超在归纳各门古籍阅读方法时却不如所列出的书目那样合理，正如他自我总结时所评价说不是尽善尽美，由于其对每一样学问都感兴趣，结果博而不精，并且他在研究方法中也犯了先入为主的错误，如他在讲《论语》时推崇戴望，讲《史记》时推崇崔适。然而虽然很多的古籍研究方法都是前人所创造，但经过梁启超对其加以逻辑化整理及加入个人看法后，他的古籍研究方法对于当代国学研究来说也具有不言而喻的价值。

二　对《治国学杂话》的考察

梁启超通过对中国古代重要典籍的范例式研究和对清代学术成就的进一步总结，使得其在《治国学杂话》中归纳出研究国学无外乎两个方面：一是对于文献的考察，它是国学研究的基础，应该采用客观的科学方法去研究；二是对于德性的考察，应该运用内省和躬行的方法去研究。

对于文献的考察，按梁启超的说法，就是整理国故部分。一如章太炎的提法，整理国故与中国历史息息相关。梁启超总结出，国故部分是一笔全人类的庞大遗产，它以正史、别史、杂史、纪事、编年、法典、方志、政书、谱牒、笔记、金石刻文等形式存在。在这里，梁启超倡导把国故作为文献来研究，对于它的研究应当采取客观科学的方法。梁启超所研究的文献具体包括古代的诗、经、诸子学、史学、小说笔记、散文等能够用文字记录的文化产品，这可以从梁启超把《诗经》《左传》《史记》以及屈原、陶渊明、杜甫等作为范例来研究而得到证实。

梁启超希望不要用从前的"土法"去开采这些文献宝藏，这样开采不出成果，应该运用从西方引进的科学方法来研究它们。如果方法运用得精密巧妙，梁启超认为才无愧于祖先，并能够替世界恢复许多公共文化产业。梁启超所采用的科学研究方法，主要体现在他所作的

《历史研究法》中。梁启超认为除史学之外，文字学、社会状态学、古典考释学、艺术鉴评学等文献学都应该运用科学方法去研究。作这类文献学，一要求真，二要求博，三要求通。

而德性学则与客观的科学研究方法完全不同，要用内省、躬行的方法来研究，梁启超认为这是国学里最重要的部分。在内省方面，梁启超对比了中国文化与欧洲文化的不同。他认为欧洲学者始终侧重于"主智主义"，精力集中于宇宙原理、物质公例等，在主情方面也不能十分贴近人生；而中国先哲则不同，无论哪一时代、宗派的著述都以人生为出发点。梁启超历数西方从苏格拉底到柏拉图，再到亚里士多德，直至康德，对人生问题都没有大的建树。梁启超认为直到出现了柏格森、倭铿等揭示人的主体性的哲学家，西方才感觉到必须改变理智的路线，很努力地从体验人生上去做，也算是把从前机械唯物的人生观拨开一层云雾。西方人讲形而上学，但不适宜用此种方法讲人生，一旦运用形而上学来讲人生，不是从人生本体来自证而是把上帝搬出来对喻，抑或是运用几何、化学公式来说明人生，再或是用达尔文的进化论来讲人生，看似周密详尽却无法说明人来自猿而猿如何不再进化为人。所以梁启超认为西方人所运用的几种方法只能用来研究人生以外的各种问题。就此梁启超总结出儒家精神的几个特点：第一，中国先儒始终知行一贯，知识的扩大在于人的努力自为，不同于西方人只从知识方法而求知识，所以知行问题必须自证和躬行，这是西方人始终未看见的。第二，儒家把宇宙观与人生观看作是统一密不可分的，宇宙就是人生的活动，因此宇宙进化有赖于人类的不断创造。第三，儒家以群体生活为存在形式，因此人格靠个体自为无法达成愿望，个人人格的提升只能有赖于社会全体成员的人格提升，个人人格才会被带动向上，但是若要求社会群体的人格都积极向上，唯一的方法又是让个体人格奋发向上，这便形成了个体与整体的辩证统一，所以中国传统观念里个群关系非常完善。

认识到以上几点，说明梁启超看到了国民人格的内省力与社会环境之间的相互作用，逐渐接触到社会深层心理结构与社会发展之间的关系层面。梁启超意识到人格的自我调控机制逐渐趋向于"善"和

"仁"，这属于德性之学，也是国学的专属品格。所以他认为国学的第一源泉就是"仁"，"仁"精神是"全世界独一无二的至宝"①，它不是用科学方法研究得来。至于它的共同目的，都是希望世人精神方面完全自由。"仁"精神是要用内省的功夫进行体验。体验之后再行实践，养成生趣盎然、积极向上、美妙乐观的仁的人生观，便是孔子"仁者不忧"的道理。德性之学的出发点是通过个体反观自身，然后进行社会实践获得微妙感人的生活意义。它不是对专门知识的探索，是对价值的阐发。如果只知价值意义却不去行动则不属于真知，德性之学可以说是灵肉合一的行为学。梁启超认为儒家思想对于德性之学的贡献最大，其次是佛教带给中国人一定的心灵震撼，因此他把佛教作为了德性之学的第二源泉。他认为佛学虽始自印度却兴盛于中国，"正法一派，全在中国"。他尤其称赞禅宗是可以应用的佛教，是属于人世间的佛教，这样的佛教必须在印度之外才能产生，禅宗表现出"中国人的特质，叫出世法与入世法并行不悖。它所讲的宇宙精微，的确还在儒家之上。说宇宙流动不居，永无圆满，可说是与儒家相同。……儒、佛所略不同的，就是一偏于现世的居多；一偏于出世的居多"②，他认为把佛教运用得恰到好处的是中国，中国佛教与印度佛教相比，不同之处正在于中国能够使佛教与本土的倡导现实生活的儒家思想相结合，因此比起印度佛教来，中国佛教能够更好地辅助现世生活，没有轻视此岸世界而抬高彼岸世界的地位，却把现世的搬柴运水的生活就当作到达彼岸世界的手段，也即是中国人能够通过宗教而圆融无碍地把现实与理想结合在一起。如此一来，梁启超赋予佛学极高的地位，可以与儒学相媲美。

　　至于史学家所应具备的素质，梁启超认为最重要者是要有科学的头脑。科学的头脑当包括三层含义：一是不厌其烦的搜集力；二是精细的判断力；三是敏锐的观察力。

---

　　① 梁启超：《治国学的两条大路》，《饮冰室合集》卷5，中华书局1989年版，第118页。
　　② 梁启超：《欧游心影录节录》，《饮冰室合集》卷7，中华书局1989年版，第37页。

梁启超又重点阐释了文学家的作用，因为文学家具备想象力，他们感情浓厚、反对现实社会礼法，对于自然界却异常亲切，因此中国古代韵文里所表现的情感对国民的影响极大。梁启超也说天下最神圣的东西莫过于情感，认为情感有助于人的德性培养。情感有美有丑，美的情感可以促进人格成长，比如健康优美的诗歌、小说、散文等对人的陶冶等。梁启超本着民族热情，认为表现自己情感、思想时，无论如何要使用本国文学而不要使用外国文学，并且白话文虽然表现情感比文言文方便，但有时也稍显不足，所以他主张学文学的人需要精通文言文。梁启超在对文学著作的研究中，以屈原、陶渊明、杜甫作品为例，阐述了他们的写作手法、风格、作品价值旨趣及作品中体现出的个人人格，旨在运用文学作品来陶冶国民的德性。可以说，梁启超对文学的考证并不是从专业文学家的视域出发。

此外，梁启超强调了学术信仰问题，指出研究国学的学者不应该与考据家一样只注重考据单纯的文献和历史资料，应当在搞学问过程中体会到学问之外的东西，把治学问的方法和精神转化为一种精神力量，使之与人生信念相关，会更加促进学术的成就，才能发掘出前人所没有发现的学术价值。梁启超所提倡的学术与精神生活结合的观点，是每一位国学家治国学时不可缺少的学术信仰。

梁启超在《治国学杂话》中并没有事先制定出如何完善国民人格的理论框架，而是通过一系列的治国学方法、考察文学著作中所体现出来的情感等，逐步确立起利用国学来改善人格的宗旨、方法、内容和原则等。有关国学的"杂话"，是出自梁启超钻研国学的经验、教育总结的深刻体会，从他所举的治国学例证中，能够考察出他治学和做人相统一的思想内涵。

本章小结

综上所述，梁启超对中国学术思想变迁的分析和预测以及对史学研究方法的创新都为中国文化史的发展做出贡献。在《论中国学术思想变迁之大势》中，梁启超遵循了几个原则，一是把中国的学术发展在宏观上划分出阶段来考察，例如胚胎时代、全盛时代、儒学统一时代、老学时代、佛学时代、儒佛混合时代等；二是把西方的进化论思想引入到中国的学术思想研究中，认为每一学术思想阶段都是进化得来，并且中国整体的学术思想趋势就是进化；三是视野开阔，注意到学术思想演进过程中所受到的地理条件、政治因素等的影响，并且通篇采用了中西对比的方式来凸显中国学术思想的优越性，并运用正反两方面相结合的方式点评出中国学术思想存在的局限性；四是理性对待中西文化的关系，并以此预测出未来世界文化的发展趋势。梁启超研究学术思想史的目的正在于弘扬民族的优秀文化，增强国人自豪感、自立感和自强感，并且开阔国民的视野，激起国民在"复兴阶段"奋起直追的紧迫感。可以说，《论中国学术思想变迁之大势》开启了整个近代学术思想史研究的先河。

如梁启超所强调的，学术思想与历史的关系密切，因此他在之后也对史学的研究提出了新的方法论。梁启超对史学的研究方法不同于以往旧史学研究方法，旧史学是以学案体为主的研究方法。梁启超比较系统地传授了研究中国历史的方法，对后人产生很大影响。但是，梁启超并没有真正解决建立新史学的一些矛盾关系。例如，梁启超在《中国历史研究法》中以人类"活动"来解释历史含义，力图使人们更具体地见证到历史现象，以此建构起宏观的历史研究体系和框架，却没有考虑到具体的微观现象无法作为一个体系的建构起点和理论生长点。再有，他在《中国历史研究法补编》中对史料的搜集、对材料真伪的考据、披露真相的钩沉法的应用等都没有超出旧考据学的方法论范围，证明他在建立新史学时是以旧史的形式加以改造的，这便使他的理论初衷与结果陷入自我矛盾中。此外，因果律是否适用于历史范围、历史是受由自由意志支配还是受客观规律支配等问题一直困扰着梁启超，这便使他的历史观一直处于出尔反尔的变化之中。然而也正是他的这些变化才能体现出他科学的求真态度。

而梁启超利用自己总结出的具体研究方法以示范的方式对中国一些典籍做了考察工作，一一运用了篇目辨伪、内容辨伪、作者辨伪、年代考据等方法，得出较为科学和公正的结论。他还指引读者带有目的性地阅读，或为修身或为专攻学术，并更正了许多人利用实用性去评判中国古籍的错误。

此外，梁启超在《治国学杂话》里面所归纳出治国学的两个问题，一是考察文献的问题，一是考察德性的问题，并指出了考察者应具备的素质等，对于国学的研究具有科学性和总结性高度。然而他在文中所提到的文献学问题，是指"整理国故"部分，文献是指包括一切"史部书""古书"在内的全部历史资料，因此与今天所指的文献学含义大不相同。今天的文献学是指以文献和文献发展规律为研究对象的一门科学。显然梁启超混淆了文献学的功能与含义问题。但无论如何，梁启超所展示的治国学方法，其中谦虚、严谨、敏锐、细致的治学态度对于当年的青年学者乃至今日的学者不无裨益。并且梁启超在《治国学杂话》中最大的功绩莫过于通篇透露出治理国学的目的在于完善国民人格，完善和陶冶人格的最佳方法无外乎就是在儒家经典中论证德性问题、在文学作品中体会出情感育人的力量，这些都说明梁启超注意到了学术性研究与学术之外的人之间的关系，这些都说明梁启超看到了学术研究之外带给人的价值意蕴。

通过梁启超对学术思想和史学的研究，可以发现他非常注重文化史在整个人类社会发展进程中的作用和意义，并能够把文化思想看作是自性的客观存在，在研究文化史过程中自觉确立了研究对象和研究意义，并把其学术研究与理想追求、社会实践相结合，彰显出梁启超的学术研究思想既是一种文化知识体系，又是一种文化价值体系。同时梁启超的史学观点和方法也几经变化，这体现出他的史学方法论与价值论之间的矛盾，但正可以由此窥见其孜孜不倦探求真理的精神。这些都为当代治理国学的学者提供了有益借鉴，也为梁启超在哲学上对文化思想进行总体批判做出必要铺垫。

第三章　梁启超在形而上学层面对文化的解读

梁启超在抽象意义上对文化进行的思考和解析，主要包括他对文化构成的基本要素"业种""业果"的分析以及把文化在总体上归纳为物质文明和精神文明两个系统、一期文化的种果运动过程等。梁启超在对文化进行哲学解析时采用了整体性、结构性的视角来论证，这种视角也影响到对其他一些问题的看法，比如对国家有机体的看法，把对女子教育的重要性放到整体国家教育系统中来考察的做法。此外，梁启超还专门考察了在其思想中占据主导地位的儒家文化的社会作用等，但是他研究儒家哲学的目的并不是重建儒学权威，而是为中国文化寻找现代性，寻找现代性，实际上是寻找群己和谐之方。群体能够比较和谐团结地生活在一起也是文化哲学的最低要求。

第一节　对文化的解读

梁启超从整体性的角度，考察出文化的基本构成要素、各要素之间的运动方式以及各要素的价值和作用。

一　文化的构成

在梁启超看来，文化的基本要素是"业种"和"业果"。在狭义上，由自然的因果规律所统辖的事物不属于文化，文化的事物要有人为的痕迹。梁启超指出人类对于文化的创造和模仿，"都是本着他的自由意志，不断的自动互发"①。只有受自由意志统辖的事物才属于文化，因为它体现出人的主观意识和"心能"。而在广义上，梁启超把文化又划分为物质文明和精神文明两个系统。

（一）文化的基本要素及特点

梁启超说："文化者，人类心能所开积出来之有价值的共业也。"② 从这句话可以看出，梁启超认为文化奠定了人的主体性地位，因为文化是人类所造，是人"心能"的结果。这里的"心能"是指人能动的、含有巨大潜能的、具有创造能力的、自由流转的主观精神，在文化哲学角度上是指文化虚灵心境世界。在梁启超看来，文化虚灵心境世界是反省、批判、创造和评判价值的主宰。"共业"所包含的内容不是单一的物质创造物或者精神创造物，而是两者的总和，称为共业，所以梁启超在解释共业的结构时说："文化是包含人类物质、精神两面的业种、业果而言。"③ 梁启超以佛学概念来解说人类文化创造的总成绩为"共业"，文化的初始条件为"业种"，而相对应的文化的结果为"业果"。"业"是佛学中术语，表示人的一切身心活动，虽然快如车轮转瞬即逝，但身心每动一次，它的记录便永远停留在此生中，不能改变消失，这被称为"业"，"业"又分为"别业"和"共业"。一个人的活动势必会对他人造成或好或坏的影响，会波及他所属的社会环境乃至全人类。活动所留下的记录便是"业"，对于本人的效用最大，大部分以果报的形式跟随他的今生来世或遗留给他的子孙，这是"别业"，即个人所要承受的"业"。还有一部分"业"则弥漫于他所属的人类社会乃至全宇宙，也不会消失磨灭，这是"共业"。文化是共业的一部分，但共业不全是文化。

梁启超利用文化是人类精神所创造出来的总成绩"共业"，推论出总成绩"共业"是含有精神和物质在内的"业种"和"业果"，从而确定了文化的构成要素是"业种""业果"和"共业"，也表达出

---

①　梁启超：《什么是文化》，《饮冰室合集》卷5，中华书局1989年版，第102页。

②　同上。

③　同上。

了文化具有整体性特点，他把文化看作是精神与物质的总和。不仅梁启超对文化的看法是从整体角度出发，马克思主义文化哲学家陈独秀、瞿秋白等人也承认文化具有整体性。自由主义文化哲学派别的胡适之所以要求全盘西化，也是因为认为中国的物质生产力逊于西方，精神文化还是逊于西方，在物质和精神上既然都逊于西方，百事不如人，自然就要求全盘西化了，可见他便是把全部文化也看作是物质和精神两方面的总和。美国人类学家博厄斯等人理解文化时也把文化看作是由各个文化特质构成的整体。看来中外的文化学家们在文化的整体性上观点具有惊人的一致性。梁启超的特别之处在于，他首先承认人是文化创造的主体，人类为满足自身欲望而进行创造，并且认为人的欲望不是如此简单，人类还要求安逸、求愉悦、求秩序等，为满足这类欲望所创造的文化被梁启超归为精神文化，具体如伦理、政治、语言、宗教等。梁启超的这种观点类似于西方文化哲学流派中的文化功能主义派别。功能主义试图从人、主体需要的方面来说明文化，从文化功用、意义、价值方面来理解文化，把文化归结为人的需要，强调文化的主体性。其代表人物为英国的马林诺夫斯基，他认为一切文化都为满足个人需要服务。文化的功能就在于满足社会成员的基本欲求和需要。人的基本需要包括：摄取营养、生存繁殖、身体舒适、生命安全、适当休息、行动自由和健康成长等，这与梁启超所提及的物质文化所能满足人的内容相吻合。马林诺夫斯基还认为文化具有满足这些需要的功能，在满足这些需要的时候又会产生出一些次生的需要，这些需要也要得到满足，从而产生出新的文化。而梁启超所说的人类物质文化之外的欲望便相当于马林诺夫斯基的"次生需要"了，两者的区别在于：梁启超的"次生需要"专指主体精神的需求，而马林诺夫斯基的"次生需要"既包括物质再生产也包括主体的精神需要。

（二）文化的判断标准

梁启超判断是否为文化，是以有无价值为标准。自然界中"自然而然"的自在之物和"不能不如此"的本能之物就不具有价值，不属于文化。他的言外之意是：只有在人类自由意志基础上，并且超越本能反应而创造出来符合人类主观愿望的自然界中本没有之物，这样的事物才有价值可言，才属于文化创造物。以有无价值作为判断文化的标准，宇宙间的事物可分为两类，一类是自然，一类是文化。自然类受因果法则所支配，文化类受自由意志所支配。而人类活动的方式也不都属于文化，例如生理上的受动就归于自然类。人类生理上的受动，如饥渴饮食、疲倦休息、血液流通；心理上的受动，如五官感觉而有印象、记忆等，都是不得不的本能，与天体运行岁月流转的性质相同，都属自然现象。心理作用中无意识的模仿如彼此语言感染等，都是"自然而然如此"，这些都与文化无关。社会在某种状态下，人口会激增；在某种状态下，会革命或战争；乃至在某种状态下，当然会出现某种特殊阶级，这都可以运用因果法则推算出来，是生物进化的普遍法则，并非人类独有，所以不能归入文化范围内，这便是共业当中不能称其为文化的一部分。只有人类以自己的自由意志为基础选择一个理想目标，用自己的"心能"直奔目标而去，才能创造出文化。

因此梁启超把人类的"心能"分为"模仿"与"创造"两种功能，按照梁启超的理解，无意识、无创造力的模仿不属于文化创造范围。而有意识的模仿则能开出"共业"，属于大众的文化创造。所以梁启超认为模仿是重复性的创造，有模仿才有共业。重复有两层含义，一是个体的复集，二是集体的复现。无论创造力如何伟大之人，都要依据环境。一方面被创造者常常表现为人的心理的复现，令创造的内容更加确实；另一方面这种创造又熏染到创造者之外的人群，被熏染的人群，把创造的动力吸纳入自己的智识中，形成"心能"的一部分，因此可以说"模仿是群众集体的创造""有模仿才有共业"，如此，也可以理解"民族心""时代精神"的共业来源。

而文化创造有四点值得注意：第一，创造不一定会在此时此地发生效果。可能在此时创造，几百年后才看见结果。例如孔子学说的创造性影响，到汉以后才显现出来。第二，创造的效果，不一定和预期相同。例如汉武帝通西域，原只为防御匈奴，结果促成中印交通。第三，创造永不圆满。人类文化具有无限性，永不停息，所以文化创造也永不停止。第四，创造不能与现实距离过于遥远。创造的动机，是因为对于当前环境不满，才另外开拓出一种新环境，不是骤变，要与前境相仿，才具有成功可能性。这也是梁启超倾向于渐次改良而不是突发革命的文化理论依据。人类本着自由意志，运用创造和模仿两种心能不断离合互动，"开拓"出人类所未得价值，而"积厚"人类所已得价值。随开随积，随积随开，于是文化系统得以生成。

（三）文化的系统

梁启超把文化看作由两个系统组成，一者归属于西方所重视的物质文明，一者归属于中国所重视的精神文明。

梁启超把自然系作为是由因果规律统辖的领土，人类改造自然的科学可以由归纳法得出。文化系是自由意志的领土，文化总量中有文化种和文化果两大部门。文化种是创造活力，纯属自由意志领域，不受因果规律支配。文化果是创造力的结晶，是由"心能"所转变的"环境化"，成为环境化之后，便和自然系事物同类，进入因果规律的领域内。自然科学创造物质文明，人类从渔猎、游牧、耕稼到通过科学技术而发明创造工商业、洋楼、铁路、飞机、潜水艇等。然而"现在点电灯坐火船的人类，所过的日子，比起从前点油灯坐帆船的人类，实在看不出有什么特别舒服处来……物质文明这样东西，根柢脆薄得很，霎时间电光石火一般发达，在历史上原值不了几文钱"[①]。梁启超明显轻视物质文化，他认为，正因为物质文明根基脆弱，所以秦朝的咸阳、罗马的繁荣都转瞬消失，不能拿物质文明作进化论的根据。与此相反，人类历史现象却不受自然因果的支配，真正代表人类文化史进步的平等及人类一体的观念一天天扩大，文化共业也一天天扩大。这实际上是梁启超在采用杜里舒的物质文明不属于进化、"心的文明属于进化"观点来修正他自己的文化观。梁启超进一步把自然系活动的特点概括为：可以由归纳法研究而得出、受因果规律支配并且不具有进化的性质；而文化系活动的特点则是：归纳法研究不出、

---

① 梁启超：《研究文化史的几个重要问题》，《饮冰室合集》卷5，中华书局1989年版，第6页。

不受因果律支配并且具有进化的迹象。梁启超所说的"自然系的活动"是指物质文明，"文化系的活动"是指精神文明。但梁启超并没有进一步指明物质文明与精神文明的相互作用。梁启超不承认人类的生存条件处于进化中，不承认自然科学创造的物质文明也当进化更新，以致贬低物质文明。在精神文明中，他只承认"人类一体""和平"等观念及"文化共业"在一天天地扩大，这实际是利用传统儒学的道德决定论，宣扬自由、平等的永恒性。他认为不能把自然科学的规律简单套用到历史领域中使用归纳法，这是合理的，认为历史是无规则的运动则不正确。

二　文化结构中的"种""果"分析

从总体方面说，按照梁启超的观点，文化由物质和精神构成，而文化运动则是一场"种"与"果"之间的矛盾冲突与融合统一的过程，在一个文化周期的运动过程中，"种"的作用和价值要大于"果"的作用和价值。

（一）文化的运动过程

梁启超认为文化运动如一棵树的成长一样是一期树种和树果的相互运动过程。在此过程中，种子含有无限生发力，能够开枝、发芽、放花、结果，到结成满树果实之时，便算是"一期的创造"暂作结束。然后还有第二期、第三期乃至无数期的循环创造。一个种生无数果，果又生种，种又生果，一层一层地开积出去。"人类活动所组成的文化之网，正是如此。"① 人类文化创造的连续性也正如此。文化种与文化果具有不同性质，文化种是活的、文化果是呆的。例如，科学技术本身是"业种"，是活的；用它发明创造出来的机器是"业果"，是呆的、僵死的。

从梁启超的观点里面可以看出，种与果之间的关系在于：文化的创造力内源于"种"，而成于"果"，种与果之间如一棵树成长过程中的基本要素。"种"具有内在性、精神性、流动性、生命性、创造

---

① 梁启超：《什么是文化》，《饮冰室合集》卷5，中华书局1989年版，第103页。

性和过程性的一面，正如文化哲学的关注点在于具有无限创造力的精神层面一样，梁启超在探寻文化的动力时对流动的精神领域也非常感兴趣，他虽然看到了文化的社会深层心理一面，即国民思想的自觉认同一面，但他也尊重已经成为体系的理论成果，例如美学、宗教、伦理等，并看出文化正是由人的目的性活动所创造，每一期文化的结果都是主客观达成平衡、相互满足的一次较量，在每一次平衡的结果中又含有次生的不满足的可能性，于是便产生新一轮的主客体差异、冲突，差异即是矛盾，矛盾构成了事物发展的动力，因此在梁启超的"文化果"中也含有再次生发的可能性，并不完全是僵死的，这与他认为"文化果"是僵死的观点又似乎自相矛盾。文化果之所以具有再次运动的可能性，按照梁启超的看法，是由于每一个创造出来的文化果都不会圆满，都不会跟得上人类变化的需求。在这里，梁启超看到了人类主观精神的无限创发性与有限的既定成果之间的矛盾对立，也掌握了文化能够连续发生的逻辑证据。于是具有主观精神的、活泼能动的"种"与其对象化的果之间达到高度统一。因此梁启超也从未把国民当前思想看作是僵化呆板的文化果，他相信在一定的契机下，可以改变国民头脑中固有的思想果实。这样，梁启超既把"种""果"看作是客观存在，又把其看作是超客观的精神存在。由此可以推断出，梁启超对国民思想的改造充满希望。

从梁启超考察出的文化的"种""果"之间进行一期接一期的连续运动来看，他与第一次世界大战后西方在文化哲学发展过程中出现的文化循环论派别的观点较为相似，两者都认为文化具有周期性和阶段性特点。德国哲学家斯宾格勒（1880—1936）把文化划分为生、长、盛、衰四个阶段，一种文化过程结束则开始另外一种文化过程，每种文化都遵循相同的发展阶段，循环往复。而梁启超突破循环论之处在于，认为一颗文化的果里面还蕴含着另外一场新的文化的因，这意味着他看到了文化具有横向相关性、纵向呈递性、一环扣一环逻辑性的特点，如此，文化在梁启超这里不会产生断裂，文化具有继承性、相关性，而斯宾格勒却并没有说明一种文化与另一种文化之间的相关性。

（二）"种"与"果"的价值比较

梁启超还强调，文化的"业种"要优于文化的"业果"，因为文化种是活泼、灵动具有创造性的，文化果则在某种程度上呆板无变化。文化种终有一日会变成"结晶"即文化果，被创造出来的东西一定要有其客观存在、客观外形或者是系统可以研读的理论成果。这种存在是没有变化的，比如人权运动是具有活力的"业种"，经运动产生出来的宪法便是凝固的结晶果。然而梁启超只看到了事物运动暂时的静止一面，所以他认为文化果是僵死没有生气的，却没有看到事物运动的绝对性一面；同时也没有认识到文化果必须要有暂时静止的一面，否则事物永远变动不居，人们对事物的考察结果便会由相对性而上升至诡辩论，事物也由此失去了自性。所以梁启超给自己的逻辑推理制造了麻烦，他一方面承认每一期创造结果的不圆满性，另一方面在不圆满性面前关上了自己继续创造的大门，他由于没有认识到运动与静止之间的辩证统一关系而陷入了相对主义的窠臼。

这使梁启超忽略了文化果里面精神与物质的双重成分，在种的结构里面既然有物质与精神的双重因素，其实根据因果规律的必然性也可以推论出在文化果里面必然有和文化种相同的成分。梁启超却只看到了文化果内部物质性的一面，没有看到文化果也具有如文化种一样的流动不息的精神性的一面。然而梁启超却赞同一颗文化果可以作为另一场文化的种子，其实是在承认文化果的精神灵动性一面。在这一点上，梁启超的表述表面上自相矛盾，其实他提出的僵死的成果指的是文化果内部结构中物质性的一面，而不是指文化果的全部，人类对象化的成果也的确无法自己改变自己，改变的根据不在于成果本身而在于人类创造性精神。

可以看出，与客观物质或既定的理论学说相比，梁启超还是比较推崇人的主观精神创发力，这些都影响到了梁启超在现实生活中对传统文化的创造性继承、今文经学式的思想发挥，它们都符合梁启超的宇宙观和人生观，也正符合文化哲学的研究范围。

第二节　"种""果"基础上梁启超文化
结构主义实践反思

　　自欧洲考察之后，梁启超对文化的思考更加深入，开始注重文化的整体系统结构效应，注意到文化的整体、全面性特征。

　　对物质结构雏形的思考，可以追溯至古希腊时代。赫拉克利特曾表示过，如果把相反相成、相互对立的音符整合起来，起伏不平的旋律会带来最美的效果，防止了音调的单一。而整合起来的东西既可以算作整体，又可以不算作整体；既相互协调，又可以看出差异；既可以说是和谐的，又可以说不是和谐的；从一生多，从多归为一。这时赫拉克利特还不能十分清楚地把它们归纳为"结构"的概念，也无法揭示出结构的内在规律，但他却表达出了这样的含义：物质是由基本元素构成的整体，此整体自身具有一定的结构，这个结构是由不同的元素按照一定规则所结成，结构还可以被分解为不同的元素；个体元素可以和整体通过不同的方式交换能量以及互补。在中国，《左传》中早有记载："和如羹焉，水、火、醯、醢、盐、梅，以烹鱼肉，燀之以薪。宰夫和之，齐之以味。济其不及，以泄其过。……声亦如味。一气，二体，三类，四物，五声，六律，七音，八风，九歌，以相成也。清浊，大小，短长，疾徐，哀乐，刚柔，迟速，高下，出入，周疏，以相济也。"[①] 这说明在古代的东西方对于宏观把握事物的全体和结构的思想都初见端倪。

　　结构主义的历史可以追溯到 20 世纪初。西方一部分学者对现代文化研究切割过细，只重个体和殊相、不求整体和共相的倾向颇为不满，他们力图恢复自文艺复兴之前注重综合研究的科学传统，因此提出了"体系"和"结构论"思想，强调宏观地从文化的各个分支或文学的各种体裁来研究它们的结构和规律。哲学家维特根斯坦在《逻辑哲学论》中提出，世界是由不同"状态"构成的整体，每个"状

---

　　① 王守谦：《左传全译》，贵州人民出版社 1990 年版，第 67 页。

态"是一系列元素构成的链条，它们处在给定的关系中，这种关系网就是"状态"的结构。这是一种最初的结构主义思想，被运用到语言学的研究上。瑞士的索绪尔是将结构主义思想运用到语言学研究的第一人，被敬称为"结构主义之父"。法国人类学家列维·斯特劳斯在文化人类学的研究中开创了结构主义文化哲学派别。这一学派的理论兴趣在于人的认识结构与文化的关系。列维·斯特劳斯在语言学研究中发现了语言的内在结构，在音素、音节、词素、词组和句子组成的整体中每个要素本身并不重要，只有各要素统一联系在一起才有意义，于是他把这种语言结构观念引入文化研究领域，认为文化结构不是指实际存在的社会关系和文化关系，而是社会和文化关系中的无意识结构，即隐藏在实际社会关系背后的深层结构，而这种深层结构植根于人的心灵之中，这个隐藏的更深层结构是人的认识结构和思想结构。而结构主义的最大特点是强调个体要放入整个系统中来考察才有意义，单个个体不具备任何价值，整体能量优于部分。这正是梁启超阐释国家有机体说及教育对象全民化的理论基础。

一　结构主义与国家有机体说

梁启超的文化整体、结构主义思维方式也突出地体现于他对国家有机体说的理解上。他赞同亚里士多德对城邦的看法，即由于人类具有善恶伦理的分辨能力，所以人比其他动物更容易组成一个高层次的政治组织，进而使家庭和城邦相结合。城邦里的人必须明礼仪、遵守法律等才能使全体过上一种优良的生活，这也是人类组成城邦的目的。如此，城邦生活虽然是为了成全人类的和谐舒适而存在，是人类自然属性的产物，但它却凝结了人类共同的欲望和道德，相当于道德—精神的有机体，因此城邦整体要优于个体和家庭的存在，由此可以归纳出整体必然大于个体。而这个城邦组织相当于一个更大、更完整的四肢和五脏六腑都俱全的人，梁启超把它称作国家有机体，并且通过与人体的对照而推论出国家的存在优先于个体国民。梁启超说："国家犹全体也，国家以内之诸结集，犹肢官也，无全体，则肢官亦无所附……国家为人道不可须臾离之物，其成之也非偶然，其存之也非得已。"① 当然，从生理学上来说，如果只是一个人的某一器官，不能被称为一个人，只能被称为这个器官的名字，只有各个器官组织在一起并具有机体生命活力才可以称为人。所以梁启超把国家看作一个如人体协调运行的整体结构，类似于人的四肢百骸、精神等结合在一起的生命体，这一生命结构呈现出整体结构特征。从外部特征看，人有各种不同的器官犹如国家有不同的制度、精神和宪法，因此国家会有不同的形态；从内部结构看，人有四肢、五脏六腑、血与肉等构成一个矛盾整体，有如国家这个多民族、多文化、思想繁杂的整体，如果没有向心力、综合力，单独的民族、单一的文化就不能显示出国家的巨大张力，它们只能是毫无发展可能的单一民族、文化或思想，它们的价值、意义和作用必须要放置于整个国家中才能体现出来。

在梁启超看来，国家本身也是机体与精神的整合，即各种、各级国家执行机构、设施、组织与政治、宗教、伦理等文化精神的结合体，这正如人的血肉之躯与知、情、意、行等情感因素的结合体一样。人体需要与外部环境的平衡，国家也需要整体、和谐、顺畅地运行，所以国家如人体一样需要各个职能器官在合理给定的程序中恰如其分地发挥作用，才能维系一个整体结构的系统平衡。国家由制度、物态、精神、法律、习俗、生活方式等构成，如果没有国家的总体框架和给定的结构模式，则每一分支机构都失去国家属性和意义，因此国家大于分支局部，也可以说国家全局利益大于个体国民利益，国家要优于国民的存在，国民要服从国家机体的运行和安排，个人欲求要让位于国家的利益。因为只有当国民处于一国之中，并与他人及国内其他事物发生各种相互关系时，才具有一国国民的意义和国民的权利，任何一个国民的性质都不能孤立地被理解，只能把它放入一个整体国家的系统结构中，即把个体国民与其他部分联系起来才能被理解，也就是说要把国民放入国家整体中去考察才能确定国民的作用。

梁启超深切感受到中国绝大多数人都只关心一己或家族之私，没

---

① 梁启超：《亚里士多德之政治学说》，《饮冰室合集》卷2，中华书局1989年版，第76页。

有形成一种为他、为群体的公德思想，这便是梁启超提出公德重于私德的原因。梁启超不仅在整体的社会结构中看到个体要素的作用，而且注重"非我"的公共关系，即个人与他人、个人与集体的关系，集体和国家是国民安身立命的家园。这证明梁启超注意到了社会结构中的各种不同关系，只有各种不同关系在整体社会结构中相互作用、相互依赖、相互影响，才能促进社会的矛盾运动和对立统一，乃至向前平稳发展。所以梁启超 20 世纪以后一反最初对个体自由、平等、民主的极力倡导，开始理性强调让步与自我调整的重大作用。

梁启超从宏观性、整体优于部分的结构主义原则出发思考社群问题，并且真切地认识到中国国民的性格弱点，才倾向于强调国家机体全面、协调发展的重要性而不是个体不受束缚的自由选择。为此，梁启超反对人民主权观念，尽管也赞成过开明专制和民主共和观念，但他的政治追求主要表现为在既定模式下改变元素组合方式而达成君主立宪制。

二　结构主义与女子教育

存在主义与结构主义相对立，存在主义只强调个体自由、个体感受，除了人之外什么都不承认，并且人可以为万物立法，属于极端个人主义。因此如果运用存在主义思想来进行国民教育的话，教育针对的必然只是个体个性、某些特殊人群，而不会放眼全体。

作为中国近代著名教育家的梁启超便一直在不遗余力地探寻使近代中国国富民强的方法，当他发觉教育与国家命运的关系时，发现只有完善教育才能使近代中国振兴和强盛。梁启超认识到救亡的入手点应从教育这个源头开始，实际上就是把一国的教育看作是"种"因素，把强国看作是结果，有什么样的教育就会有什么样的国家局面。他说："亡而存之，废而举之，愚而智之，弱而强之，条理万端，皆归本于学校。"[①] 梁启超看到，教育可以使愚昧转为智慧、弱者变为强者，还可以变荒废为兴盛、变僵死而复生，所以他把教育的作用上

---

　① 　梁启超：《变法通译》，《饮冰室合集》卷 1，中华书局 1989 年版，第 38 页。

升至国家存亡的高度。他不仅注重学校教育，还非常重视家庭和社会教育，认为它们彼此相辅相成构成一个国家整体结构。但是教育要从哪些对象做起，即启蒙的"种"性初始源头应该在哪里，梁启超进行了层层推敲与论证。

梁启超本着整体主义的初衷倡导全面普及教育，因为他意识到，教育是一个整体的动态过程，它是一个由必备的教育元素所构成的教育系统结构。从总体上看，教育过程包括教育主体、教育对象、教育内容、教育方法，从细节分配上看还包括教育目标、教育制度、教育原则等，在教育的全过程里，缺少哪一个要素教育都将不能成功，所以梁启超先后在《变法通议》《倡设女学堂启》《教育政策私议》《论教育当定宗旨》《教育与政治》等十几篇论述教育见解的文章中提出整套教育理论。梁启超在制定教育的目标和内容时，也意识到由于"权"和"智"互为条件，"智"高之时则"权"的意识增加，因此提高中国国民的智，民权意识自然会提高。在教育客体方面，梁启超拥有自己独具一格的见解。他发现一个人成长的道路一定是自儿童启蒙期开始，启蒙教育的关键在于母亲的教导，母亲教育的成效好坏在于母亲自身所接受的教育。因此提高女子才智才会提高儿童能力，更可以为儿童成长为未来的合格国民而提供素质保障，合格的国民则是国家兴盛的人才保障，也是最根本的保障。这样，梁启超从妇女所承担的家庭和社会责任出发，提出女子应当接受教育，从而以社会"共业"为发端查找中国自强的方法。从女子到儿童，从儿童到国民，从国民到国家形成一个良性整体教育结构，缺少哪一部分都会造成中国教育的瘫痪，而哪一部分单独成为精英都不能挽救中国整体社会的命运。因此女子、儿童、国民、精英等都是处于整体国家中的一个因素，缺一不可。而以往传统社会轻视女子的地位而造成女权不兴、女学不兴、女子智权两缺的现状，由于女子占全国人口的很大一部分，则全体国民的素质也由于女子智权意识的低下而受到拖累，这些社会现实问题都促使梁启超竭力论证当前女子接受教育的必要性，这将会弥补整体国家教育结构中一个教育客体落后和缺席的遗憾。

可以看出，梁启超已经找到了一国强盛的方法，教育便是一国兴亡的"种"性实施因素,而妇女接受教育则是国家存亡的"种"中之"种",她们可以为国家孕育希望,也可以弥补国家整体发展过程中的缺憾,因此梁启超把女学置于教育的核心地位加以重视。梁启超通过资料考察到女子教育最兴盛的地方国家也最发达,女子教育第二兴盛的地方国家也处于第二发达地位,而女子教育衰弱的地方,有智识的国民就少,国家也同样衰弱。梁启超认为女子接受教育的益处有四个:一是中国女子数量众多并且由"女主内"的观念支配,都有待于他人奉养,一旦女子接受教育后可以参加工作、独立自养,既能减轻男人负担也能减轻国家负担,又可以使国富民强。二是女子接受教育后,可以增长见识而开阔视野,心胸豁达而无暇计较琐事,有助于家庭和睦,家庭和睦会促进社会和谐,若家庭不和睦会带来严重的社会后果。三是母亲对于儿童的启蒙教育作用占到70%,母亲可以根据自己的天性而对子女因势利导,因此母亲的教化得当,则带给子女未来立志、立身之道,反之则不然。"正人心""广人才"的本质都是从启蒙开始培养,启蒙的根本是从母教开始,"母教之本,必自妇学始,故妇学实天下存亡强弱之大原也"①,因此,母亲首先接受教育便显得格外重要。四是女子接受教育后,可以通过遗传、言传身教等使后代得到不断进化与提升。国强才能保国,种得到进化才能保种,男子品性的一半都来自母亲即女子,所以母亲的素质相当重要,如此类推,女子接受教育的问题可以上升至强国乃至民族延续的高度。因此梁启超才会把女子教育作为教育动态结构中的一个"种"性启蒙环节,他看到女子教育状况一旦改变,引起的结果就是全民的觉醒和国家的富强。这正是梁启超通过整体结构主义、联系的观点对女子教育问题阐发的独到见解。

梁启超不仅在结构主义层面论证了女子教育的可行性、合理性和重要性,而且在实践中也开创了近代中国女子学校的先河。可见,梁启超认为文化的"业种"与"业果"相互渗透、相互转化最后会达到新的文化高度,恰如女子接受教育成为教育结构中原初的"种"

---

① 梁启超:《变法通译》,《饮冰室合集》卷1,中华书局1989年版,第41页。

因素，改变"女子无才便是德"的现状，能够使近代中国的教育过程由于"种"因素的不断完善而使教育成果得到进化和提高，使中国近代教育处于螺旋式上升过程中。

梁启超通过对结构主义实践性的应用能够得到一个认识，也就是说，外部"种"单独列出时不能自成一体，它缺少内在关联时没有任何意义，它的意义只能放到整个文化过程中才能凸显出来。所以梁启超不会强调文化过程中的任何一个要素的作用，他强调的都是社会文化整体、协调地运行和向前发展。

第三节　对儒家传统的考察

梁启超通过对"儒家哲学"名称的考据、中心思想的界定、研究儒学的原因、儒学与其他文化学派的关系、儒学的发展与演变原因、儒家文化的成果、研究方法等方面的考察及对儒家思想的应用，可以看出儒家文化在梁启超的学术思想中占据主导性地位，梁启超涉及了文化作用、功能、文化主导性及研究文化哲学的目的等问题。

一　对儒家思想的哲学考察

梁启超对儒家思想在哲学层面上的概括性考察主要体现在他在1927年所作的《儒家哲学》里面。

对于"儒家哲学是什么"的问题，梁启超通篇采用与西方哲学对比的方式来阐释自己对传统儒家哲学的理解。他开篇点题，提出了什么是儒家哲学的问题。他认为古希腊对"哲学"的解释是"爱智"，是以知识去解释知识的学问，而中国虽不轻视知识却是重行为的学问，以人的日常行为为出发点专门重视人与人之间的关系。而在传统哲学中专门注重人与人之间关系的研究当首推儒家哲学，儒家在这方面"最博深切明"。梁启超便把儒家的这种重行哲学称作人生哲学，借用中外"哲学"含义的不同对比，来喻指对儒家思想的哲学研究即是求得对人与人关系的最高的统一认识。

梁启超概括出儒家哲学的功用可以由"《论语》中'修己安人'

一语概之，其学问最高目的，可以《庄子》'内圣外王'一语括之。做修己的功夫，做到极处，就是内圣；做安人的功夫，做到极致，就是外王。至于条理次第，以《大学》上说得最简明。《大学》所谓'格物致知诚意正心修身'就是修己及内圣的功夫；所谓'齐家治国平天下'就是安人及外王的功夫"①。梁启超自己又对"内圣"与"外王"作了时代注解。他认为儒家在"外王"方面对家族制度、政府制度、社会风俗等方面很重视，对内圣方面的教育学、心理学等都有涉猎，而这些都是近代哲学所研究的范围，这说明传统儒家哲学也具有近代价值。所以梁启超强调："要全部了解儒家哲学的意思，不能单以现代哲学解释之。"② 他认为最好用传统的"道""术"来解释儒家哲学，"道"是指让人做什么，"术"是指让人如何去做，他把"道"和"术"当作儒家的体用问题。

梁启超认为儒家从个人修身做起，再推己及人向外扩展，达到极致便是内圣外王，这成为儒家哲学的中心思想。他认为不论是儒家学说的哪一时代、哪一派、哪一分支都以其为最终目的；儒家孔子所论及的"三达德"，比西方的"爱智"范围要广；儒家很少提及西方所谈论的一元、多元和有神、无神问题，可以说古代的儒家要比西方的近代要务实。梁启超也看到传统儒家的缺陷是不讲伦理学和认识论，但他却以巧妙的方式来为儒家进行了开脱，例如他说是因为儒家所论及的方面太繁杂所以不够理论上的精到。中国人只注重性善、仁义、理欲、知行问题，目的是在人生中自己修养人格和施以人格教育，中西方在这方面研究的交叉点不多，由此强调儒家哲学的"哲"不同于西方的含义，不是对知识的探求而是人格高尚的意思。

梁启超接下来又详细分析了研究儒家哲学的原因。他认为当时在社会上的青年中出现了一种反常的偏激思想和论调，如"专打孔家店""线装书应当抛在茅坑里三千年"等。为澄清这种思想混乱，梁启超提出五个立论：一是，中国几千年的历史到底有无文化，如果有文化，这

---

① 梁启超：《儒家哲学》，《饮冰室合集》卷12，中华书局1989年版，第2—3页。
② 同上书，第26页。

种文化就表现在儒家思想上；二是，以古今新旧作为衡量儒家哲学善、恶的标准是否正确；三是，儒家哲学是平民的、属于社会的哲学，还是贵族、属于个人的哲学；四是，儒家哲学是否是拥护帝王专制、奴役人民的学问；五是，近代人由于提倡科学而把儒家思想作为玄学来反对，儒学是否为玄学。梁启超针对这五个问题一一作答，最后得出的结论是：儒家以人为本位，以环境为出发点，具有科学精神，研究儒家"道""术"既有益也必要。澄清这五个问题之后，梁启超以断代史的方式对从孔子到近代两千五百年间儒家学术变迁作了分析和简介。

梁启超不仅论证了道家、墨家与儒家的关系，而且确立了孔子至高无上、学术先驱的地位。他还从社会风俗、政治状况、学派相互影响、主流文化、外来文化等多方面阐述了儒家哲学在各个时代里思想的关注点、地位、作用、影响力及变迁。梁启超总结出儒家思想在历史上一直居于主流地位，并且和其他的思想派别一样，也融合了许多其他派别的有益思想。

梁启超讲到儒家哲学发展时，谈到孔子所讲的仁。梁启超认为，仁就是普遍人格的表现，在儒家思想里，仁与人格相结合。儒家人生层面的全体含义都可以用仁来表述。人格不是自我可以表现出来的，要从人与他者关系上来考察，人与人之间、人与群体之间乃至人与自然之间能否体现出仁精神，就是能否达到普遍人格的标准。换句话说，人生即是宇宙，宇宙即是人生，人生观和宇宙观相一致。能明白这个道理，就是仁者。为了达到人格与宇宙没有区别，梁启超又提出了"体验"的方法：第一，要从生活中看到自己的真正生命，自然会与宇宙合而为一；第二，体验不能靠苦思冥想，要有行为才有体验；第三，体验不是用来增加知识，而是要在直观中领略自己的真正生命。梁启超是把传统儒家的天人合一、尽心、知性、知天与西方近代的自由、平等、博爱相结合，宣扬谭嗣同那种"仁—通—以太—平等"的中体西用观点，以达到齐家、治国、平天下的"内圣外王"，实现世界主义的人生理想。① 到孟子时代，孟子针对孔子的"仁"则

---

① 梁启超：《儒家哲学》，《饮冰室合集》卷12，中华书局1989年版，第7页。

讲了"仁义"二字，梁启超说是因为孟子生于孔子之后百余年，当时不仅道家思想流传了很久，而且就连杨朱和墨子的思想也充盈在社会上。各个学派思想繁杂、言说混乱并且每一派思想都处于其他学派的夹击中，因此儒家自身不能不有所补充和修正。孟子思想学派的产生，就与当时的这种社会状况有很大关系。"因为春秋时代为封建制度一大结束，那时社会很紊乱，一般人的活动，往往跑出范围以外，想达一种目的，于是不择手段。孟子的门弟子就很羡慕那种活动，所以景春有'公孙衍张仪丰不诚大丈夫哉'的话，可见得当时一般社会都看不起儒家的恬适精神。人群的基础异常动摇，孟子才不惜大声疾呼的，要把当时颓败的风俗人心唤转过来。"① 在梁启超看来，孟子不仅讲"仁"，还要讲"仁义"二字，其实是被社会形势所迫。

梁启超在评到两汉儒家学者时，格外推崇东汉王充。在梁启超看来，王充纯采用客观判断，能够对于过去及当时各种学派、风俗习惯加以批评，"在儒家算是一种清凉剂"，因此梁启超把其尊为"批评哲学家"，当作东汉最重要的一个人。梁启超还格外细述和赞扬王阳明其人和学术，称赞王阳明的悟法与佛学相类似，但其方法"确能应时代的需要"，话外之音不言自明。梁启超以今文经学者身份和政治家、思想家的敏锐力绝不会随意赞赏某位儒家学者，对于王充、王阳明一派人物的点评也正是梁启超出于力图建起求实经世的社会风气、政治追求的需要，自有其文化深意。梁启超还介绍了不同的时间段内以道学思想对儒家哲学进行的注解及通过佛学思想对儒家进行的解说等。

当提及儒家学者的贡献时，梁启超指出儒家学者的贡献在于破坏与建设，而这种批判式的破坏始于晚明，建设工作则大部分在于清代学者的考证，即整理国故，考证之外对于儒家道术具有直接关系的建设事业可以分为继承心学、发明心学、尊敬程朱、非朱非王、尊崇程朱、反朱反王六个学派。梁启超在时代的研究法里面也夹杂了问题意识，指出儒家哲学所提出的重要问题不同于古希腊的"爱智"与"求智"，而是重在身体力行，也要求在实践过程中，对于儒家处世

---

① 梁启超：《儒家哲学》，《饮冰室合集》卷 12，中华书局 1989 年版，第 24 页。

接物的方法在学理上找出一个根据。这些学理上的根据按照梁启超的观点归纳成三个层次：性善恶的问题、天命的问题及心体问题。

至于儒家哲学的研究方法，梁启超归纳出三种：问题的研究法、时代的研究法和宗派的研究法。问题研究法是把哲学中的主要问题全部提出，然后按时代的先后顺序把各学派对此问题的看法一一罗列出来。比如关于性善、性恶问题，从孔子、孟子、荀子，直到董仲舒、王充、韩愈、李翱、程朱陆王等乃至清代学者的观点，都要进行一番对比。时代的研究法是专门考察各时代学说的形成、发展、变迁及其流派，把几千年的历史划分为若干时代，在每一时代中求其特色、求其代表、求其与其他学派的相互交织。比如梁启超把儒家哲学大致分为孔子一个时代，两汉为一个时代，魏晋到唐为一个时代，宋元明为一个时代，清代为一个时代。梁启超所研究的儒家哲学就是按照这个脉络展开的。梁启超解释宗派的研究法就是在时代之中划分精细一些，比如在儒家宗派的西汉经学中，有所谓今文经和古文经之分，然后在今文经学派里面再去进一步划分等。三者之中，梁启超认为时代的研究法更为便捷一些，他说："因为时代的研究法，最能令人得到概念，所以本讲义以时代的研究法为主。至于问题的研究法，宗派的研究法，在一时代之中，努力加以说明。例如一个问题，在这个时代讨论得最热闹，本时代中，特别讲得详些，以前以后稍略。一个宗派，发生于这个时代，本时代中，特别讲得细些，价值流别，连类附及。"① 所以梁启超虽然主要采用时代研究法，却在其中不乏兼具宗派、问题等研究法。例如梁启超在论述王阳明的心学时，详细地把王阳明门下分为浙江和江西两派。梁启超还站在宏观的、历史的角度上，以联系、辩证的思维方式指出，在进行儒家思想研究时，对于一时代的政治社会背景及儒家以外所有各家的重要思想都要加以重视；再者，对于当时的社会风俗习惯也应予以重视，因为它们与儒家思想的关系非常密切。

在儒家哲学的具体研究方法上，梁启超采用了中西对比的手法。

---

① 梁启超：《儒家哲学》，《饮冰室合集》卷12，中华书局1989年版，第14页。

比如梁启超说到儒家哲学的研究范围时饱含民族热情地将其与西方哲学的研究范围进行了对比；在提及儒家与其他各派思想的关系时，梁启超举例指出，孟、荀是儒家大师，两人都受道、墨两家的影响。梁启超还对比出儒家的问题意识是以人际关系为中心，而西方寻求问题的意识则是围绕物为中心的"唯物""唯心"及"一元""多元"的讨论。西方学者经历神学时代，而中国儒家则本着孔子的"子不语怪力乱神""未知生焉知死"等思想与有神论擦肩而过。在概括儒家哲学的研究方法时，梁启超开篇就强调不能采用西方治哲学的方法，最好是以"道学"的方式来研究儒家，因为"道学"是做人的学问，与儒家内容相互吻合。梁启超也认为西方政治理论与儒家哲学具有很深的渊源，因为大凡欧洲新的政治学说比如社会主义等都能够使儒家受到外界刺激而在内部发生变化。因此，梁启超要求研究儒家者在主观上都必须博学多才，对于各派思想学说乃至中外思想都要有所了解。总之，梁启超在时代研究法的原则下，归纳出不同时期儒家哲学代表人物的思想，既受到儒学昌盛或衰落期的影响，也受到道家、佛家等主要学派思想的影响。

梁启超得出结论，在时代的变迁中，儒家哲学能够收放自如，以敞开式的胸襟接纳各种有益的思想，使自己在几千年的历史中从未中断，它的强大均可以从伦理内容上、思维方式等方面的特殊价值来加以说明，因此，儒家思想具有再开发和利用的价值。在梁启超的文化结构和文化类型观念中，儒家思想是主流文化，也是指导性文化。

二　对儒家思想的应用

梁启超看到了儒家文化经世致用的作用。他希望利用儒家哲学思想提炼出一种使民族强大的精神动力，这种精神动力能够使民众团结在一起共同抵御外强，其实梁启超是准备提取一种内源性的群己和谐之方，儒家文化恰恰能够提供这种需要。文化哲学的最低要求就是使人能够和谐地生活于社会中。

梁启超在1903年后受到日本民族精神和阳明学的影响，全力建构新民德性以追求国家富强，同时又受到传统文化的深厚影响，在传统文化中儒家心学由于倡导一切"惟心"所造，心可以自由改变一切物象，体现出改变近代专制社会所需要的自由和平等观，于是他开始宣扬儒家心学。

梁启超在去日本之前就对儒家经典有所研究，也对日本情况比较了解，于是1903年前后他"从发明新道德到回复旧传统"的理路初露端倪。梁启超思想变化的内在逻辑演变源于从传统文化的"因材而笃与变化气质"而索引出"淬厉"和"采补"兼重的思想。梁启超注重以儒家心学为核心的传统文化，所从事的重点是在固有民族文化上开出新意。这正是他在1899年《清议报》上呼吁的"中国魂安在"的后续文化实践工作，力图打开中国问题的症结所在，找到入手点，继承和发扬民族精神。

梁启超之所以把儒家心学文化和民族精神结合在一起，与他的学习过程相关。梁启超自幼接受宋明理学的文化教育，从小受到儒学的耳濡目染。自从1890年在万木草堂学习开始，又接触到陆王心学、史学及西学。在长期的研习中，梁启超越发对心学格外亲近，且将其与实际生活相连，在现实生活中修养心性。梁启超以日记形式记载和反省自己每日的非儒修行的不勤、不诚、不敬、不谨慎等"过错"，尤其当梁启超受到师长"不敬诚"的指责时会表现得万分惭愧和谦虚，他也曾在写给好友麦孟华的信中，提及把诚意、主敬、克己、有恒等作为自己做人的标准，认为不修如此心性的人也无法承担国家大事，可见儒家的修养心性行为在梁启超心中与民族事业同等重要。还可以看出，梁启超完全是按照儒家的修身、齐家、治国、平天下的君子路线来要求自己。梁启超这样做的目的是"进德修业"，也即把儒家的内圣外王现实化，使伦理道德与民族的政治理想取得协调统一，可以看出梁启超的儒家思想观念极强。

此外，梁启超对先秦时期的儒家哲学也进行过考据和研究，因此他熟知儒家哲学义理。梁启超认为："儒家言政，皆植本于'仁'……仁者何，以粗浅之今语释之，则同情心而已。"[①] 亦即是说

---

① 梁启超：《先秦政治思想史》，《饮冰室合集》卷9，中华书局1989年版，第67页。

"仁"就是"同情心",人本哲学的出发点就是同情心,要突出一个"情"字。

梁启超谈及儒家哲学的范围时指出:"孔子尝说,'智仁勇三者,天下之达德也','智者不惑,仁者不忧,勇者不惧',自儒言之,必三德具备,人格才算完成。"① 这样,梁启超又把"智"和"勇"都纳入了儒家哲学的范围。"仁者不忧"的"忧",固然是感情、情绪问题,而"智者不惑"的"惑","勇者不惧"的"惧"也属于感情问题。把"三达德"的情感划入哲学的范畴,这是梁启超的创新。换句话说,梁启超认为要达到人格主义的完满,必须以"三达德"作为践履的条件。

梁启超在 20 世纪初访问美国之前,希望用新道德来改造国民,而访问美国之后,便发生了思想上的转变,开始大力倡导本民族所遗留下来的固有旧道德,赞扬使用传统独善其身的方法来培养一定的私德,用以解决"破坏"一切之后所导致的个体人格缺失的弊端,比如破除心奴之后产生的无限制的自由、结束权威之后的无政府主义、破坏专制之后以个人主义为中心的混乱的群己关系等。梁启超还在《论私德》一文中指出,"慎独""谨小"和"正本"三者是安身立命的根本。梁启超在 1905 年出版的《德育鉴》中,摘录许多儒家经典,用他的话来说是协助有识之士修养心性而形成伟大的人格,在同年出版的《节本明儒学案》中,他摘选了黄宗羲的《明儒学案》,删掉原书中关于性命、理气等形而上学的言论,专门摘录一些"平易切实"、符合近代国民需要的内容。这些都表明梁启超在 1904—1905年,倾向于宣扬传统儒家道德思想,间或使儒家心学与佛学互通有无增强道德新民的说服力。这成为梁启超学术思想转向的重要标志。

梁启超当时思想变化的原因大致包括:保皇党内部意见不一致、财务紧张,对外有与其他党派关系的矛盾问题,同时思想上受到国内外一些知名学者如黄遵宪、加藤弘之、伯伦知理等人的影响,以及对海外华人民族劣根性的深恶痛绝等。此外,梁启超当时的思想变化也

---

① 梁启超:《儒家哲学》,《饮冰室合集》卷 12,中华书局 1989 年版,第 13 页。

受到了日本"大和"等民族精神的影响。因此尽管梁启超称颂固有的本土旧道德，却不是在复古，目的在于纠正革命派破坏一切之后遗留的弊病，争取通过挽救中国国民自身思想危机来挽救社会危机。但这也表明梁启超在肯定儒家道德的时候，其实已经使儒家道德工具化，背离了儒家传统。因为在梁启超变化后的思想中掺杂了许多类似于日本武士道、军国主义的非儒家的东西。比如他通过历史典籍、诗篇等考据出中国人从古到今惧怕战争，所以每到出征之前便"奔走呼号"，而日本士兵在出征时却表现出相反的大无畏与坚毅精神，甚至家人亲友都以此自豪而送其"勿生还"的条幅以示鼓励，这些都使梁启超羡慕、钦佩不已，从而梁启超也对国民提出了类似于日本的尚武、尚兵、建兵魂的要求，这明显与儒家提倡修养的传统背道而驰。因此可以推断，梁启超重尊儒家思想并不是简单地复古。

梁启超跳出了儒学传统的宗派之见，能够对传统文化的各家取长补短、兼容并蓄，比如梁启超思想中糅合了中西文化及儒、佛、法、道等各家思想在内，因而也超越了儒家传统。以此来看，所谓梁启超的思想转型是以突破儒家传统最初思想为标志，这表现出梁启超的文化思想与中国传统文化之间具有非历史性联系，主要体现在以下几个方面：

第一，梁启超主张在学术上重新整合传统文化，结合古今中外思想，组建成适应国情的应用型新思想，对于每一传统观念都要经历反思与批判、重新考证，因为每一个单一传统的或西方的思想观念都不适合直接运用到近代中国社会，这说明梁启超看到了文化的民族性和特殊性。同时梁启超自觉地意识到，每个个体的知识能力有限，因此对他人需采用开放包容态度，使所有人的学术都能在相互研讨下逐渐得到累积和突破；然而梁启超本人在以其有限的能力，对各种不完满的思想体系进行考证时，却没有意识到相对主义的局限。

第二，梁启超认为知识的含义不仅包括科学也包括非科学的无法计量的东西，比如"仁"的情感宣泄，比如新道德的建构等。这表明，梁启超虽然肯定了西方的科学理性的地位，但却放弃了由智转仁的企图，他看到了文化的主体——人在知识发展过程中的完整性，人既需要科学的东西也需要非科学的东西，而以往儒学知识却专指非科学的伦理道德。

第三，人类的生活不仅有经科学处理过的物质方面，比如衣食住行，也有超科学的精神方面，比如情感、兴趣，梁启超认为精神生活和物质生活协调发展对人的成长很重要。梁启超看到了文化本身所具有的整体性。

第四，梁启超在弘扬儒学传统之时，也结合了佛学的主张来进一步强化传统道德的权威性，他认为佛学能够推论出精湛的逻辑上的本体论，有助于人了解宇宙真相和人类历史，也促使人了解人类精神本质。梁启超的学术思想中除佛学还融合了许多非儒家思想，例如他在弘扬儒家一贯持之的群体主义、公德思想时不仅包含西方的权利、义务、自由平等、进步以及日本民族魂等理念，也包含了墨家兼爱、平等、轻生死等思想。

第五，在方法论上，融汇所有不同的知识在一起，有利于建构人类生活的目标。

第六，在社会和谐稳定方面，个人与群体之间的辩证关系非常重要，处理好二者关系会促进一个注重个体的"仁的社会"。为处理好群己关系，避免利己主义出现，使每一个体都能够在新道德的教化下生活得有意义，需要博采众家思想的长处，例如西方的义务责任思想、修正后的英国功利主义思想、中国传统儒家的仁思想、墨家的兼爱思想、佛家的度人理论等。

第七，在文化重建方面，梁启超根据传统与现实背景，主张逐步地改进社会文化，不赞成如马克思主义所倡导的以暴力革命手段推翻一切重建新秩序。

第八，在政治诉求方面，梁启超认为中国国民的思想素质还不适宜贸然实行民主议会等，否则只是照葫芦画瓢，徒有其表而无其实。

第九，在经济方面，梁启超主张发展资本主义经济、奖励生产，建议延缓走共产主义路线。

第十，在个体德性方面，梁启超把人分为君子类型和中人以下类型。君子要负起道德责任；普通中等人或以下的人要以宗教观念为标准，对其行善恶因果方面的教育。

正因为梁启超的文化思想体现出对传统文化的超越性，所以才能突破儒家传统伦理道德思想而与墨学、佛学、西方科学、西方伦理哲学等融合在一起，并教育、引导人们接受权利、自治、进取冒险、自由、进步、合群、尚武等新观念、新价值，培育出具有现代性思想的新国民。

梁启超尽管在学术、文化重建、政治体制、经济、伦理等方面的思想于某种程度上偏离了儒家传统，接受了许多西方新思想，但仍以儒家传统为本位来塑造近代国民和国家，这体现了梁启超的思想与中国传统文化之间的一脉相承性，其主要表现在以下三个方面：

首先，梁启超一直强调应该注重个体国民人格方面的改造，在国民的改造方面以精神优先，精神方面以道德为主，他认为道德工作最难做，他所提倡的修德性的方法与宋明理学所强调的"独善其身""慎独""为己之学"精神相一致。梁启超虽然也专门论述了具有民族凝聚力的公德精神，把公德思想纳入国民人格结构中，但其思想根源于《大学》中：个人—家—国—天下的修身理路。家是个人的社会性，国则是家的扩大化，由此能够推演出在群体社会中提倡公德的必要性。此外，儒家经典《中庸》中有"成己成物"的理想关系。"成己成物"肯定了人在宇宙中的主体性地位，又从天人合一的整体角度看待人与自然、人与社会、人与人不可分割的关系，强调人与他物同在而又能动地为他人、他物承担责任的关系，这正是梁启超希望在近代中国催生出公德而又注重私德的用意所在。对个体道德和群体道德的双重强调使他的公德思想具有很强的历史性。这也是梁启超思想中为己服务与为他人服务相统一、私德与公德相统一的历史来源。

其次，梁启超发挥了今文经学的传统，结合知识追求、道德力量和外在事功来进行文化救国，符合心学思想中个体"体悟"和经事"磨炼"的方法。梁启超继而又把内修外炼自然地与中西文化问题融合在一起，进行中西结合的努力。

最后，梁启超对传统儒学思想中"仁"的思想加以发扬，使其成为修养心性的目标。他不仅参照儒家心学来修身，而且认识到儒家心学与国民教育的关系。对梁启超而言，儒家心学的内容不是现实社会常识，而是一种人生哲学、人之所以为人的最高智慧。所以追求现代化的新知识固然重要，但传统儒学在国民人格修养和教育方面也有其合理成分。所以梁启超不仅自己身体力行改变对传统的看法，而且呼吁全民一起来重视传统。

正是本土资源对梁启超思想产生历史连续性的影响，这种连续性也影响到他对西方流行的公民精神的采借方式和程度。梁启超所建构的个体德性不是西方权利个体的道德，而是圣贤式的君子道德。梁启超所倡导的现代国民精神与西方的公民精神也有本质的不同。如梁启超认为，专制基础之下、长期受到儒家思想熏陶的中国近代国民的公民意识并不多，也不具备组建议会的资质，更不知如何去使用自由、平等和民主权，甚至会曲解、割裂权利与义务之间辩证不可分的关系，在此背景下，国民道德必然呈现出特殊形态。应当先解放国民的奴性，从政治伦理做起，再过渡至公民伦理，而不是先从公民伦理过渡到政治伦理，再去解放国民的奴性。而西方公民意识是在资本主义土壤、民主与共和或立宪的体制中培植出来的，西方公民所经历的和所见识的以及对资本主义思想的理解都不可能与中国国民一致。再者，中国近代在引入西方自由主义时，由于同时受到了英国功利主义的冲击，认为苦与乐决定人们应该做什么和不应该做什么，认为人性便是趋乐避苦。而中国的儒家、道家、墨家及佛家等对于现世的痛苦磨难都有独特的理解，基本上都遵循或修身而成仙，或经过日常生活修行而成佛的路线。所以梁启超在启发国民政治自觉和文化自觉时，希望国民正视当前的社会现实困境，他的这种思想来源都取自"固有旧文化"，而绝不是西方的趋乐避苦思想。

在中国传统文化中，由于道家倡导的退让、柔弱、消极避世等思想，梁启超偏重于儒学和佛学。他把"致良知"说和佛学中"真如"本体论及儒家的各种德性修养功夫结合起来。在儒家思想的发展过程中，梁启超称赞宋学而对汉学考证持相反意见；在宋明时期内，梁启超尊心学而排斥程朱理学；在心学学派内部，他偏向江右王学。总的来说，从儒家的尊德性、道问学与经世三者来看，梁启超推崇尊德性与经世，这与他的民族文化观点及政治生活有很大关系。梁启超声称自己是新思想涉猎者，自觉地脱离了儒学脉络，开始为近代中国汲取现代性资源，所以梁启超在近代学术史上并不以儒家学者自居，而且他在晚年作有《清代学术概论》和《中国近三百年学术史》两本书，专门说明清代学术是对宋明理学的反动。梁启超强调清代以后宋明心学和理学都渐次衰落，考据学开始兴盛，认为在学术研究上有清一代的心学学派已不存在，这显示出梁启超对儒家体系的疏离。

本章小结

综上所述，梁启超在抽象意义上，首先通过佛学思想的"种""果"来理解文化的构成要素、特点及运动过程。"种"相当于佛学中的"因"，它是"果报"的原因，具有预见作用，在佛学理解范围内所种的"因"于前生后世都不会变迁消失，并且会在机缘巧合时形成一定的"果报"即"业报"，"果报"会随"因"的恒常存在而紧密相随，正所谓种瓜得瓜、种豆得豆，因果之间既是宇宙规律也是人生定律。"果"可以在整个因果运动时空内由于某些原因而有所改变，因此文化的"果"也可以经人为努力而更有效、更优越。"因"的记录却永远无法消除和改变，并且由于"因"与"果"的直属关系，通过"因"可以预见"果"。并且梁启超还发觉作为既定的文化结构，其早已经包含有初始的文化"前因"，才会出现当下文化的"果"。梁启超显然深谙此种佛学和文化之理，因此力图唤醒民众，种一颗优良先进的文化之"因"，便在梁启超那里显得至关重要。虽然梁启超对文化所做的界定比如"共业""业种"和"业果"，夹杂佛学语言和思维方式，却不是简单地复归传统文化，而是采取中西融会贯通的方法，在形而上学层面上用特殊的方式来说明文化含义。

梁启超还在结构主义视域下，强调文化"种""果"的系统性、国家整体的重要性以及女子是教育的"种"源等几个问题，这意味着他已经重视事物整体与局部之间以及事物内部元素与元素之间的平衡关系，开始以联系的眼光来分析问题，并能够辩证地把握事物内在的本质属性及其运动发展规律。

其实，对于文化的探讨、建设问题历来是中国现代化转型过程中的主题，也是当代文化学家、教育家们所关注的问题。梁启超一生都在寻求使现代性在中国人的精神生活和物质生活中安营扎寨的途径，他以特有的结构主义的方式去化解文化阻滞力中的离心力问题，化解传统思维定式中"顾自不顾他"的思想，防止其在现代生活和文化发展中占据统治地位，他能够站在整体结构的角度上看到文化与文化之间的相关性、承接性和复杂性，能够看到社会的现代性应该不仅仅体现在单独的军事力量、技术进步、经济增长、民主政治或教育中，而应该体现于社会的整体发展中。

此外，梁启超还以哲学的方式考察了儒家思想的生成、演变及儒家学者的历史贡献、儒家思想在现实社会中的作用等，其中既有他对儒家思想继承的一面，也有他对儒家思想疏离的一面。这显示出梁启超在面对西方文化冲击时能够临危不乱、理性选择，既没有完全固守旧文化，也没有完全倒向西方，而是以稳扎稳打的步伐，立足于中国社会的特殊现实而迎接西方文化的挑战，进而选择本民族的文化出路。

梁启超研究和承袭儒家思想的历史意义，在于他力求倚重本土精神资源来解说西方文化，显示出文化的民族性、特殊性和继承性，并使西方文化与中国实际相结合，来构建现代中国所需要的文化基础。在这个意义上，梁启超与严复、新儒家等人的思想具有相通性，同样具有尊崇陆王心学倾向的当代新儒家无疑秉承和发展了梁启超的思想脉络，与梁启超共同抵抗五四运动中反传统的思想，为中国文化的发展做出贡献。梁启超并没有完全承袭儒家思想，表明他与西方近代民主思想的靠近，也证明了他研究儒家哲学的目的并不是重建儒学权威，而是为中国文化抽丝剥茧、寻找现代性，寻找现代性，实际上就是寻找使民族强大的群己和谐之方，因此儒家文化相对于梁启超来说具有时代工具性。同时可以看出，梁启超研究儒家文化满足了文化哲学研究的目的——使人们团结和谐地生活在一起。

　　总之，梁启超对文化抽象层面上的考察及其对儒家哲学的具体应用，都显示出他在哲学层面上探讨了文化的构成、运动过程、作用、功能、主导性及目的性问题。

第四章　梁启超对中西文化的自觉反省和批判

梁启超对文化的观念性把握还体现于在具体历史语境下对东西文化及东西文化哲学的反省和批判，这直接导致了他对中西文化价值观的选择和偏重。在中西文化的比较中，梁启超出游了欧洲多个国家，对欧洲景象产生了概观，这种概观影响到梁启超学术思想的变化，在此基础上，梁启超也对本民族的传统文化进行了反省，这些都决定了梁启超新文化建设时中西离合互动的原则。同时，梁启超也对中西文化哲学中的思维方式、价值观及中西伦理观进行了比较，比较的结果更是助长了他倾向于本土文化的信心。其实梁启超对中西文化的批判与选择并不是绝对界线分明，往往是你中有我、我中有你，这种情况伴随在他一生的文化追求中。

第一节　对中西文化的比较

早期梁启超在很长一段时间里，虽然没有公开全面否定过中国文化，但他总是站在西方的角度上要求用西方学说改造中国近代思想，对中国传统文化的批判态度不言而喻。直到梁启超退出政界专心于学术思想之后，才表现出与以往截然不同的态度，开始大力弘扬中国优秀的传统文化，并且希望采用中国文化的特质挽救全人类的价值危机，力图使全人类在精神家园里找到满意的归宿。杨善民教授认为文化哲学的根本任务是"促进文化的反省，指点人类走向满意的未来"①。

一 作为"他者"对欧洲文化思想的自觉反省

在日本和美国旅居期间，是梁启超著述最多的时期。他写作的题材广泛，促进了西方文化在中国的传播。梁启超于 1919 年开始了一次长期国外驻留，在参观过法国、英国、荷兰、瑞士和意大利等国家之后，他对欧洲产生了截然不同的印象。及至回国，他没有按原来宣称的就欧洲战争和法国文明方面作出任何巨著。就这方面题材，他只是在几家日报上发表了一些未完稿的游历笔记——《欧游心影录》。在这些笔记中，他对欧洲的潜力以及欧洲文化的前途，做了很大保留。梁启超的文化思想从那时候起就采取了一个全新的调整，即开始注重探讨中国的文明和中国的过去，而不再是单纯思考如何改造中国文明和如何借鉴西方，他开始了艰难的文化选择。

研究欧洲思想的先驱者梁启超，突然贬低欧洲社会文化方面的进展，原因既有他在欧洲之行中的不愉快，也有他对欧洲社会文化敏锐的洞察力。

（一）第一次世界大战后欧洲景象冲击了梁启超的信仰

早期梁启超大力宣扬西方文化和精神，相信采借西方的民主、自立精神会为中国的社会文化注入新鲜血液，挽救中国的社会危机。然而梁启超切实地与欧洲社会接触，是在 1919 年以私人身份来到巴黎之后才开始。

梁启超参观了巴黎和受战争蹂躏的地区、科学技术机构和各种名胜古迹。他会见了许多法国名流，例如著名学者柏格森、蒲陀罗等人，他们对梁启超的学术思想产生很大影响。梁启超苦于法国政府接待过于紧密和正式，完全没有留给他一定的私人走访空间，从而不能亲历一些事情，很多信息不是直接材料。

法国和德国的出游加深了梁启超的悲观情绪。比起其他国家梁启超更希望访问德国。早在日本时期，梁启超就很钦佩德国文化，对德

---

① 杨善民：《文化哲学》，山东大学出版社 2004 年版，第 4 页。

国文化深有好感。他在旅行洛林和阿尔萨斯期间，指出德国行政管理方面拥有大量值得肯定的优点，认为法国人对此加以否定和废除是错误的。同时，梁启超从德国主人方面感受到了更多人际关系的融洽，但德国也暴露出物质生活的艰辛。梁启超目之所及都是幽暗的惨景，使他心情沉重。在德国，他也在同样的匆忙中会见了一些精英，他们的疑虑和绝望也加重了他对欧洲文化的否定。可以说，德国的惨状使他眼中的欧洲前景更加黯淡无光。

梁启超沿着法国、德国、比利时、荷兰的路线目睹了第一次世界大战惨烈破坏的广泛性。他亲身体验了扑面而来的匮乏和赤贫，尽管他看到的程度远远不及一般平民百姓的体会。在战争刚结束几个月、经济凋敝的情况下，当梁启超就战争和战后欧洲形势问题与人交谈时，对于战争的惋惜和损失是他们涉及的第一话题。虽然梁启超只走过一些饱受战争蹂躏的地带，但是在他看来，毁灭会波及整个欧洲。

当梁启超分析欧洲政治现状和人们的生活理念时，他认为欧洲在恶性自由竞争和个体主义理念基础上的资本主义，已经困难重重，遇到阻力，已经在宏观上表现出军国主义和帝国主义倾向；个人对于权势、金钱的崇拜比比皆是，成为社会风气；科学被别有用心的人所利用，既可以无限度地制造财富，也同样可以制造战争利器等。第一次世界大战便源于此。这也是欧洲人转述给梁启超的种种弊端。当梁启超对这些现象作了复述之后，便转而依恋于中国文化，再没有对西方文化做出进一步探讨。他没有看到苦难表象本身可能掩盖了欧洲人重建、抗争、奋斗的意志，更没有试图去感知这些意志。梁启超到此为止，不再前进，他在内心深处抹杀了欧洲未来文化的设想，这是梁启超的武断之处。

从此以后，梁启超不再信仰欧洲精神，对欧洲文明不再感兴趣。梁启超对欧洲从向往、崇敬到惋惜和放弃的态度是他的欧洲之行的多种情况所造成的结果，尤其是一些个人因素掺杂进来造成的结果。梁启超在欧洲游历时的种种思想体会，显然对于民国时期的中国学术产生了重要作用。他鼓励人们不再去关心欧洲思想，断言欧洲正处于一种病态中，中国如果效法这种病态，就不会成功。他的见解在当时得到广泛认同。对欧洲价值的贬低造成中国知识界不再留意欧洲民主思想与极权主义之间的斗争以及欧洲各种不同的社会文化与集权体制之间的对抗。

（二）对欧洲文化思想的敏锐洞察力

除去战争带给梁启超"西方没落"的印象，当梁启超与一位美国记者谈话时，很坦率地承认准备把西洋文明带回中国时，美国人却以"在者"身份看到了西洋文明的弊端，表示西洋文明已经破产，反倒准备等待学者们把中国文明输入到西方挽救他们。这使梁启超感触颇深，因此开始用心反思西洋文明的负面效应，寻找西洋文明"破产"的症结所在。梁启超和西方学者看法一致，"总觉得他们那些物质文明，是制造社会险象的种子，倒不如这世外桃源的中国，还有办法。这就是欧洲多数人心理的一斑了"①。这表明梁启超和部分国外学者一样，都有轻视物质文明的倾向，认为在西方社会曾经物质繁华的表象之下，其实已经暗藏危机，物质文明就是罪魁祸首。

过于注重科学知识的应用，用知识来制造财富的同时也制造出太多的人的欲望，以物质追求侵蚀了人与人之间的伦理情感，以理性侵占了人文，道德退于科学理性之后，甚至以科学来计算非理性的情感，使情感数字化，一切事件只有科学具有话语权，这些必然影响到精神境界的提升以及道德的反省，这一切造成了科学知识脱离道德监控，于是为满足占有欲，为了实现某种"主义"而发动战争，这便是"物质文明"给社会带来的"危机"。其实梁启超后来表明了是知识与价值不对等造成的危机，导致了毫无人性的战争爆发，他后来论述的科学与人生观的关系便是明证；他承认科学的综合分析方法可以解决人生的大部分问题，但不能解决全部问题，情感属于人生中最重要的一小部分，它是超科学的，情感包括了人与人、人与社会群体之间的伦理与价值，甚至含有对道德的约束力。梁启超认为情感里面最重要的两件事是美和爱，美是不能用科学方法来分析的，青年男女的恋爱，父子、朋友之间的感情也不能用科学方法来分析，宗教狂热情

---

① 梁启超：《欧游心影录节录》，《饮冰室合集》卷7，中华书局1989年版，第15页。

绪也是不可理解的，这些神秘的感情却必须用主观和直觉来感受，是能够被综合而不可分析的。梁启超在这里却没有明确表达出情感与知识不对等、科学知识倾向于大包大揽的观点，只是笼统地、单方面地把西方物质文明说成了"制造社会险象的种子"，是为突显"非物质文明"的中国传统伦理价值观的无上地位而已。回到中国之后，梁启超对欧洲的论述无非就是两点：这是一个被破坏了的世界，这是一个垮了台的世界。他的言外之意是，西方文化暴露出它仅仅注重物质文明的弊端，没有认识到文化的完整性。

于是梁启超对当时社会流行的"科学万能论"产生怀疑，说颂扬科学万能的人以为科学能带来满世界的黄金，现在西方人的物质生活的确比以往进步几十倍，然而科学不但没有使人类得到真正的幸福，反而带来许多灾难。就好像沙漠中迷途的人，望见个人影，拼命要抓住一根救命稻草，到了近前才发现是幻影，是一场空，于是无限凄凉失望。梁启超把科学比作影子，认为科学就是一场泡影。他看到，西方自文艺复兴以来把人作为核心问题，然而西方历史文化的现实发展同它最初的价值关切相疏离。

梁启超也看到了欧洲兴起的反科学主义思潮，认为欧洲的唯科学主义也遇到了阻力。虽然欧洲近代科学昌明助长了把一切内部生活都归于"必然法则"之下的唯物主义和科学的量化现象，但19世纪末，美国詹姆士的人格唯心论波及英美思想界，法国柏格森和德国倭铿的直觉主义又冲破了科学万能论，他们认为宇宙的一切现象都是由意识的流转所构成的。这种"意识流转"又叫作"精神生活"，来自直觉反省。梁启超认为如果知道了变化流转是世界真相，又知道变化流转的权柄在于主体，就能够把种种怀疑失望一扫而空。

这就是梁启超对近代西方社会人文价值走向的体会。

（三）对欧洲文化的理性分析

尽管看到了战后欧洲的具体景象以及欧美学者对自身文化的绝望，然而梁启超并未动摇理性分析知识的态度。他强调说自己绝不承认科学破产，只是不承认科学万能而已。他不希望有人会由此妄自菲薄科学的功能。这说明梁启超对待国学与科学的态度日趋理性，在实用主义、科学主义盛行时期，他揭露说，有些人其实是打着科学旗号蒙骗人，自身的加减乘除都尚未娴熟，基础理论还未接触，便开口闭口嘲笑传统学术为线装书、玄学鬼等，这使人极为反感。他强调说中国文化不比他国文化逊色，指责中国一无所有的人，是属于肤浅无知的人。面对西学的大量涌入以及国人的求新心理，梁启超在《论中国学术思想变迁之大势》中表露出自己的忧虑，他指出学习了西方文化的年轻人厌弃、指责中国文化，恐怕中国文化从此会消灭，当前应该先掌握国学的根本，才能使西学为国学锦上添花。

　　欧游后，梁启超虽然批判了西方文化所包含的一些理念，但在考察过西方的议会后，也看到了在西方文化的熏陶下，人的个体德性、生活状态、精神面貌也呈现出积极的一面，比如西方人能够直率、真诚地召开议会，虽然也可能像是全家在讨论家务事，但对于政敌却诚心尊重，可见国民的素质之高。梁启超认为这显示出西方人的社会根基、文化思想根基扎实，因此现在出现的反主体异化力量、物质与精神相矛盾的现象都是暂时的；相比之下，中国人总是不满意议员，而议员就来自国民，国民也应反求诸己才会培育出高素质的议员，否则中国的议会就成为模仿西方的空壳了。梁启超认为中国一般的民众和制定法规的议员都没有法治意识，中国人没有法律神圣的观念，自然没有组织能力，因此政治上一塌糊涂，也无从组织社会事业，梁启超便急切地盼望国民早日觉醒，能自觉改变自己。这样，梁启超把国民整体素质与民主政治直接联系起来。因为国民素质提升不了，即使有了议会的框架，实际上仍然是专制体系。

　　梁启超对西方的赞誉其实导致了认知上的二分法，即对西方文化的赞誉做法本身就把西方文化直接等同于自由、民主、法治、善群等抽象概念，而忽略了西方文化中支撑整体结构的张力、精神以及生动活泼的创发力；再者，由于采纳者的各取所需而抽空了西方文化的具体内涵致使西方文化失去本真面目。但是，在考察西方传入的学术论著时梁启超也本着严谨的态度力求恢复其本真面目，反对误解西方文化。比如他在《变法通议》中专门探讨了翻译外文书籍的缺陷，认为虽然用汉语解说了西方文化，但往往使其失去原有含义，如果用直译法却又使语言晦涩不通，令人难以理解，因此翻译的关键在于懂得文章所要表达的原意。这说明梁启超要求学者必须具有相关的专业知识才可以发表对于该领域的文化见解，才可以传播西方某个领域的文化思想。就此，梁启超还提出学习中西文化时，应该学思想的根本精神而非派生条件。他说："须知凡一种思想，总是拿它的时代来做背景，我们要学的，是学那思想的根本精神，不是它派生的条件，因为一旦落到条件，就没有不受时代支配的。"① 因此，梁启超指明了反思文化的基本原则，这也与他自身严谨的学术态度相一致。

总的来说，梁启超晚年的时候以"旁观者清""他者"的身份对西方文化开始理性反思和批判，不是一味地赞誉崇拜，也不是一味地批判。梁启超采取的基本态度是按照经世致用的原则而输入西方文化，参照西方来促使中国文化自我反省。并且梁启超积极地与西方学者探讨中国的传统文化，并重点阐发儒家理论，牵动欧美学者的兴趣。梁启超略有感触地指出，传统中国人常常妄自尊大，把西学都看作是中国固有，而常年生活于西方的人也同样把中国文化贬低得一无是处，这是两者互不了解、主观臆断、发生沟通障碍的结果。于是梁启超决定把主要精力置于研究中国学术思想上，并且潜意识里他相信"西方中心论"的思想必将被"中国中心论"思想所取代，因为他看到中国文化竟然能够被西方人看作是西方文明的救星，这无疑增加了梁启超对民族文化的自信和自豪。于是他做出重大的文化选择，复归中国传统文化。

二　作为"在者"对中国传统文化的批判与复归

在传统文化与西方文化的碰撞中，以梁启超为代表的从传统知识分子中分化出来的改良主义者，试图重新选择、建立一种新的文化价值观念。由于根深蒂固的传统影响，他们学到的西方文化总是与原质的西方文化貌合神离，有种不纯粹的感觉。梁启超的东西文化观就明显地体现出这一特点。他的一生经历了对传统文化的反叛与复归，完

① 梁启超：《欧游心影录节录》，《饮冰室合集》卷 7，中华书局 1989 年版，第 57 页。

成了对传统文化从接受到批判再到中西结合式的复归，体现了否定之
否定的内在逻辑性。

（一）梁启超早期对传统文化的疏离

1895 年梁启超参与成立强学会，同时创办报纸等宣传维新思想。
他指出强学会的目的就是向西方学习，引入西学，变法图强。1896
年梁启超在上海主编《时务报》，发表了《变法通议》，开始对中国
传统文化提出批判，直到戊戌变法失败后侨居日本，回国后又参与袁
世凯、段祺瑞两届政府，他都按照所见所闻极力宣扬西方思想，试图
通过文化精神的改造，达到挽救中国的目的。他在宣扬西方文化的时
候便把传统文化束之高阁，对西方文化的引入意味着对民族传统文化
的疏离。

梁启超对传统文化的自觉反思从青年时期便开始，在《清代学术
概论》中就专有一节论及康有为、梁启超之间的分歧以及梁启超的思
想转变。梁启超思想转变的内在线索主要体现于他对于中国传统文化
的反思和批判上。

之所以批判传统文化，大部分原因在梁启超所作的《中国积弱溯
源论》中已有提及。梁启超在文中指出是中国人自己造成国家衰弱，
因为中国国民愚昧、虚伪、怯懦、奴性、自私等，缺乏西方文明中的
公德精神、现代国家思想。当梁启超复归传统文化，重新利用传统优
秀道德建设新文化时，"传统"与"新"之间貌似矛盾，但用来新民
的观念实则是融合了时代内容的新型文化理念。通过对梁启超作品的
研究可以发现，梁启超其实已经意识到了"我"之外他人的存在，
这正是梁启超的"新"意所在。因为传统的中国人只擅长自我修养
而没有唤起他人意识的自觉，这属于"有我"的私德，只有意识到
自己也要适应于他人，自己才会发生改变，这种思想在梁启超的《新
民说》中体现得淋漓尽致，这也是梁启超与康有为思想的不同之处。
梁启超立足于社会深层心理结构——人的本质的根本改变，符合社会
和文化发展的规律，而康有为改造社会的方法却治标不治本，立足于
"政变"，非文化思想的根本转变。当梁启超把中国文化冠之以"旧"
的定语时，在思想中已具有了摒弃旧传统的准备，所以他走向了

"新"，走向了新的公德、国家和民族主义等。

梁启超的新意，倚赖于19世纪末传入中国的认识论基础，即进化论。进化论最直接的作用就是泯灭了中西文化下的民族差别，并把地理条件差异作为时空链条中的先后顺序的基础，他说："凡一国思想之发达，恒与其地理之位置，历史之遗传有关系。"① 梁启超还接续了康有为据乱世、升平世、太平世的社会历史进化观思想，在与严复谈及中西方历史时，申明了自己对进化论的看法，他把据乱世、升平世和太平世分别比作西方由多君向一君、再向以民为政体制的进化。当严复翻译的《天演论》发行后，进化论思想更是成为梁启超宣传历史进化和接受西方文化思想的理论依据。

非常重要的一点是，近代西方文化不是以常规传播形式来到中国的，而是以迅雷不及掩耳之势随着战争以强权姿态出现在中国的，西方的政治、经济和话语体系都明显处于优势地位，这令中国人意识到与它们的反差，从而试图学习强者的文化，中国人不仅在精神、制度、物质方面向西方学习它们的优点，也在价值层面上疏离了自己的传统而向西方文化靠拢。梁启超就曾在《保教非所以尊孔论》中提到过自己以往是保孔教分子，而现在是保教之敌，这表明了他对民族文化的疏离态度。

（二）对民族文化的评价

1919年后梁启超怀着向西方学习的想法到欧洲旅游，看到的是第一次世界大战后的西方物质生产在发展，精神生活却空虚的现象。梁启超还从柏格森的老师蒲陀罗那里也听到了对中国哲学的赞叹，并希望"中国人总不要失掉这份家当才好"②。他还曾注意到其他一些学者与中国传统文化相接近的思想。总之，欧美的一些知名人士对中国文化的赞叹和对人主体性的颂扬使梁启超开始认同本民族文化。

1920年回国后梁启超发表了对中国文化的评价："东方的人生观，无论中国、印度，皆以物质生活为第二位，第一就是精神生活。

① 梁启超：《先秦政治思想史》，《饮冰室合集》卷9，中华书局1989年版，第30页。
② 梁启超：《欧游心影录节录》，《饮冰室合集》卷7，中华书局1989年版，第76页。

物质生活仅视为补助精神生活的一种工具，求能保持肉体生存为已足。"① 最重要的是要精神生活对物质界宣告独立，并且由精神生活统治物质生活和人的欲望，否则科学技术的突飞猛进会带来人的欲望增加，欲望的无限增加必然会带来争夺和战争。梁启超认为，如若不使物欲侵害人的心灵世界，则应本着老子的"万物恃之以生而不辞，功成而不居，衣养万物而不为主"的思想。② 梁启超又采用罗素的话来解释说："人类的本能，有两种冲动，一是占有的冲动，一是创造的冲动。占有的冲动是要把某事物，据为己有。这些事物的性质是有限的，是不能相容的。例如经济上的利益，甲多得一部分，乙丙丁就少得一部分。政治上权力，甲多占一部分，乙丙丁就丧失了一部分。这种冲动发达起来，人类便日日在争夺相杀中。所以这是不好的冲动，应该裁抑的。创造的冲动正和他相反，是要某事物创造出来，公之于人。这些事物的性质是无限的，是能相容的。例如哲学、科学、文学、美术、音乐，任凭各人有各人的创造，愈多愈好，绝不相仿。创造的人，并不是为自己打算什么好处，只是将自己所得者传给众人，就觉得是无上快乐。许多人得了他的好处，还是莫名其妙，连他自己也莫名其妙。这种冲动发达起来，人类便日日进化。所以这是好的冲动，应该提倡的。"③ 梁启超和罗素一样，认为老子的行为属于创造的冲动。如此，梁启超既倡导中国青年培育创造的冲动、反对占有的冲动，也希望把这种思想推广至全世界使人类共享，从而减少和避免战争。他认为中国传统文化博大精深，不仅是儒家文化，还有道家、佛家等文化，只要是有利于人类和谐共处、有益于社会发展的文化都是值得提倡的文化。这些都表明梁启超看到只有人类不断地进行包括物质和非物质在内的文化创造，才能促进人类社会的进化。

其实这些思想都与梁启超年少时受到的正统教育有关。梁启超自幼受到中国传统文化的教育，18 岁时首次阅读介绍西方情况的书籍，

---

① 梁启超：《东南大学课毕告别辞》，《饮冰室合集》卷 5，中华书局 1989 年版，第 12 页。

② 梁启超：《老子哲学》，《饮冰室合集》卷 8，中华书局 1989 年版，第 67 页。

③ 同上书，第 16 页。

又入万木草堂师从康有为。当时的课程虽增加了西方科学及历史纲要，但大部分内容仍是儒家义理、清代考据学、佛学和中国辞章学。他所受到的教育是以中学为体，以史学和西学为用。因此，在1895年前梁启超基本上是一个受传统文化熏陶的青年。长期正规的教育对梁启超产生了很大影响，这使他对于传统文化能够具有常人不及的理解力和价值期盼，对纷繁复杂的传统文化也能够在宏观层面上驾驭自如。

在梁启超的思想中，中国人不仅仅要向强势学习来增加自己的现代性，加快现代步伐，最重要的学习目标是救亡。在这种情势下，出现亟须建立精神支柱和增强民众信心的问题，而在思想匮乏的20世纪初，不是随便哪个符合中国情况的国家就能给出完整答案，民族的精神支柱只能回到本民族的传统中去寻找，由于文化的民族性和特殊性，中国人无法理解他族文化近乎宗教一样的狂热，于是被封建制度保护了上千年的儒家学说成为最便捷的首选。这表明梁启超看到了弱势民众对文化"根"的自我认同以及他们先在的心理结构对民族精神、民族文化的影响，因此他在民族精神建设和个体德性建构方面必然会促进中国民族特色文化的形成。

在对待民族传统文化上，康有为力主今文，志在破坏传统，追求托古改制，却利用政治事功消解了孔子学说的完整性和孔子的"教主"地位，间接割裂了儒家传统。章太炎力主古文，志在考据传统，却痛斥对孔子学说的宗教化倾向，澄清六经等神秘蛊惑，思想上也赞同颠覆传统帝制。二者学术上的最大区别是：康有为重视学问的实效性却消解了传统的真实性，章太炎注重钻研学术的严谨态度，利用严肃的态度去选择现实追求，同时他的革命爱国主义实际上建立于排满的种族主义之上。与他们相比，梁启超审视民族文化时，更注重从中西文化的相通之处寻求民族精神的认同。这样做，带给人直接的启示是要求人们扫除以神州文化为中心的谬论，向西方文化敞开胸襟，并且从顺序上可以确定西方文化处于高一级阶段，中国人必须为自己理性定位，这一点从他把中西文明的差异看作是发展阶段先后的差别可以得到证实。他在《与严幼陵先生书》中指出，西方文化先进而中国文化落后，但"就今日视之，则泰西与支那诚有天渊之异，其实只有先后，并无低昂，而此先后之差，自地球视之，犹旦暮也"①。阶段差异的思想也为中国文化与西方文化遭遇时的不堪一击找到了合理解释，并能为当前阶段的中国国民提供后进的自信。梁启超在书信中强调西方近代文化不过是百年来的辉煌，中西之间的差别通过标榜式学习旦夕之间便可弥补，所以国人不必自卑。其实，这种把文化类型差异转化为阶段差异的做法，在很多情况下可以当作一个策略。原本旨在说明中华文明整体上落后于西方文明，由于两者文明是在同一发展直线上排序，便给定了落后者超越领先者的可能性，这便是近代中国非常普遍的"赶超"意识的思想基础，它提供给了国人奋起直追的信心。

梁启超还曾把《洪范》和《孟子》中的卿士、庶人、大夫、国人阶层都视为古代议院阶层，这是他将中西文化思想交织的开始。虽然梁启超在给严复的信中检讨过这种说法的荒谬，但又辩解说是普通人的看法，这反映出他相信民族传统文化的优越性和全面性。梁启超在1915年发表的《复古思潮平议》中又说孔教和其他宗教不同，不会桎梏人的思想自由而只尊一教、一主，以此来说明维护孔子学说并不是让人只尊孔学一派的思想，说明儒学比西方宗教要高明和开放。

（三）对民族文化的复归

梁启超作《欧游心影录》，笔锋尽在西方文化的破产和中国文化的人文价值上，所以被人视其为晚年思想上的转变，标志着他的价值重心从西方向中国回归。但仔细推敲，他的思想内涵都与先前论调有相承之处。例如梁启超在文中认为社会主义思潮原是"我所固有"，这种说法和他在戊戌、留日期间的一些论著相同。再如文中论述中国传统文化价值后，加了一句"我们不肖，不会享用，如今倒要闹学问饥荒了"②。言外之意是中国传统文化本身很好，是不被后人好好利

---

① 梁启超：《与严幼陵先生书》，《梁启超合集》卷1，中华书局1989年版，第109页。

② 梁启超：《欧游心影录节录》，《饮冰室合集》卷7，中华书局1989年版，第37页。

用才造成的所谓"饥荒"，近代中国的衰落大可不必由传统本身来负责，因为是主体的人对文化没有好好驾驭的结果。

梁启超还专门提到复归传统文化的方法，在《欧游心影录》中说："第一步，要存一个尊重本国文化的诚意；第二步，要用那西洋人研究学问的方法去研究他，得他的真相；第三步，把自己的文化综合起来，还拿别人的补助他，叫他起一种化合作用，成了一个新文化系统；第四步，把这新系统往外扩充，叫人类全体都得着他的好处。"① 对于这一纲领性的提法，梁启超详细解释说，第一次世界大战后中国有个当务之急，就是用西方文化来扩充中国文化，并且用中国文化去补救西方文化，把两者化合成新文化。这一方法的最大特征是：转换视角重新审视中国文化，中国文化经得住推敲，会使全人类受益，这使人坚信中国文化会走向国际。这些观点都与梁启超早期内在的思想特征一致，不同之处在于，第一次世界大战后"西方的没落"及西方人对自身文化的不自信、对中国文化的倾慕，都为梁启超提供了重塑中国文化的契机。

梁启超前期站在西方视角上来批判中国传统文化是为挽救中国，后期又站在中国视角上反过来批判西方文化，宣扬以中国传统文化来挽救西方精神危机，表现出一个由反叛到复归的过程。这种"复归"不是倒退回原初起点，而是回归过程中充满了不断的辨析、质疑、批判和汲取，是回到精华之处，而精华之处是由中西文化内容取长补短、辩证统一地组成，因此梁启超的"复归"是一种否定之否定的历程。梁启超亲身经历了中国民族资产阶级的改良主义运动和辛亥革命的历史性变革及第一次世界大战的世界性变化，在对比中西文化中试图寻求人类精神文明的新出路，因此所谓"复归"是用西方文化价值的某些观念重新整理中国文化，他所宣扬的东方文明虽然打着孔、老、墨三家旗号，实际上是超越传统的新型文化组合。因此他常把欧洲文艺复兴的觉醒与中国文化的自觉反思、融合相比附，还特别指出文艺复兴是从回复过去的繁荣开始，最终得到精神上的解放，因

---

① 梁启超：《欧游心影录节录》，《饮冰室合集》卷7，中华书局1989年版，第37页。

此，梁启超也以复归中国传统文化而求得满足精神的饥荒。

梁启超经过系列的欧洲考察，发现欧洲战前过于注重物质生活追求而忽略精神建构，战后受到创伤，精神文化便一蹶不振。西方亟须建立的是民族崛起的精神，这正是中国文化的价值所在。然而西方社会的整体水平却仍高于中国，例如欧洲国家所体现出来的遵法观念、科学精神、自由程度、民主政治及现代公民意识等就远远高于中国现水平。所以中国文化的重建必须基于民族文化之上而采补西方先进的理念。肯定传统文化与批判传统文化、否定西方文化与认同西方文化，这些都使梁启超一生中的学术思想呈现出多变态势，他对传统文化的复归则是多变中的一个变化环节。梁启超的"复归"实际上是寻找到了新的中西文化离合互动之方。

三 中西文化的离合互动

就梁启超一生而言，在中西文化的问题上，他的学术思想历程丰富多彩又富于变化，仔细审视他的学术思想和学术方法，不难发现梁启超的学术追求道路无论是从时间上还是从价值上来看，在某种意义上可以说是中西文化思想离合互动的过程。

梁启超初次进入万木草堂听到康有为讲西学后，眼界豁然开朗，新的知识使他精神为之一振。他说："先生乃以大海潮音，做狮子吼，取其所挟持之数百年无用旧学更端驳诘，悉举而摧陷廓清之，自辰入见，及戌始退，冷水浇背，当头一棒，一旦尽失其故垒，惘惘然不知所从事，且惊且喜，且怨且艾，且疑且惧，与通甫联床，竟夕不能寐。明日再谒，请为学方针。先生乃教以陆、王心学，而并及史学西学之梗概。自是决然舍弃旧学，自退出学海堂，而间日请业南海之门，生平知有学自兹始。"① 这是梁启超初次得知有西方文化的存在。

（一）强调中国文化的特殊意义

变法维新失败后，梁启超首先以客观的态度分析了中国文化的优越性，主要强调中国文化在价值、思想、制度等层面上的特殊意义。

---

① 梁启超：《三十自述》，《饮冰室合集》卷2，中华书局1989年版，第16—17页。

对于中国文化的基本价值，梁启超在《治国学的两条大路》中集中指出中国的传统精神是知行一贯，宇宙观和人生观相结合。宇宙永无圆满，因此人类必须努力向前创造，并且人不能孤立存在，需要有仁爱把人与人联系起来，仁爱不能用科学方法研究得出，需用内省和体验功夫，体验之后便是践履。

佛教思想作为中国的传统文化之一，所讲的宇宙精微道理在儒家之上，它教人放下执着，做心灵自由的人，它与儒家文化相映成趣，并且被儒家采补进人生观中。梁启超尤其重视源于本土的儒家人生哲学，他强调中国传统文化中傲然挺立于世界而无愧色的就是"人生哲学"，也即是说中国文化中儒家学说精于研究为人之道，重视人与人之间的关系，因此梁启超认为研究儒家文化就是在研究中国文化。儒家哲学的最高目的在于内圣外王，养成健全人格，这种人格范围则包括孔子所谓的"智""仁""勇"三方面，而西方哲学中的爱智，只是儒家健全人格的三分之一，因此西方哲学所涉及的范围比儒家哲学的范围小，中国的人生哲学更加全面优越。

在政治文化的层面，梁启超强调指出我国政治思想有三大特色，一是世界主义，二是民本主义，三是社会主义。这三种主义，是中国人历来所信仰的。无论何时代、何派别的学者，其论旨都建立在此基础上。就民本主义而言，梁启超认为近代西方政治最有价值的"平等"与"自由"早就存在于我国先秦思想中，并已经成为"公共信条"。在平等问题上，中国一直提倡个人权利与集体权利对等，一切以民为重，就是在近代，国民也是每时每刻都向着平等的理想目标而前进，这已经成为政治原则，无人不遵守。在自由问题上，中国传统思想里就坚持不干涉主义，中国国民已经几千年来生活在这种比较自由的氛围中，即使在战火纷飞的年代，主体个性也会自由发展不受大碍。一个民族之所以能永存而向上，原因就在于此。梁启超把"自由"和"平等"视为中国两千多年来的公共信条，尽管他认为"无参政权的民本主义"是传统中国政论的最大缺点，但又认为实现真正以民为本的方法，在当时欧美等国家也不能获得圆满的解答，并且一再强调中国民主思想比欧洲人发展得早，并且比他们发掘得更加深刻。在社会主义问题上，梁启超认为欧洲才刚刚倡导了百余年的所谓社会主义，而我国自先秦起就出现了社会主义色彩，因此社会主义观念应该源于中国古代，中国学者对于这样的问题也应该拥有最大发言权，对此类问题该负最大的责任。梁启超还把先秦政治思想归结为无治主义、人治主义、礼治主义与法治主义四大潮流，对每一潮流都以现代眼光做了或多或少肯定式的观察，尤其赞扬儒家所独有的礼治主义，并将法治、礼治和西方做了对比，认为法治主义类似于从前德国、日本的警察政治，礼治主义类似于英美的自由主义。

梁启超有时也指出中国社会有许多不尽如人意之处，但做得更多的是极力将现代西方文化的种种优越处在中国传统中找到源头，即从中国传统中寻找历史根据。可能他认为只有这样，才能显示出中国文化的优越性。

尽管"五四"之后的梁启超以弘扬中国文化为旨趣，并在《欧游心影录》中大力揭露西方科学万能之梦破产后的种种惨景，从而导致中国文化一度声势浩大，几乎从边缘回到中心。但梁启超本人并没有菲薄西方文化，在诸多基本观点上依然信奉西方文化，即便在《欧游心影录》中，也对西方文化中世界主义、互助论、唯心哲学、直觉的创化论等思想表示赞赏，对西方自身走出物质文明的困境充满信心。

（二）对西方科学文化缺陷的揭露

在梁启超晚年的思想与活动中，进化论始终是其基本信念，对科学技术、精神的宣扬以及对科学活动的扶植也一直是其晚年的重要活动，但在对西方文化的态度上，其基本立场已发生了改变，他重在揭示西方文化尤其是现代西方科学文化的根本缺陷。

从现代西方文化的发展过程来看，梁启超指出，近代欧洲文明无外乎就是从人与社会的关系方面、智的方面、情意方面来维持社会生活的内外和谐。法国大革命后，封建制度完全破坏，由科学发达而带来的工业革命使得外部生活急剧变化，从而导致人类生活内外失调。在内部生活中，哲学原本是从智的方面，给出一个至善的道德标准，宗教从情意方面提供给人类一个超世界的信仰。科学昌明以后，宗教首先受到致命打击，哲学原由康德、黑格尔唯心主义一统天下的局面也四分五裂，建立起唯物主义哲学和人生观，使人的生活被自然法则统领起来。这种唯物的、机械的人生观只对物质成果感兴趣，使善恶不再承担责任，使全社会陷入怀疑、沉闷和畏惧中，直到给人类带来灾难。

就深层次的哲学层面而言，梁启超认为，与中国哲学重在人与人之间关系不同的是，西方哲学主要涉及的是人与物的关系，因此就人生所包括的智、情、意三者来看，欧洲人对智特别重视，而在情、意方面比较欠缺。到了中世纪，欧洲又被宗教所统领，逐渐进入迷信状态，由上帝来裁决人生的情与意问题。文艺复兴之后，又以理智代替宗教，近代康德更加严谨地讲范畴，而所有这些，可以说都没有走到人生哲学方向去。尽管现代有柏格森等非理性主义思潮出现，却不如儒家人生哲学体系完善。

由于现代西方文化是建立于科学主导下的唯物主义人生观之上，所以现代西方政治文化也都发生了问题。梁启超指出，每一主义学说的昌明，都有极大的弊端跟随其后。近代欧美学说，无论是资本主义之流还是社会主义之流，都鼓励过物质世界的生活，轻视精神世界的生活。因此虽然生活环境不断改善，但世界却越来越不安稳。其实梁启超没有真正了解资本主义社会和社会主义社会的思想基础和对物质生活不同的看法，他只看到了西方文化下出现的各种政治形态的弊端，由政治弊端又认定了西方文化的弊端。

（三）解决中西文化冲突的方法

晚年梁启超致力于中国历史、中国文化的教学与研究，也有意进行东西方的政治、文化、学术研究等方面的比较，但他的东西文化对比不仅仅是颂扬中国传统文化精神的优点，而是旨在建设中西结合的新型文化。

其实在现实生活中，中西两种文化早已在动态中交流、碰撞，所以关键是如何化解二者冲突，使二者能在理解的途径上合理调解、融合。晚年梁启超从自己的中西文化观出发，在许多场合阐发了他对中国文化未来走向的基本立场。

在文化深层的价值观上，梁启超主张用儒家德性的人生哲学做安身立命的基础，解决在现代科学昌明的物质状态下，精神生活与物质生活冲突这一根本问题，即途径在于使用儒家的均安主义，使人人能在此时此地的环境中，物质生活相等。梁启超认为中国的道德学问，都是教人怎样使精神独立于物质或肉体，佛家所谓解脱，近代所谈及的解放，都是精神独立的意思。这实际隐含着东方精神、西方物质的二元对立。顺着这种思路，则又将西方现代知识与中国德性精神两分，针对当时流行的"知识饥荒"说，梁启超在《东南大学课毕告别辞》中提出做学问最基本的一点是要"满足精神饥荒"，因为没有精神境界的人，"知识越多痛苦越多，做坏事的本领也越高"①。因此精神生活如果不完整，对于社会和个人来说是种灾难。

对于德性与知识之间的平衡问题，梁启超提出了一个办法，即知识问题由西方文化负责解决，德性问题由中国文化来解决。至于发掘出中国的文化精神，梁启超倡议要用西方的科学方法去研究它。

在对待西方科学的态度上，梁启超指出国人必须更正两个误区：一是把科学看得太功利、太低级，他批评新文化运动流于政治、经济上的种种主义，流于哲学、文学上的种种精神，却没有切实从事脚踏实地的平淡无奇的具体科学。二是把科学看得太呆、太窄，而不知科学本身的价值，认为科学的精神仅仅是教人取得系统知识的方法。

在文化的制度层面，梁启超认为现代文化的许多特征，多数可以从中国传统中找到源头，所以在中西文化互动中，把中国传统文化按照现代精神加以转化或"修正扩充"即可。他在《在中国公学之演说》中指出，应发扬中国国民固有的精神，转消极为积极，例如在政治上把民本主义应用到组织方面，在社会制度上要把互助主义从原来的家庭方面推广开来。

（四）中西文化对比的矛盾性

梁启超在《欧游心影录》中提出了"化合"中西文化的原则。

---

① 梁启超：《东南大学课毕告别辞》，《饮冰室合集》卷5，中华书局1989年版，第7页。

化合即含有互动的成分，这种互动对于中国新文化的构成来说，具有取长补短，促进主客观相统一的功效。从上述的晚年梁启超中西文化观来看，显然并没有真正遵循其互动原则，而是对两者文化都有叛离。其实，中国近代的知识分子在国土被殖民过程中会碰触到文化的过渡地带，这种过渡地带由于处在权力结构影响下，所以过渡地带是统治者的地带，它是权力和价值的传达，也带来中西文化的疏离，一方面是知识分子与本土文化的疏离，另一方面是知识分子与他族文化的疏离，因此处于过渡地带的梁启超对中国和西方两者文化都产生了疏离，这便使梁启超的文化观处于不中不西的尴尬境地。如此一来，超越传统根基的束缚和寻找爱国精神的支柱也发生了冲突。这时西方的政治、经济和权力也给中国人带来自我认同的危机，这种危机造成了知识分子的精神痛苦。梁启超早期和晚年一些看似相互矛盾的思想和言行也是根源于在这种痛苦局面里寻找自我认同的努力。

在文化深层次的价值、意识层面上，在文化发展的根本精神上，梁启超认为中国文化优于西方文化，中国文化的人生价值观高于西方文化，在这种基本理念下，他在很多地方自觉或不自觉地极力崇扬中国文化尤其是儒家哲学的特异价值与现代意义，他站在推广中国文化的角度、中西方文化价值对立的立场上，认为用儒家人生价值观来化解物质与精神的冲突是中国人的责任。这种价值认同，实际上无异于"中体西用"，与世纪初几乎要"全盘西化"的胡适正相反。

在人生哲学高于西方的前提下，中国应当学习西方的政治、社会制度等层面的文化。在梁启超的论述中，中国传统文化在这些层面也有优于西方的一面。他极力证明世界主义、民治主义、社会主义等现代西方文化在中国早已存在，它们或比西方早，或比西方优越。虽然他也认识到中国文化非现代性的一面，但认为经过转消极变积极即可圆满。

因此，中国文化与西方文化的互动，大致可以说是以西方文化的形而下器物层面与中国的形而上精神层面相衔接，但相互之间又彼此渗透。梁启超一方面要证实中国文化的万能性，另一方面又要承认中国文化的缺陷性，从而必须采补西方文化来完善中国文化，可以说充满了矛盾。例如他在《治国学的两条大路》中指出柏格森的见解，"也很与儒家相近"，却避而不谈现代西方解决人生问题的可能性。又如他一方面指出印度哲学侧重人与神的关系，否认其人生哲学的重要性，另一方面又极力颂扬佛教的自由精神，忽视了佛教的来源归属问题。这些都是梁启超在逻辑论证上的矛盾之处，却恰恰显示出了他对中国文化的偏重。

梁启超的中西文化比较并不处在同一层面上。简单地说，对中国文化的崇扬是就理论或理想层面而言，而对西方文化的批判则立足于现实。而实际就理论层面而言，中西文化正如陈独秀所言："根于人类本能上光明方面的相爱、互助、同情心、利他心、公共心等道德，不容易发达，乃是因为受了本能上黑暗方面的虚伪、忌妒、侵夺、争杀、独占心、利己心、私有心等不道德难以减少的牵制，这是人类普通的现象，各民族都是一样，却不限于东洋、西洋。""所以若说道德是旧的好，是中国固有的好，简直是梦话。"① 就现实生活层面而言，梁启超所推崇的传统文化理想不但在传统中国生活中难以落实，在当时中国举国趋西的时代氛围中，更无从谈起。如他本人也指出目前中国的教育是只有智育，而缺情育与意育，即缺少了仁和勇的教育。既然不在同一比较层面上，比较中西高低自然缺乏说服力。所以唯物主义者杨明斋批评梁启超时说："讲学问不独是能解释书本子上的说话，还要进到大多数民众的生活里去，看看他们的生活是否与书本上的话相符？"② 这证明梁启超的很多文化建设理想也注定曲高和寡，流于精神层面，但正因为流于精神层面，他的文化研究才能够进入到文化哲学的研究领域。

尽管梁启超极力强调现代的政治观念和制度管理在中国古代文化中早有萌芽，由此断定中国传统文化比西方文化更优越。透过这种优越感的背面，其实能够看到这体现出的是另一版的现代西方中心论。

---

① 陈独秀：《调和论与旧道德》，《陈独秀文章选编》上卷，生活·读书·新知三联书店1984年版，第444页。

② 杨明斋：《评中西文化观》，中华书局1924年版，第110页。

因为上述观念实际都是现代西方理念的核心思想。用这些方面与西方比先后、比成熟的程度，其实就是在对现代西方文化理念表示认同，并且承认了近代自身的落后，是对现代西方文化的"模仿"和追赶，体现出唯恐落伍于现代西方的焦急心态，这与梁启超自身的基本价值取向又构成矛盾。

梁启超认为中国文化在人生问题上优于西方，可以利用中国文化熏陶下人格的修养方法解决西方物质文明的缺陷，因此他极为乐观地宣称中国本有的精神最适合世界趋势、世界发展，只要发扬这种精神便解决了中西方精神与物质之间的矛盾，这体现出他的典型的道德理想主义倾向。

（五）对中国文化情有独钟的原因

晚年梁启超之所以在中西文化观的价值取向上偏重中国文化，是多种因素互动的结果。

梁启超认为欧游唯一的所得就是对中国文化萌生出前所未有的信心。他的文化重心偏向中国文化的原因还出于对国内新文化运动中新奇偏激议论、"把儒家道术的价值抹杀"等现象的矫正。新文化运动的种种议论在当时社会上占有很大势力，所以梁启超在《清代学术概论》中表示要格外考察一回中国的传统文化价值，目的是矫正人们对于传统文化过激的看法，其结果是对新文化运动再形成一种反动。另外，出于对国内当权者人格堕落的不满，梁启超还在该书中表示，中国国事的败坏，每一件都是由在高位的少数个人制造出来。假如把许多掌握权力的军阀、强盗都更换成多读几卷书的士大夫，中国社会还不至于如此糟糕。而那些穿长衫、穿洋服的士大夫也并没有全都真正参照儒家君子的行为行事，所以会出现当权者的堕落。梁启超还在《先秦政治思想史》中指出"中华民国"之所以败坏正是因为人格不完善的人当政。而梁启超之所以强调用传统道德人格来移风易俗，也来源于其立身处世的亲身体验。他认为自己的人生观，就是从佛经和儒家经典中领略得来。

晚年梁启超的文化价值倾斜，还在于他对同时代西方文化发展的隔膜。梁启超作为近代传播西方文化的重要代表人物，对西方文化并不陌生，并且有多年游历海外的经历。但 20 世纪一二十年代，正是现代西方文化巨变与分裂时期。这一时期的西方世界无论就意识形态、价值观念、社会组织、制度形式乃至科学自身等文化的各个方面都变化纷繁，这期间梁启超在国内扮演着重要的从政角色，无暇了解西方文化进展。直到 1919 年的欧游，这本是梁启超重新深入认识西方文化的最好时机，但欧游正如梁启超自己所说的，时间短而经过的地方多，所以观察不够深入。与法国思想界交流贫乏，与欧洲其他国家思想界的交流更是如此。因此，匆匆一年的欧洲游历并未使梁启超对西方文化有真正的认识，反而先入为主地强化了对中国文化的价值偏向性。这些都使晚年梁启超在中西文化观上陷入传统的价值而难以自拔。

　　尽管梁启超在东西文化融合的问题上表达了中西结合的原则，但终因他对现代西方文化的隔阂，在中西文化观的价值取向上过于倚重中国固有传统，从而在当时受到了来自各方面的批评。在梁启超看来，自己中西文化结合效果不佳的一个重要原因是全国学风都在走向急功近利，以片段的知识相夸耀，当谈到儒家修养时，都认为是过时和迂腐，在这种氛围下，只靠个人努力便不容易。其实，出现这种现象，时代思想激进的一面固然有道理，梁启超自身知识结构的缺陷无疑也是一关键原因，这也是时代变迁中新旧知识分子身份转移的必然结果。

　　梁启超晚年的文化取向受到来自各方面不乏洞见的批评，并不意味着批评者就找到了一条融合中西的理想之途。异质文化的冲突、磨合是一个长期艰难的过程，并非会立竿见影。在时代社会巨变的转型时期，文化调和、互动既显得迫切，也显得更为坎坷曲折。就文化建设的主体者来说，其前提条件如梁启超所认识到的必须对两者文化都要具有相当的知识素养。应该承认的是：以传统文化为根据又对西方文化有一定了解、一生"流质易变"的梁启超大体符合这个条件。找出梁启超晚年中西文化观的价值偏向原因，并不意味着可以忽略梁启超晚年的中西文化观的重要性。

　　梁启超对于中西文化两者的反省，并不是为了批判而批判，也不是为了回归而回归，而是为了更好地建设新文化。建设的最终成果是中西结合、互动生成新文化。从字面意义上看，使中西文化结合、互动就意味着平等融汇，你中有我，我中有你，二位一体，这是创造新文化的一条理性平和的理想原则。梁启超却在新文化建设中违反了这一原则。

从梁启超对中西文化态度的几度转变，可以看出他与中西文化之间的离合互动关系，显示出他进行文化选择时的矛盾心态。

第二节　对中西文化哲学的比较

梁启超对中西文化进行考察之后，便由具体感性层面上升至理性抽象层面，对中西文化的思维方式、价值观念、伦理审美等方面进行了比较。

一　思维方式的区别

梁启超认为世界哲学从古希腊开始到现代欧洲，不论是犹太、埃及还是印度等国家，都主要集中在人、神、物之间的关系探讨上，而中国则一贯侧重于人与人的关系，并以此为线索展开中西文化哲学思维方式的比较。

梁启超在其《儒家哲学》中表示，西方哲学最初以宇宙论、本体论的发达而著称，西方哲学围绕宇宙万有问题、一元多元问题、唯物唯心问题、解释有无造物主等问题而展开，这类问题往往呈现出两种观点，双方各不相让、各持道理、长期辩论不下。后来提出首先要立出论点、方法和规范，或采纳主观演绎法，或采纳客观的归纳法，如此一来，就产生了逻辑学。再进一步推论下去：研究宇宙万物的手段是知识，知识本身是从主体到客体的统一，这就是认识论。认识论是在康德之后才形成的。西方哲学从自然科学到人文社会科学，其目的都是"求知"，所以西方哲学自认为是"爱智"学。这样的哲学取向导致西方科技理性高度发达，所论及的多是天文地理方面，很少涉及人生哲学，因此西方文明阻断了理想与现实，走入极端，例如宗教崇尚者注重来生、唯心论者大谈玄妙、唯物论者的思想盛行天下却放弃了精神提升，这些人都不讲人生问题。可以说，从古希腊时期的形而上学到近代欧洲的理性科学都没有直接涉及人生问题。

中国哲学围绕人而展开，注重人与人之间的关系界定、人与自然之间的关系论证。包括孟荀所争辩的人性善恶问题、告子和孟子所讨论的仁义问题、宋儒所讨论的理欲关系以及明儒所讨论的知行问题。儒家倡导人与人之间的关系靠直觉的仁爱来奠定基础，人与自然之间的关系靠经验的累积而发展，德性的获得靠"格物"才能"致知"，由此，人性的"良知"是主客体的统一。梁启超极其重视人性的培养，强调人性是教育和政治的总出发点，教育的根本在于做人，政治态度是由人来选择的。他所维系的中国传统力行关系的路线是：会做人才会做事。因此在人际关系的诉求中人道是最基本的要求。中国哲学既讲求人道也讲求天道，力求天人合一，天道能够支配人道。因此天人合一是要把宇宙认识论和人生观贯穿在一起，既体现自然法则，也体现人类自由法则。

梁启超总结出儒、道、墨三家虽然教义各不相同，但共同的落脚点都是崇高理想与经世致用相统一。如此，中国哲学就出现重自觉、重和谐、重入世、重力行、重理想的特点，强调知行合一，这直接导致了人文科学的昌盛而自然科学的疲弱。

二　中西价值观的差异

梁启超考察出，中国传统哲学人生观和宇宙观相统一，例如传统文化中的道家力求顺其自然而生存，无为而无不为，从而得到最大限度的自由。顺其自然是从静入手，由静默而去融合其他。

梁启超从孔子的"易无体"推论出儒家不承认宇宙本体说，儒家一直认为生活和宇宙相统一，宇宙自然的真相就是生活本身，只要从生活中体悟出生命的意义便会和宇宙合而为一，作为体现生命意义的人格也和宇宙相符。不论是儒家还是道家学说，共同的理想都是人与人、人与自然的和谐统一。儒道两家的内拓、外延境界与佛家相似，佛家要求人们站在空的角度上脱离烦恼，不为物质所役，求明心见性，求宇宙万物囊括于心间。因此梁启超看出，在现世社会中积极追求精神建构和展现是中国人生观的价值取向。

梁启超认为古希腊讲求万物统一，从万物表象可以推论出本体。在人生价值方面崇拜积极的逻辑推理和体验神秘现象，比如探索宇宙万物从何而来，是否有主宰宇宙的神或者具体事物存在的原因及如何存在等。古希腊总是以物质需求为出发点和目的，日常生活便缺乏理想精神指引，生理和心理都呈现出病态。比如在生理方面，以物质需求为出发点容易使强者走极端而至发狂到毁灭，容易使弱者萎靡倦怠。在心理方面，强者无所顾忌，恣意追求物质享受，欲望则随物质的增加而到无止境。因此强者尽管拥有妻妾、宫室等享受却并不觉得快乐；弱者却越弱越消沉，最后成为一个被淘汰出局的人。所以说西方人是精神不健全的，这造成他们无休止的奔波忙碌。梁启超指出美国青年的生活状态就是"一生急急忙忙的，不任一件事放过：忙进学校，忙上课，忙考试，忙升学，忙毕业，忙得文凭，忙谋事，忙花钱，忙恋爱，忙结婚，忙养儿育女，还有最后一忙——忙死"①。西方人的这一切都是由于以物质为中心而造成的。这种由困惑到惊讶再到积极的追求，直接造成西方人孜孜不倦征服自然的人生观，这种人生观的价值取向自然是物质而非精神，它与中国传统社会的人活在现世却追求精神世界的建构相对立。

三　中西社会伦理观的差异

梁启超在《历史上中华民国事业之成功及今后事业革进之机运》中表示，从中国伦理的体系修身、齐家、治国、平天下来看，中国人最高的成功理想是把中国的精神文明推广向世界。

若把中国的精神文明向世界推广，梁启超认为要厘清几个事项。首先，以个人为起点，以天下为归属，国与家同等重要，因为国是放大了的家概念；其次，自战国以来人类平等的观念也是中国国民成功

---

① 梁启超：《东南大学课毕告别辞》，《饮冰室合集》卷5，中华书局1989年版，第10页。

的要素之一，应该推广；再次，民生问题被儒、墨、法等各大家广泛关注，他们的思想中无一不充斥着民本主义理想，尤其是汉唐以后符合民意的政治、政策大多含有类似的抑制豪强而追求平等、平均的精神，应固守；最后，宗族血亲观念是出自人的天然感情，可以说是人的特有本性。这种天然家族观念与中国农业社会重经验、重前例的特点相结合，必定尊家长、尊宗族、重祖先、重尊长，形成从内到外的理想政治顺序，也形成了家与国之间的辩证统一及内在和谐关系，应坚持。因此梁启超总结出中国文化在伦理观上强调平均、平等、家族主义和家天下等思想。

与中国社会中的家族特征相比，梁启超考察出欧洲国家主要以古代城邦国家和中世纪的政治框架为组建形式，以后的一切政体都出自这种组织之下。这种组织以对内团结、对外同仇敌忾为根本精神，甚至以对抗外敌作为增强爱国心、凝聚力的手段。而利用人类相互仇视的感情而培育出的集体主义精神，则常常表现为国家主义、军国主义的苗头。

西方在几百年前从思想到实际也都讲求严格的等级观念，平等观念只是近百年的事情。西方几千年来从希腊到雅典再到罗马都是贵族统治城市的历史，西方倡导的共同生产和分配平均等思想只在近百年间才出现。古希腊注重城市之间的商业流通而非农业经济管理都造成了西方人口流动性强、地域观念淡薄，家族观念也势必被弱化，在现实社会中便出现乡村治理逊于城市管理的特点。家族观念淡化便会引起家庭和社会秩序的混乱，连殷海光也说："如果传统里有许多规范和文化要件继续发挥他们的积极功能，那么我们无理由因着要反传统而把他们反对掉。一个无规范的社会是无法活下去的。"① 可以看出，西方的伦理思想里面缺少类似中国固定地域上的家族式的伦理传承，当然不会秩序井然。

梁启超在比较中西哲学思维方式、价值观、伦理观的差异时，虽然阐明了中西方文化的某些特征，比如中国传统文化重视伦理道德、

---

① 殷海光：《中国文化的展望》，生活·读书·新知三联书店2002年版，第520页。

直觉、经验，而西方文化一贯重视探索自然，重视逻辑等，但是在比较中也具有某些局限性。例如，他把中国古代小农基础上的均贫富理想等同于马克思主义，他显然是把西方工业革命后针对资产阶级私有制进行批判的马克思主义学说等同于中国小农经济中私有制基础上的平均主义理想，混淆了二者的价值取向和原则。再如，梁启超把中西文化的产生和差异归因于地理环境。他说："中国文明产生于大平原，其民族器度伟大，有广纳众流之概，其人又极富于弹力性，许多表面上不相容的理论及制度能巧于运用，调和以冶诸一炉。"[①] 梁启超在欧游归来后又总结了西方文化产生的原因，在《欧游心影录》中指出，西方文化来源有三：封建制度、耶稣教和希腊哲学。

作为希腊哲学的发源地，古希腊处于四面环海的山地中，由于气候原因，风景奇异瑰丽，种种景象很容易引起古希腊人的惊奇，于是自然界吸引了他们的注意力，一切探索求知的学术都从最初的惊奇之中被酝酿出来，由此构成古希腊独具一格的文化特点。梁启超认为中国海纳百川的文化也有赖于平原的地理条件，易于沟通交流，所以各种理论和制度才会充斥于中国传统文化中。这种地理环境决定文化的论调，与法国启蒙学派中地理环境论的代表孟德斯鸠（1689—1755）及法国文化学家丹纳（1828—1893）的观点较为相似。孟德斯鸠认为民族的精神、性格、情感，社会的法律，会因土壤、气候的不同而有差异，文化的产生是由地理环境来决定。而后来的丹纳在他的《艺术哲学》里提出了对文化哲学的看法，在书中运用比较方法研究了从古希腊罗马到中世纪再到文艺复兴时期，欧洲文化的发展和产生，他认为环境对文化的形成具有重要影响，他指出："古希腊之所以能够产生早期的古希腊文化，是由于古希腊岛屿、海湾、山地较多，大的平原较少。"[②] 对于古希腊人来说，炎热的地中海式气候决定了他们穿着简单的服饰文化；古希腊人在崎岖的山路上放羊，坐在山坡上可以看到远处的大海，看到大海就产生很多联想，所以古希腊的神话闻

---

①　梁启超：《先秦政治思想史》，《饮冰室合集》卷9，中华书局1989年版，第5页。
②　［法］H. 丹纳：《艺术哲学》，张伟译，当代世界出版社2009年版，第177页。

名于世；古希腊耕地很少，所以古希腊人通过航海进行贸易，因而天文、地理知识也必然发达。由于古希腊的地理条件比较复杂，就很难形成大的社会群体，古希腊的政治结构便是城邦，城邦联合起来就形成古希腊。所以丹纳说古希腊人的社会就像一个精致的瓷器店，经不住任何大的冲击。北方的蛮族则像一群一群来到南方践踏的大象一样，不断地将瓷器店中的瓷器踩碎，这造成古希腊文化的终结。丹纳的研究无疑是受到孟德斯鸠的影响，而梁启超对于文化差异原因的观点也与孟德斯鸠、丹纳等人不谋而合，但他们显然都是把文化的产生与特点混为一谈。尽管文化的特征是受到地理条件的影响，但地理环境决定论仍然是片面的，因为根据马克思主义哲学观点，文化的产生其实是社会实践的结果，而梁启超在论述中西文化差异时误把地理环境作为文化产生的决定条件。

四　狭路相逢，中国文化胜出

梁启超通过对中西文化进行几个方面的比较，发现西方文化重自然，以物质为出发点，也把物质作为衡量幸福的标准，尤其是欧洲工业革命之后，科学逐渐发达致使人们盲目相信科学能满足人生的一切物质追求和价值追求，让一切内在精神生活、外在行为等都受到自然物质规律的支配，成为变相的物质命定论。因此他认为西方文化压抑精神发展，不能与自由意志真正契合，使人迷失在物质繁华的世界里，从而失去精神的家园，人生也变得毫无意义可言。

各个流派的哲学于是开始研究人类的精神力量、人格结构等，梁启超认为詹姆士的人格唯心论、柏格森的直觉生命哲学的核心思想和孔子的仁学精神在方法表达上是相通的。中国文化中仁的精神便不能靠逻辑推演而是要靠体悟和代际传递。"仁"与"亲"密切相连，对亲者的"仁"要由近及远，逐渐波及全人类，先是亲者仁爱和谐，再到家之外、国之外乃至全天下的和谐与友爱。所以中国文化与政治一样具有大一统的感染力和天下主义倾向，这在古代可以促进民族统一，在现代可以促进世界主义。而欧洲资本主义的商品经济非常发达，城市化和经济的繁荣起源于古希腊的城邦制。城邦制是以独立个体、分立为原则，这样一来家族观念迅速瓦解，很难形成统一局面。当前以个人主义为中心的资本主义也同样不具备统合的向心力，所以梁启超希望把"中国固有之基础"即传统的价值观、伦理观、国家统一和谐等观念传播到全世界，去解救他国出现的离心离德式的精神危机。他认为应当发扬中国传统文化的优良精神才能拯救世界。在这里可以看出，梁启超已经发现西方物质的发展反而给人的精神带来了压抑束缚，必须用中国文化的精神去打破西方精神上以自我、利益为中心的价值观才能挽救西方，才能使西方的精神面向自由而敞开，才能继续保持文化的创造活力，否则便会走向斯宾格勒所说的"西方的没落"。

　　梁启超重视精神文化和心理结构的倾向，恰好与西方新弗洛伊德主义观点相近。新弗洛伊德主义者都认为弗洛伊德主义追求的是一种心理解放，而马克思主义则主要完成了社会解放，但是马克思没有注意到社会解放是一种宏观解放，从而忽视了微观解放，即心理解放。人如果不从心理解放出来，就不可能得到彻底解放。梁启超就认为西方资本主义虽然可以通过各种途径、形式为人们创造良好的生活条件，满足人的物质需要，但如果西方人的精神不健全，那么所有这些优越条件本身对西方人来说仍然起不到促进其自由发展的作用。在梁启超的思想里面，单独的中国文化精神不与物质生产相结合也不具有说服力，他承认若单从物质方面比较，中国远逊于他所游历过的西方国家。所以梁启超并不反对科学技术本身，也希望中国人能够享受到应有的感性物质生活，所以他赞同墨家的"交相利"观点、西方利己主义的合法性等。从文化精神角度上来说，则中国优秀传统文化胜出，因为精神生活是超感性、超科学的存在。只是梁启超并没有把西方倾向于物质追求的文化精神批驳得一无是处，毕竟西方社会在自身科学文化精神的指引下取得了丰硕的物质成果。

本章小结

　　综上所述，梁启超在具体实践层面上对东西文化及东西文化哲学进行了反省和批判。在中西文化的比较中，梁启超以他者身份出游了欧洲多个国家，对欧洲景象产生了概观，这种概观影响到了梁启超对西方文化的反省和批判，在此基础上，梁启超也以在者身份对本民族的传统文化进行了反省，这些都直接影响到了梁启超对东西文化价值的选择与倾向性，也决定了梁启超新文化建设时结合中西的原则。接下来，梁启超又在抽象层面上对中西文化哲学中的思维方式、价值观及中西伦理观进行了比较，比较的结果是梁启超倾向于注重本土的民族文化。在这里，梁启超涉及文化的选择性问题。

在近代的中国，梁启超最初也是力图以西方文化来挽救中国命运，然而可能他最热衷学习的榜样并非欧美等国，而是既象征着"西方"，同时对西方认同感又不格外明显的俄国和日本，因而梁启超是通过俄、日学习到了西方文化，这可能更适应中国传统知识分子"尊西而不失为中"的心态，也导致了中西方文化在梁启超这里不能直接对接和完美结合。

当梁启超实际接触到西方社会现状后，态度产生了一百八十度的转弯，开始力图采用东方的中国文化来挽救西方文化的衰落，由此专心于钻研中国文化精神。这种态度变化的主要原因无外乎有四点：一是梁启超在战后看到了欧洲的破败。二是虽然当时中国政府交替、军阀混战、内忧外患并不比国外境况好多少，但是梁启超把拯救中国的文化希望寄托于西方，自然在思想中美化了西方，当实际接触到西方后他便无法承受理想与现实之间的巨大差距从而产生复归。三是梁启超根据中国的实际社会状况，希望寻找到适合国民接受的文化，然后晓之以理、动之以情，才能够打动民众麻木的心态，于是他发现只有本土的民族文化能够完成此任务，因此他不赞成国外的共产主义、社会主义等在中国盛行，因为他认为传统心理占主导结构的民众的素质一时还无法运用这些"主义"，这也证明梁启超已经发现了国民心理深层根深蒂固的结构很难突破，只能选取适合民族心理的方式才能改变人们的传统观念。四是在传统中国小农经济基础的社会中，相当于美国人类学家玛格丽特·米德（1901—1978）所提出的在"后象征文化"的社会里，① 人们的学习方式是按照纵向的经验来学习，最后自己也形成经验总结，年老者由于经验的积累达到了一定程度，思维方式也固定下来，于是不容易再突破自己而产生改变，年少者由于经验思维没有形成定式，正处于黄金学习阶段，思维比较活跃，因此比较容易接受新鲜事物，梁启超自己也说过："凡老年人的心理，总是固定的，沉滞的，但会留恋过去，不想开拓将来；他那精神的生活，也和他的肉体一样，新陈代谢的机能，全然没了，破坏性和反动性是绝不会发动了。"② 这也是在农业社会中梁启超早期思想倾向于激进批判，晚年时无法再突破自己而回归传统文化的原因。梁启超考虑问题的方式却业已成熟，观察力也更加敏锐，能够更深刻地洞见到文化的建设问题，尤其是梁启超在欧游之后，其学术和文化的重心在于采借和建设，而不再是一味地批判。

值得注意的是，梁启超早期和晚期的思想变化并不是阶段分明，他在反思、批判西方文化时也有肯定，在回归民族文化时对民族文化也有批判的一面。所以他对于中西文化的态度并不是泾渭分明，往往是批判与采借相互交织，难以区分。只有将西方文化和本土文化二者进行有机结合，是梁启超一生未变的文化追求。

能够看出，梁启超的每一次学术思想的变迁与文化选择，都证明其理想追求与社会现实之间已经拉开了距离，他的转变都是对理想与现实差距的弥补。通过这些思想观点可以看出，梁启超在历史发展过程中，根据文化的变迁来研究人的生存状态和生存意义，对不同民族文化进行了横向、宏观层面上的价值判断和选择。

---

① ［美］玛格丽特·米德：《代沟》，曾胡译，光明日报出版社 1998 年版，第 47 页。
② 梁启超：《欧游心影录节录》，《饮冰室合集》卷 7，中华书局 1989 年版，第 17 页。

第五章　梁启超与近代中国文化自觉的历程

费孝通说："文化自觉指生活在一定文化中的人对其文化有'自知之明'，明白它的来历、形成过程、所具有的特色和它的发展趋向……文化自觉是一个艰巨的过程，只有在认识自己的文化，理解并接触到多种文化的基础上，才有条件在这个正在形成的多元文化的世界里，确立自己的位置。"① 中国近代的文化自觉是一个特殊的过程，与欧洲文艺复兴不同，不是伴随古今之间纵向文化演进而出现的，而是在横向的中西文化冲突之中完成的。这并不意味着中西之间的文化冲突就一定带来文化的觉醒，文化的觉醒需要一批有识之士对文化的自觉反省和改造，并且在文化反省的同时需要对国民进行思想启蒙。梁启超便是近现代自觉反省文化的重要代表之一。在 20 世纪 20 年代初梁启超就总结出了近代中国的文化发展趋向。他说："近五十年来，中国人渐渐知道自己的不足了，这点子觉悟，一面算是学问进步的原因，一面也算是学问进步的结果。第一期，先从器物上感觉不足……于是福建船政学堂、上海制造局等等渐次设立起来。……第二期，是从制度上感觉不足……所以掀变法维新作一面大旗，在社会上开始运动。……第三期，便是从文化根本上感觉不足。第二期所经过的时间，比较的很长——从甲午战役起到民国六七年间止。……革命成功将近十年，所希望的件件都落空，渐渐有点废然思返，觉得社会文化是整套的，要拿旧心理运用新制度，决计不可能，渐渐要求全人格的

---

① 费孝通：《对文化的历史性和社会性的思考》，《思想战线》2004 年第 2 期。

觉悟。……所以最近两三年间，算是划出一个新时期来了。"① 梁启超把中国近代文化分为三个阶段，第一个阶段是对器物工具层面的觉醒，属于"言技"阶段；第二个阶段是对制度层面的深入认识，属于"言政"阶段；第三个阶段是对文化层面的根本觉悟，属于"言教"阶段，是文化自觉的最高境界，也是文化哲学研究的主要对象。从梁启超对近代文化发展模式、规律的总结可以看出他对文化自觉的深层理解与践履，尤其是他在"言教"阶段对全体国民深层心理结构和人格的教育、改造活动，更能够说明他清醒地为近代中国的文化思想确立了自己的位置。

当梁启超总结出近代文化发展的三个阶段后，便意味着梁启超对中国近代文化观念达到了自觉的总体把握。在把握近代文化总体观念之后，梁启超便开始了自觉的新文化建构。梁启超的新文化建设与人的本质、主体性紧密结合。他的新文化建设是他对中国近代文化自觉的深层体悟，也为近代中国带来了启蒙意义。这意味着梁启超尊重了一个事实，即文化的主体是人，所以他要对近代的国民进行启蒙，力图使文化主体发挥出应有的作用。他还本着破坏主义的决心而指出，要"随破坏随建设"。梁启超又强调在新文化建设中要以思想领域为侧重点，重在精神制度的弘扬，从而轻视物质制度和政治制度，因此在他的思想中物质文化、制度文化、精神文化不能同步运行，这主要是因为他还没有彻底脱离传统伦理文化的深层思维方式和价值模式。

第一节　梁启超新文化建设的启蒙意义

五四新文化运动是一场彻底反对封建文化的思想启蒙和解放运动，在这场运动中，一批先进的知识分子高扬民主、科学的旗帜，大量引入西方先进文化，宣传资产阶级民主政治，推进以白话文运动为主要内容的文学革命，宣传科学，反对封建愚昧和迷信，使思想文化

---

① 梁启超：《五十年中国进化概论》，《饮冰室合集》卷5，中华书局1989年版，第43—45页。

领域呈现出新旧思潮激烈冲突、中西文化大交汇、百家争鸣、异彩纷呈的崭新局面。翻检、分析这一时期的史料，发现梁启超的言行与五四新文化运动的主题、内容非常符合。

一　文化批判对启蒙的影响

梁启超坚决支持并身体力行史学、小说和诗界革命，坚持资产阶级宪政理想，鼓吹民主，宣传科学，倡导中西文化交流。梁启超还以启蒙者的姿态反对两次复辟帝制活动和在新文化运动之初进行民主政体斗争，宣传了西方民主政治思想。梁启超在 1916 年的《国民浅训》一文中阐述了许多近代民主问题，诸如什么是立宪，为何要立宪，什么叫自治，地方自治的内容是什么，什么是自由平等，什么是真正的爱国，租税及公债的含义，征兵等是公民应尽的义务，乡土观念与对外观念的关系等问题。他特别批评中国国民缺乏当家做主的意识："盖我国民事事都不让人，独有视国家事当作闲事非不愿多管之一念，实为莫大病根。此病根不除，国家终无振兴之日。"[1] 在梁启超看来，国民最基本的民主就是能够管理国家事务、当家做主，只有这样，才能拥有国家观念，对国家肩负起责任。他的讲解通俗易懂，为"五四"的民主运动开启了思想先声。

此外，在梁启超的学术研究过程中早就体现出启蒙色彩，例如在《清代学术概论》中他就曾自豪地对中国的传统文化有过明确评价。他认为中国古代人有做学问的能力，言外之意是虽然应该汲取外来文化，但中国的传统文化也值得人们的钻研，不应该轻易厌弃。梁启超还表示应该学习先祖圣贤专一于学术的精神，强调时代文化的发展就要靠这些纯粹的学者，因为他们不把做学问当作沽名钓誉的手段；至于对待全世界的人类文化遗产，都应该采用质疑、求真、钻研的态度，才会对文化有所贡献。梁启超在《清代学术概论》中把当前学风和以往学风作了比较，倡导改变当前存在的肤浅、笼统等现象，否则会危害到学术之外的范围，如生活方式、思想追求等。这些观点都

---

[1]　梁启超：《国民浅训》，《饮冰室合集》卷 8，中华书局 1989 年版，第 6 页。

鲜明地体现出梁启超的教育和启蒙思想。

在"五四"之前，梁启超便开始了整体上的文化自觉反省历程，给"五四"之后的中国文化走向带来了深刻的历史影响，具体体现在他对中国传统文化和西方文化的批判、继承和改造上。

梁启超对待中国传统文化的态度，从自觉反思、批判到回归，再到与西方文化的融合，符合世界文化进程。人类文化本为一体，共生、共存，当人为地被拆分为东西文化时，如一张木板锯成两块，之后，便不能完好如初地融合在一起。之所以两种文化无法再圆融无碍、水乳交融，是因为两种文化的分裂处，经历了创口的打磨、自我修复、自身的演变以及群体的进化，系列流程结束时，两种文化早已找不到原初的接口处。这时需要理性地回归自身找到缺口，然后经过系列运作才可以使两种已经分裂的文化再次融合。所以当梁启超看到此民族不是他民族，此国土不是他国土，此国问题不同于他国问题，完全采用西方文化挽救中国社会必然失败，因为两种文化的本身背景早已不同，为防止混沌之死悲剧重演，他主张应该在本土文化上寻找生存下去的突破口而不是在西方文化上现凿开几个窍，只能以积极的态度回到中国传统文化上来反观自身。

根据人类学家和文化学家的表述，一旦一个地区或群体的意识成为共有的集体意识，形成了多数人认可和遵守的理念，便形成了文化，文化本身就具有独立性、多样性和民族性。文化与人有着最切近的关系，所以在某种程度上文化如人的机体一样有自我康复的功能。它如人一样，自身缺乏抵抗力时，会借助外来药物灌注于身体之中，与机体免疫力共同对抗病毒入侵，也即是文化不死，文化之路都不会堵塞。为求生存，一条路行不通而走另一条路，或中间或极端，或变身或臣服。总之，只要尚存一线生机，文化都会生存下去。莫契文化消失了，墨西哥玛雅文化消失了，哈拉帕文化消失了，高棉文化消失了。但在世界的某一个角落总还会发觉它们正在存活的痕迹，只不过它们存在得更加隐蔽也更加智慧。梁启超顺应了文化为自我康复而寻找药方的过程，他进行了自身的反省。梁启超肯定是发现了，无论如何，东西文化都不可能再天衣无缝地交融在一起，毕竟各自都曾经独立过、变迁过。梁启超晚年时明白了这个道理，便不再强求，开始另辟蹊径，开始略有偏颇，偏向于中国传统文化自身的修复力。因为他察觉到中华五千年文化的强劲势头和一种恒常的力量，相信以传统文化的生存经验和同化能力一定会寻找到自己生存下去的方式，于是他希望从中国传统文化中重新寻找到振兴中华民族的精神力量。

　　传统文化所形成的日常生活结构、心理结构并不能产生自身的改变和蜕变。至于如何改变这一结构，梁启超选择了批判。因此梁启超在中国社会的转型期对日常生活世界和深层思想结构的批判和反思便显得格外重要，也引起了中外学者的关注和评论。这是因为日常生活是人类社会的最真实形态，当人类非日常生活世界真正建构起来之后，日常生活世界则应该退隐成为社会历史的背景和潜在基础结构。然而在中国，情况却并非如此。中国成熟的农业文明在漫长的自然经济作用下，日常生活世界不是社会的背景世界，反倒成为社会的主体和显性基础。这种基础促使传统的精神文明绵延不绝；同时传统的日常生活文化模式也抑制了理性反思的精神，使日常生活世界的基本图式呈现出重复思维和经验主义的倾向。比如礼节、人情、经验、保守性、自然性、血缘性、宗法性、以家庭为本位、以祖先的标准为定向等都可以从以上原因中找到答案。这些都成为文化转型时期的关键性阻力。而梁启超则以观念性批判和批判性观念进行反传统文化精神的努力。因为中国传统文化精神制约之下的日常生活如均匀流淌的江水，波澜不惊，它使人不再具有超越现实的热情和冲动。所以梁启超看出只有反对现实和传统思维定式，近代国民才会敢于进取、冒险、僭越专制制度、否定现存规范和惯例。在这个意义上，他批判的目的并不在于批判，而是促人警醒，惊起与传统早已融为一体的人。无论梁启超是出于政治追求或者出于教育目的而进行的新文化建设和人格塑造的努力，都起到了开启社会新风尚，启发人的全新思想、全新精神和全新动力，为国民的头脑注入新鲜思想和生活理念的作用。在逻辑的层面上，他完成了自己的启蒙任务。

　　梁启超在进行新文化建设时，所表现出来的态度具有民族主义热情。民族主义的极端表现，可能会造成排他性，与他者相对立，在二元对立的情况下，梁启超会拆解各个文化的构成理念，比如他拆分了制度文化、精神文化和物质文化的结合体，只保留了价值观方面的中国特性。梁启超大胆引入西方哲学思想和研究方式进行传统文化的考察。再有，"他者"以西方哲学方法和语言去整理梁启超文化思想的弊端正在于：都是以旁观者的姿态来理解当事人的思想和言行，势必会出现主观判断的失误，永远不能深入到当事人的真实想法中去，有时会加深当事人自己的迷惑，可能会造成人为地阻断对本民族文化的思想触摸。同时这也带来了一种麻烦，那就是按照西方哲学思路整理的梁启超的文化研究成果很少被认为是中国哲学，稍有不慎则会造成西方式的中国文化，使中国文化缺少了解释中国文化的能力。换位思考后又会发现，其实梁启超的文化哲学研究不可能摆脱西方哲学这个参照物，因为梁启超的文化批判便源自西方文化的崛起，他对于传统文化的批判一直就是以西方文化为参照系，他所进行的文化哲学的范式研究本身就是在与西方哲学对话中确立起来的，是在回应西方哲学的挑战中提高了自己的民族性。

对于传统文化精神的逻辑推敲和确立，都使梁启超对于当代中国文化建设的贡献仍具不可估量的价值。

对当前和以往文化思想的批判之所以如此重要，是因为中国从古到今社会的进程、文化思想的转型都遭遇着不可胜数的文化阻力，这种文化阻力具体体现为中国异常发达的日常生活世界结构和生存基础，它们是自在自发的传统文化精神的根基，具有极强的稳定性，也影响着中国现代化的进程。所以有学者说，日常生活方式如果被转化为习惯行为和生活的模拟、复制，就不会再被人关注，而是会被孤立地当作世界中的一个组成部分。中国的传统社会就像美国学者玛格丽特·米德在《代沟》中所提出的"后象征文化"一样，在传统的农业社会中靠经验和模拟去纵向传播常识，由年少者学习年长者，由于农业社会是经验社会，生产以经验为主，经验的积累就决定了在文化中的主导性，越是年龄大、资历深，文化积累就越多，经验也越丰富，就越具有话语权和文化权。所以经验、资历、权威成为文化的主流，却不被人注意，这些都可以通过人潜在的、不自觉的生活行为和观念表现出来。中国传统社会便堪称米德所言的"后象征文化"。梁启超曾经接受的教育就是在"后象征文化"里面完成的，他想要批判的也是这种根深蒂固地被传承进人们潜意识里面的经验。这种潜意识的经验以国民心理结构的形式凝结成中国社会的历史文化，从而形成生活方式。

而研究这种由人类生活方式历史地凝结成的思想文化，进行文化批判，可以从深层揭示人的本质及把握人的主体性从而达到改造自己的目的。人为达到认识自己的目的，几千年来采取过不同的方法和途径。古希腊采取形而上学的方法来认识自己，与之相对应的是"无过"。西方的中世纪采取上帝指点迷津的方法，西方近代采取数学计算和生物科学的方法来揭示人区别于动物的本质；而中国古代采取孟子的良知说来内省和揭示人的心灵奥秘，近代以儒家心学来体验人的主体精神存在。只有通过思想文化的研究，了解到人的本质特征，人才会避免"有过"，显然梁启超深谙此理。

再者，这对于文化的掌握和批判也起到更新人的观念的作用。张君劢在《科学与人生观》中曾说过文化转移的关键就是人生观，就是说文化的变革有赖于人的根本观念，即人生观的更新。人生观的更新源自对既有文化的自觉，而人对文化的自觉来自人对文化的批判性研究和反省。当人类对长期支配自己的文化有了自觉认识时就会对自己有所认识，人类对自己的文化有所评判时就会对人类自身的归属、限制、发展及生存意义有所评判。人正是在这种对自己的认识和评判中使自己超越自己、使观念更新。

二　新文化建设的基础和主要构想

由于文化的特殊作用和重大意义，才使得一代学者梁启超大力批判传统思想，旨在唤起人们对自身深层文化心理结构的觉醒、批判和接受外来文化及重新组合文化。

梁启超认为，若建设中国新文化，必须把中国传统优秀的素材作为基础，因为传统文化是中华民族的生存根基，是民族的文化命脉所在。如果不把中国传统文化作为新文化建设的基础，倘若新文化建设能够成功，所建设出来的新文化也不能被称为中国的新文化。他说："凡一国之能立于世界，必有其国民独具之特质，上自道德法律，下至风俗习惯、文学、美术，皆有一种独立之精神，祖父传之，子孙继之，然后群乃成，国乃成。斯实民族主义之根柢源泉也。我同胞能数千年立国于亚洲大陆，必其所具特质，有宏大高尚完美，厘然异于群族者，吾人所当保存之而勿失坠也。"① 中国文明之所以能几千年来屹立于亚洲而受世人瞩目，就是因为具有一脉相承的民族文化特质，恢宏而壮大。如果没有这种民族特性，中华民族就无法称为中华民族。作为国民，有义务把本民族文化传承下去。正是在这个意义上，梁启超对于极端反民族传统的做法都持否定态度。此外，既然传统文化已经深入到中国国民的深层心理结构中，它就是无法全盘抛掉的东西。既然无法抛掉就不如对它批判地汲取，即"淬厉"其本有，使它在新文化建设中发挥积极作用。因为社会文化的发展具有连续性，没有任何办法能够使社会既有传统一扫而空，文化不能在沙漠上建起绿洲。所以，梁启超把中国的传统文化作为新文化建设的基础。

通过对传统文化的科学定位和理性探讨，梁启超认为传统文化中的优秀道德思想在现代仍具价值。它能挽救中国的生存意义危机，对于世界上的其他地方包括西方在内都具有普世伦理价值。其实，西方学者从德国的斯宾格勒预测西方的没落，一直到当代意大利的人类学家贝恰，仍在申明人类正朝错误方向前进，强调今天的各种问题主要还是精神和伦理问题。这说明知识型社会和知识型哲学一直无法独自解决人的观念转变问题，而对文化思想的哲学研究则涵盖了知识与价值两个方面。实际上，中国自身的文化基础一直以来就如此重要，例如中国在汉唐两代虽然也有对外来文化的吸收，但它的辉煌成就主要有赖于自己文化思想的原初创造。可以说，促使梁启超转头对自己的民族文化自觉反省的深层原因就起自他对于科学知识的认识。尽管钱玄同和胡适都认为他是"毁谤科学""妖言惑众"的代表，但梁启超却是以科学的态度去对待科学，既肯定知识的作用，又看到知识决定

① 梁启超：《新民说》，《饮冰室合集》卷6，中华书局1989年版，第79页。

论的缺陷，用梁启超在《欧游心影录》中所表达出来的思想就是科学既不是万能，也并没有破产，并深信科学价值，认为具有高尚的价值诉求和正确的处世方式也是科学精神，并认识到科学必然会战胜非科学，自觉地把科学与中国的前途命运连接起来。

梁启超站在宏观、广义的文化角度上对本土传统文化进行哲学的反思和批判，以外来文化为参考，保留文化的民族性和特殊性，解决人的知识与价值、科学与人文两方面的对立问题。因此梁启超不属于一般人而言的文化保守主义，他在尊重文化的民族性、多样性、多元化的基础上来解决文化危机，没有以西方文化思想来遮蔽本土文化的优势，而是首先清醒地认识到民族文化的主导地位，然后去除发展过程中的腐坏因素和由于落后而造成的压抑，在此基础上结合外来文化获得传统文化的复兴。这并不代表梁启超的文化反省仅仅是封闭的"淬厉"。梁启超在政治、经济方面向西方的借鉴恰恰说明他的文化反省是开放和多元性的"采补"，并且内容涵盖性强，既包括德也包括智的问题，梁启超一直认为德与智是相互依赖、相互制约的关系。但是梁启超从未相信由"智"的提高可以带来高尚的品德，由"智"的探索带来的物质生活自然也不能成为培养道德品格的条件。恰恰相反的是，物质生活的优越却有可能带来精神的退步，欧美技术理性的提高却带来人文精神的下滑就是明证。因此在梁启超的潜意识里，"智"不能转出德，德却能促成"智"的良能与良用。

梁启超在欧游之前便表明从此以后重点在从事思想、学术和文化事业上，所以他对欧洲的考察势必重点在思想学术和文化方面。从国外游历回来之后，梁启超虽然看到了西方民主议会上的混乱相对于中国井井有条的秩序表现出极大的弊端，但没有放弃西方的民主政治思想，仍然向民众宣讲。他指出普通国民在民主政治中的基础作用，强调民主国家里面政体是靠大多数的国民而不是个别的精英来建构。他说中国的知识分子往往认定要靠一两个具有卓越才能的人，才可以施展他"致君泽民"的抱负。这是一种依赖圣贤的思想，完全没有了解民主政治的真正意义。在这种民主政治中成员应该具有民主精神和勇于承担责任的意识，还应有权利义务等现代意识，这就是国民的

"德谟克拉西"精神。这些都为"五四"的民主启蒙运动做出贡献。

对于西方文化，梁启超表示只要是对现代有价值的学说都要尽量无限制地引入，表明了他自由开放的文化态度，并非如许多研究者所认为的那样保守、倒退，相反，其进步倾向相当鲜明。他在应《申报》请求所写的《五十年中国进化概论》一文中，将中国向西方学习的运动概括为由"器物"而"制度"，又由"制度"而"文化"的不断深入的过程，认为社会的进化是全面的，文化就其结构来说也应该全面发展，不能只改变制度而不改变人的思想观念，否则两者差距过大，社会无法真正进步。所以要求全人格的觉悟、"做全部解放的运动"。这一思想准确反映出近代中国学习西方文化的过程中所面临的问题，以及五四时期这一问题向纵深发展的历史性要求。

在外文书籍引进方面，梁启超参与编译了社会主义思潮方面的《马克思派社会主义》《人生哲学与唯物史观》等书；编译了罗素的《哲学中之科学方法》《战时之正义》《政治理想》《社会结构学》《经济状况与政治思想》等书；关于心理学、社会心理学方面，编译出版了《心理学导言》《社会心理之分析》《社会心理学绪论》；关于政治学方面，译有《政党政治》《政治心理》；国际问题方面，编译了《国际联盟及其趋势》《凡尔登战役》；自然科学方面，译有爱因斯坦的《相对论浅释》《相对论与宇宙观》等，以及俄罗斯的涉及普希金、托尔斯泰、屠格涅夫、果戈理、奥斯特洛夫斯基等著名作家的名著。梁启超还大量引入了西方文化的各个思潮学派的理论方法，比如杜威的实用主义、实验主义、柏格森的生命哲学等，引领了中国学界新风尚。梁启超领导的讲学社还积极邀请国外著名哲学家比如杜威、罗素、杜里舒、泰戈尔等来华讲学，为"五四"的启蒙和思想解放提供了先进的方法论，体现出广纳新知、深入学习西方文化的精神。

以中国传统文化为基础，使西方近代文化作为参照系和价值目标，科学地对待知识文化，宣讲民主政治思想，采借西方各种思潮理论等都是梁启超新文化建设的主要构想。梁启超开启了全面批判人们思想深层结构中传统观念的历史性举动，启迪了人们对于固有传统文化的批判与反省，为五四时期文化运动开创了百家争鸣、百花齐放的局面。梁启超的文化建设，其意义绝不仅仅是停留在近代中国，仍然可以超越时空的限制在实践中帮助当代中国人形成具有中国特色的人格和优秀品质，使当代青年更好地明确个体与群体、文化自觉与文化选择、君子与平民、权利与义务之间的关系乃至文化与政治、经济的交融等。梁启超的民主、文化自觉反省等思想贯穿了整个五四运动的前后期，为中国近代的启蒙做出不朽贡献，能够使当代公民接受从深层心理结构处展开的德性、现代性人格洗礼，可以说梁启超开启了中国近代真正的思想界启蒙。

近代中国启蒙的任务是挽救社会危机和人生意义危机，照此看法，中国启蒙的任务应当一直持续到今天。

三 启发人格觉悟的新气象

梁启超新文化建设的最终目的和落脚点是改造国民的旧有人格结构，铸造新民人格。他提倡在进行新人格建设之前务必破坏原有人格结构，否则不能纳新。他看到一种文化思潮传输过程中大都遵循四个时期，即启蒙、全盛、蜕分和衰落。"无论何国何时代之思潮，其发展变迁，多循斯轨。启蒙期者，对于旧思潮初起反动之期也。旧思潮经全盛之后，如果之极熟而致烂，如血之凝固而成瘀，则反动不得不起。反动者，凡以求建设新思潮也。然建设必先之以破坏，故此期之重要人物，其精力皆用于破坏。"① 物极必反，梁启超从文化由盛至衰、由衰至反动的规律推论出旧有人格内容达到宋明的全盛时期后也必然进入颓废期，因此颓废期的人格内容也面临着反动即全盘推翻问题。由于旧有文化价值观构成的人格内容已不符合近代社会需要，为论证推翻旧有价值观的必要性，梁启超说："前哲不生于今日，安能制定悉合今日之道德？使孔孟复起，其不能不有所损益也亦明矣。"②

① 梁启超：《中国近三百年学术史》，《饮冰室合集》卷10，中华书局1989年版，第25页。
② 梁启超：《新民说》，《饮冰室合集》卷6，中华书局1989年版，第62页。

梁启超强调今日的道德要由今日熟知社会情况的人来创建，他本人便是中国近代破坏与建设的先驱者。梁启超的破坏主义主要指向束缚人身自由的现行政体和传统观念双重枷锁。相比之下，梁启超更注重打破传统观念的束缚，诊治人格中不适应社会发展的价值观。梁启超归纳出古代圣贤构建人格的方法：一是抑物质，达成精神圆满；二是树高尚人生观。而他建构当下道德人格的方法则是：第一，人应该不断进取，以满足社会与自然的需求；第二，人不是单独、孤立的存在，人要与世界融为一体并与世界共同成长，因此要建构出符合世界潮流发展、适应时势的今日人格。

梁启超认为各国寻求人格自觉的方式各有不同，比如印度通过大乘、小乘佛教教义来压抑人的需求，最后形成与世无争的品性；传统的中国是通过儒、道、墨家等各自不同的思想，根据人的接受程度而选取不同的修炼品性的方式。而梁启超则力图将精神境界中的崇高追求纳入感性和理性的双重领域，甚至人格结构中的"善""美"也需寻出它的规律性依据，例如他希望中国将来有科学化的美术，有美术化的科学。梁启超力图培养人们出自本真、趣味地生活，他认为趣味是生活的基础，没有趣味不可能有生活。梁启超实际上是把直觉的生活作为人的本真性格来颂扬而绝不是鼓励人按照原始本能和冲动来生活，把生活的趣味看作是一个人乐观进取的精神而不是感官物质享受。因此他认为没有趣味的人是麻木的人，没有趣味的民族是麻木的民族。由此，梁启超也希望这种生活中积极进取的精神应该成为人格的一部分。同时，情感是产生趣味的条件之一，由于情有善有恶，所以梁启超强调要从根本上净化人的心灵，培养人的心灵趋向于善，人格才会纯净。因此，文化教育在梁启超看来也应该是一种情感教育。

梁启超也利用佛学、心学及自由意志等思想来增强主体决定力量。他在论证新道德人格之时，希望民众打破"我执"、看破生死回归永恒的"无"，却又看似矛盾的不是以"无"来回归净土，而是以无畏的精神达成变法目的，以坚毅必胜的信心成就事务。梁启超在"无"中追求"有"，在"有"中灌输"无"，二者本是矛盾的对立面，他却把"无"和"有"在宗教信仰与社会生活中统一起来。他又格外强调说追求事业都将付出代价，天下没有无代价之物。表明梁启超力图把佛学中的"因""果"关系植入到国民的思想中，有何种付出便会有何种获取，把崇高精神追求与儒家务实精神巧妙结合在一起，以宗教、主体力量来促成符合社会现实的人格。

其实，梁启超设计国民人格构成的思想一直体现于他毕生的追求中，从公车上书开始到20世纪初对新民的构想，再到20世纪20年代，梁启超一直在努力践履其人格构造理想。只是他的构造内容和焦点经常随历史的变迁而变化。梁启超人格运动的成效与方式虽常有改变，但他一直有针对性地采用文化改造来挽救社会危机，更采用文化改造来挽救近代中国国民人格。梁启超力图通过逻辑推论使人们意识到中国所面临的问题，不仅仅是由西方传入的技术问题、政务问题，还有中国国民自身的问题。科学与民主等只是简单地促进国家改革的表象外因，虽然内因要通过外因而起作用，然而内因却决定外因，所以真正能够引起社会"风暴""龙卷风"的，只能是国民深层人格结构的认知和价值取向。在这种人格结构中，传统的消极的思想占主流地位时，国民的本质无法改变，国民的行为也便无法得到有效调控，社会的存在便会停留在当前或过去而不再前进。若要改变这种人格固定结构模式，就必须首先破坏原有结构，植以新的内容和秩序。新的内容和秩序也必须要经得起逻辑推敲。这涉及中国现代化的进程方式和现代化进程中的矛盾，比如人的塑造是单一的还是全面的，是首先发展经济生产还是首先健全人格。这种文化的矛盾和解答构成中国近代思想文化的发展。毫无疑问，梁启超则找到了协调文化矛盾的方法，与人类学家一样，把人作为了文化的起点，文化由人来创造，人类有意识的活动都是文化的创造，对文化的研究其实就是对人的本质生成的研究，对人的本质人格的研究也即是对文化的研究，对文化的研究又是对社会改造的起始因素。因此梁启超也不同于卢梭和马克思把人看作政治性的、制造工具的动物，而是把人看作文化的动物。

梁启超把对文化的研究从宏观引向微观，看到了对人的本质做细微的更改与变动，则会在整个社会中引起一系列连锁式效应，于是他把人格的建构作为对社会发展原动力的创造。从梁启超倡导的人格建构方面来看，这表明了梁启超是通过文化教育对人进行本质的、主体性的启发和建构。文化哲学的核心问题就是对人的本质的创造性改变。梁启超对国民人格的改变和建构就是对文化哲学核心问题的自觉反省。

第二节　梁启超德性人格建构

梁启超的新文化建设以传统德性思想为基础，采补西方文化中的科学、自由和民主精神来解决中国的社会和文化危机。然而传统文化和西方文化在梁启超的新文化建设中的地位显然不对等，经过反思和批判的传统文化的伦理精神是其新文化的建构基础，起更为重要的作用，所以梁启超的人格建构呈现出德性特点。梁启超为自己的人格建构设立了前提、条件以及人格结构中的核心价值取向，并以他对国民深层心理结构的教育和改变来达到文化自觉的最高阶段。梁启超新人格建设的重要意义在于承载了启蒙与救亡的双重规定性，把新文化建设由理论推向实践。

一　对国民人格建构的总体把握

以文化改造社会、重建国民人格是梁启超忧国忧民的具体实践，因为梁启超相信如果做有意义的事情，"一人如此，一家如此，一国如此，天下如此"①，他看到普遍性寓于具体之中，共性包含于个性之中，从个体到群体、从一家到国家的渐次、具体改变才会带来社会普遍性的改变。梁启超进行新文化建设，根据文化的发展、社会的进化而打造新民人格，对国民人格的总体把握是：以群为体、以变为用、公德与私德辩证统一，以此来恢复以群体为本位的儒家传统。

（一）以群为体

按照亚里士多德的看法，人是善群的动物，如果人不能团结成为一个群体，便与禽兽无异。梁启超也认为，近代中国国民如果具有善

---

① 梁启超：《自由书》，《饮冰室合集》卷6，中华书局1989年版，第18页。

群的公德，群体便会和谐，民族会团结一致而争得独立，国家自然会安稳而富强。善群是一个群体之所以成为一个群体、国家之所以成为国家的基础，为此，梁启超作有《说群》。在《说群》中他曾向康有为询问治国之道，康有为的回答便是以群为体、以变为用，认为这两方面是治理天下永恒不变的道理。于是梁启超承袭了这一思想，又作有《变法通议》，在文中考察了"群"的价值和意义，认为这些都有赖于严复的《天演论》和谭嗣同的《仁学》启发。多数维新者都提到"能群"的意义，但是认为能群的实施者只有封建帝王一人。梁启超的《说群》则不同，他以逻辑推演的形式说明成千上万的人群能够形成一个国家，更多的人以及群国而构成天下，能够平天下的人就是善群的人，而能够起到平天下作用的人却不只是封建帝王一人，每个国民都应该善群，因为每个国民合在一起便构成了国家的基础。近代中国无法强盛的根本原因之一，恰恰就在于国民不能群、不善群，所以在国民的思想中就必须具备善于团结、协作的群体意识。

梁启超专门指明君主和国民都是同一群体中人，所以君主和个体国民都必须善群，这样整个团体就会有向心力，把每一个体都吸引入群体中，并任其个体自由成长为优秀的人才。这样，梁启超把君主还原至群体中，从君主到群体，从群体到个体，看到了群体与个体的关系，并把普遍性与具体性、共相与殊相统一起来。因此他接下去把批判的矛头指向每一个国民，因为很多国民都只知"有我"，不知"有他"，只知有个体不知有群体，只知光宗耀祖而不知光"族"耀"国"，只知有私德而不知有公德观念。"独自私我"与"独自私我"相遇尚可自存，然而若东方的"独自私我"与西方的"善群术"相遇，东方的灭亡便不远了，如此一来，非善群的思想便会造成国家的分裂。梁启超认为西方各国富强的原因之一便是公民善群，西方国家的强盛也只是百来年的时间，是群术的结果。中国是文明古国，历来被尊称为礼仪之邦，只是在近代落后，中国若想富强，在管理国家方面就必须学习西方经验。

中国可以在据乱世时期以"私天下"形式来管理群体，进入太平世却应该以善群、团结的方式来管理民众。梁启超依据康有为所引用的公羊三世说来强调，在太平世里不论事件的远近大小都相同、平等，"其斯为天下群者哉"，即天下应遵循"群"道。他的言外之意是，若想进入太平世就必须要学会善群之道。

梁启超还以翔实的科学知识、社会原理来论证群是天下公理的原则。他认为合群能带来创造力，离群却能够消解创造力，能群是一切关系的张力。同样的道理：若要消灭一国，只需击溃该国团结一致、相互沟通的善群品德即可，使其上下不相通，彼此不相恤，纵使是天府之国，也会顷刻土崩瓦解，这就是离群的结果。梁启超还认识到群体内部包含一正一负两个对立因素，二者产生竞争，后来者总是居上，这就是进化。梁启超传达出进化论的观点，表明善群在进化中的作用，同时也鼓励国民思想应当产生巨变，巨变之后便会以后来者身份而居上。这是梁启超所列出的救亡图存之方，更是他对自然法则与社会法则的领悟。

（二）以变为用

梁启超的主变思想基于进化论与维新变法基础之上。他认为上下千年无时不在变、无事不在变，变化不以人的意志为转移。

达尔文的进化论对西方思想界影响巨大，他认为所有生物包括人类在内都是处在从简单到复杂，从低级到高级的过程中。中国近代的思想家们也都以经世致用的思想各取所需，把自然领域内的科学运用到社会各个领域中。梁启超认为宇宙万物都是进化的结果，看到了在政治领域内国与国、民族与民族之间由进化产生的竞争，由此建构起社会制度变革和一系列人类自身改造的构想。

由进化论梁启超还批判了"一治一乱"的社会历史循环论。他说数千年来的人类历史是进化的历史；广阔的世界更是进化的世界。梁启超看到天地之间宇宙万象都是在变化中显现、变化中生成，只有变化，一切事物、生物才会由低级向高级进化，才会由不完善日渐臻于完善，由不合理日趋于合理，所以法当变，制也当改。他由古今变化、进化的规律推论出法也必变。事实上贡助法变成租庸调，租庸调变为了两税制，两税制又变为了一条鞭法。不仅是经济法，连兵制、学制也都在变，所以再固守旧规已没有必要。梁启超引用《诗经》

中"周虽旧邦，其命维新"来说明要治理旧国也必须采用新法制，这样才会事顺、义理明，有可效之法，有可为之机，这是当下大势所趋，不容延迟。并且要变法就应彻底改变，不应修修补补。梁启超还指出，印度本为文明大国，正因守旧不变，因循旧法，最终沦为英殖民地；日本虽小，却自从明治维新后不到三十年，夺去中国琉球，割走中国台湾。中国正类似于印度，也是文明大国，总是因循守旧，不能改变自己从而导致国家积弱，自己阻碍了自己的发展，引来外敌。因此国家若招来外敌侵略，一定是自己斩断了自己的生路，由于守旧而不再变化和创新，不再变化创新就是停止了发展，这时即便国家幅员辽阔也不会使外敌畏惧。只有善于改变和创新，不断寻找新的治理国家之方，外敌才不敢随便侮辱。中国较之欧洲各国，具有天时、地利、人和的优越条件，如果采用旧法治国便会落后于欧洲各国，如果采用新法治国就会使中国锦上添花，智者应当能够判断出如何选择。变既然是自然规律，就应该因势利导，采取主动，这样，才能大地经络相通，国家蒸蒸日上。变是大势所趋。

梁启超平生痛恨只知守旧不知有变的行为，无情地揭露了专制政府的弊端，指出专制政府可以逐渐从专制到立宪再到民主共和的变化路线。他所提倡的国民之变也不是任意改变，不是变化无常，而是审时度势、随时势而改变，是当变、会变，是适应世界潮流的改变。尽管梁启超在20世纪20年代的时候又更正了自己的历史观从而产生了思想上的倒退，但他早期在历史领域内的进化观点还是科学和正确的。

至于国民人格的改变，梁启超认为若改变近代中国的专制政府，首先应该改变它的国民，因为政府是由国民来建立的，是被改造者，所以改造者应首先改变自身，而改造者的主体是国民大众。他说国民若想自存，必须倡导变革，否则"我国民将被天然淘汰"。梁启超把国民的思想道德素质及精神力量等作为强国与进化之本，认为改变国民的主观精神世界，调动国民的心力会改变一切，说明梁启超受到唯意志论的影响。梁启超还受到进化论观点的影响，认为人的能力和思想素质应当突破现状而向高一级进化。他也受到颉德社会进化论的影响，认为人类进步主要体现于社会群体而不是个体。从抽象角度来看，现代人与古代人相差无几，而整个现代社会却要胜过古代社会数倍；从生物学角度来看，个体的进化并不明显，人类取得的任何成绩都必须以群体进化形式展现出来才能称为人类的进步。

这也是梁启超的学术思想几经变化的理论根源之一。

（三）私德与公德是个体与群体的德性关系

在梁启超的观点中，公德主要是指国民与群体之间相互团结、协调一致的能力而不是封闭式的自我反省，公德的中心思想就是利群，它代表的是群体要求；而私德是以个体行为、个体感受为中心，以满足自我实现为目的的独善其身，它展现的是个体诉求。

梁启超指出，近代中国国民品德中最缺乏的就是人群之所以为群、国之所以为国的根据，那就是贯穿于其中的内在精神，即公德。公德是人能够与群体团结的品格。他分析了欧洲各国的道德起源，认为道德建立的主要目的是利群，各国道德表现形式都是群体的公共意识、公益精神，如果违反了这种精神，尽管本身至善却也会变为至恶。梁启超认为有益于群者可以称为善，无益于群者可以称为恶，所以公德是宇宙之内一切道德的源泉。他进一步强调说，道德非一成不变，然而道德的本原精神利群思想却恒常不变。可以说，公德是利群的道德。而人如果只会修养自身，也是一种品德，不过要称为以个人为目的的私德，私德是一种利益个体的道德。私德并不是不好，也并不是不可以，因为没有这种私德，人便没有自省和自立，无数卑污、虚伪、残忍、愚懦的人合在一起也不能算作一个真正意义上的国家。不具备公德的人也不会力主团结，虽有无数洁身自好、严谨清正的人合居在一处，也难以成为一个国家，会由于没有向心力而人心涣散。从这个意义上说，梁启超认为仅有私人的品格，还不能称为完整的人格，只有两者完美结合，新民的意义才能够得到展现。

梁启超看出在中国传统社会中，道德理论的完善是基于个体对道德的领悟，做人主要讲的就是做好自己，然后再去与他人打交道，所以重个人的私德而轻公德，比如《论语》中体现出的"温良恭俭让""克己复礼""忠信笃敬""刚毅木讷"等；《孟子》中的"存心养性""反身强恕"等；《中庸》中的"好学""知耻""力行"等都表现出个人独善其身的倾向，其中修身养性的私德占有百分之八九十，而公德不到百分之十。当私德发展至极端，便会演变成为以自我利益为中心的利己的个人主义，只会顾及个人之间的交往而忽略个体与群体之间的关系模式，把自己封闭在自己的空间里。梁启超说中国数千年来"束身寡过主义"是德育中心，而欲为本国公利和公益奉献力量的人都被一群迂腐儒者指责为僭越，传统儒者倡导的是"不在其位，不谋其政""事不关己高高挂起"的思想。如此一来国家群体便没有向心力，国民个体没有责任感，社稷危难也无人拯救。国民自身更不了解公德的含义，个人与群体之间产生断裂。其实，私德是以"我"的感想、感受、需求、利益为中心的唯我式个人主义。一旦私德膨胀，人就有了唯我的牵挂，因为害怕失去，便有了胆怯、顾虑和犹豫，所以严禁私德走向极端。只有不再唯我，才会敞开心扉、坦荡无私，以全局为重。

唯我式的个人主义是从中国古代思想中演变而来的，在晚清和五四时期发展至极端，是亟待批判的历史陋习。无论在中国古代还是近代，都曾有小我与大我的二元分化。在中国的思想史中，尽管大我的含义多有变迁，但一直把个体小我的价值放在群体大我的意义框架中加以理解。然而，从近代起，伴随社群框架的异化、嬗变和逐渐解体，个体最终失去群体的制约，蜕变成唯我式的个人主义。而一个民族之所以衰弱，另一个民族之所以兴盛，应该反省两个民族的国民性质，它们与民族的兴衰相对等，也可以说，民族的兴衰都与本国国民的人格性质相关，近代中国的衰弱与国民的唯我式个人主义脱不了关系。因此梁启超尤其批判只讲私德而不讲公德的行为，认为今人生活在一个群体中，享受到了本群体的权利益处，也应该为本群体尽一定义务，如果不能尽义务则是该群体的害虫。过度束身、修身者以为自身虽无益于群体，却也无害于群体，其实无益于群体就是有害于群体。因为群体有利于个体，而个体却不能回报群体，则个体欠了群体的债务却没有偿还。如果个人与他人交往，总是欠债不还，这样的私德必然有害，它的害处也直接累及他人，由此，私德势头盛的人对他人不会负起责任和义务。梁启超说："父母之于子也，生之育之，保之教之，故为子者有报父母恩之义务。人人尽此义务，则子愈多者，父母愈顺，家族愈昌；反是则为家之索矣。……群之于人也，国家之于国民也，其恩与父母同。盖无群无国，则吾性命财产无所托，智慧能力无所附，而此身将不可以一日立于天地。故报群报国之义务，有血气者所同具也。苟放弃此责任者，无论其私德上为善人为恶人，而皆为群与国之蟊贼。"① 梁启超认为国恩如同父母恩，凡对国不能尽义务、尽责任的人，只知道独善其身以保全自身和自足的人就等同于不孝、大逆不道的人。即便重私德的人为官清正廉洁，也是除廉洁之外便是无知。近世为官的箴言是清、慎、勤，然而清、慎、勤却不能承担起本身对于群和对于委托者的双重责任，是因为他们只知彰显自身的一己道德，而不知有公德的存在，如此，思想也落后。梁启超认为中国近代国民中无人将国事视为己事，都是未发扬光大公德、过于注重个体私德的缘故。通过对全体国民的个人主义人格进行"勘""鉴""改"和"补"，即考察、批判、删改其旧有人格结构，增补其所没有的新品格才会扭转私德过盛的局面，避免过于注重个人之间的关系而忽略个人与群体之间的关系。

梁启超看到中国旧伦理注重个体自身修养及个体与他人之间的行为方式，而西方传入的新伦理则注重个体与社群的关系。私德与公德就是个人与群体之间的德性平衡。因为个人是群体中的个人，是群体的基础部分，起到稳定全局结构的作用；群体则具有支配全局、协调全局、整体大于个体的作用。所以中国旧伦理侧重的私德也是基础关系学、品性学，新伦理注重的公德则是对私德的前进与总结。私德与公德是圆满人生的两个不同阶段，却又是必经的阶段，是人生圆满的社会规律。如同西方同一时期的古典进化论学派一样，认为文化受普遍规律支配，所有民族的文化都会经历从蒙昧到野蛮再到文明的路线，不同民族文化不是类型不同而是阶段的差异。私德与公德也如此，并不是二者类型不可调和，而是二者理性进程的阶段不同而已。

---

① 梁启超：《新民说》，《饮冰室合集》卷6，中华书局1989年版，第61页。

公德以私德为基础，私德是公德的必经阶段，公德是私德的升华，也是私德的最终导向。可以说，私德是初级阶段，公德是高级阶段。它们二者展现的一个是个体价值，一个是群体价值，二者展现出的德性关系必定是从简单到复杂、从低级到高级、从个体到群体，这些都显示出私德与公德的辩证统一。此外，还可以从国民个体人格与国家兴衰之间的关系看出，私德与公德又互为条件、相互转化，国民的道德品性与外部环境进行良性循环。由此，公德与私德是圆满人生和完美人格不可或缺的条件，两者并重。此外，从私德的认识层面走向公德的思想层面也符合文化发展的规律及人的本质特点。梁启超还以其敏锐的洞察力观测到文化并不是按照进化论理论沿直线向前发展，而是在西方资本主义社会里出现了如章太炎所论及的"俱分进化论"一样的物质文化高度发达却伴随人文精神的退化现象。为防止中国出现"今后智育愈盛，则德育愈衰，泰西物质文明尽输入中国，而四万万人且相率而为禽兽也"①，梁启超已经看出科学知识教育和德性教育之间如果不平衡将会造成人的本质丧失而与动物沦为一类，因此他大力倡导以德立人，应建立公德，用公德来抑制私德的泛滥，这正是其提倡公德的时代目的。

　　梁启超指出，数千年来封建文化积淀在民族心灵深处的劣根性主要体现于：中国人只讲求私德，不讲求公德，只知有家不知有国，只顾一身一家富贵，不顾国家兴亡盛衰。他提出传统中国若实现近代化，应实现国民的近代化，倡导生于近代中国群体内的国民宜综观国内形势，寻找到适宜本民族生存的新道德、新方法，培养国民善群能力、公德意识等近代精神。梁启超说："知有公德，而新道德出焉矣，而新民出焉矣！"②若领悟到公德真精神，则有责任、义务感的个体新民才会出现，国家群体的凝聚力才会随之而来。可见，公德的倡导是梁启超集体主义、国家思想的代名词和具体化。正确处理私德与公德之间的关系问题是梁启超文化救国的前提，也是其新民人格建构的

---

①　梁启超：《新民说》，《饮冰室合集》卷 6，中华书局 1989 年版，第 16 页。

②　同上书，第 67 页。

基础，是新民人格中所应具备的国家思想、进取精神、权利认识、自由追求、自治思想、进步理念、义务感、自尊、合群、毅力、尚武等品格的先决条件。因此梁启超的国民公德思想比胡适思想中的矛盾的个人主义更能代表中国式的自由主义。

综上所述，梁启超所承袭和发展的以群为体、以变为用思想以及明确公德心的主张，都是其人格建构的前提和原则，并在实践上指导着梁启超的学术思想。梁启超在一生的政治选择和思想学术上都践履着以变为用原则，他本人思想、行为的各种变化都是其思想前进的标志，他所有的"变"都围绕爱国、救国这个"体"而变。同时"善变"也构成梁启超个体人格的动态评估体系，也是他对新民人格的先行践履，继而这种动态评估体系也被成功地移植到新民人格建构中继续发挥监督作用。当梁启超在回应西方的经济、政治和文化给中国造成的危机时，发现挽救中国的文化危机更为根本和重要。在文化革新过程中，梁启超一直围绕个人与国家群体的关系而展开理论探讨，比如他倡导的公德心、国家思想、国家有机体说等，这些思想都贯穿在梁启超新文化建设中，并在他的社会实践中得到阐释。

二 人格运动中开启主体力量的理论依据

19世纪的欧洲由启蒙思想时期进入理性时期。在这一时期，一批学者表现出对理性力量的最大信任，因此实用主义思潮泛滥，物质追求淹没了人的主体性。同时，欧洲也出现了新的人文方法论，使人的主体精神、主观力量再度高扬，例如康德的自由意志、法国柏格森的生命哲学、詹姆士的人格唯心论、德国直觉主义、道德决定论等都为人的本质的改变与探索提供了新的方法论。这两股不同的思潮不可避免地传入中国。在同一时期的近代中国，梁启超看到实用主义所提倡的技术革新与变法无法带给中国彻底改变，依照逻辑推论，他把思想焦点转移到对人本质润色的"言教"上面。为挽救国民的精神饥荒，梁启超极其重视填充人格结构中的精神空虚部分。只有更正国民人格中精神价值的反常现象，才会带给国民自我解脱和自由创造的维度，促进国民对生命的解读和文化的拯救，社会才会获得进步的深层动力，社会也会由于内在根本的改变而获得新的生机。梁启超这一直抵核心的思想不仅受到国外也受到国内许多高扬主体力量理论的启发。

威廉·詹姆士认为人的精神生活不能完全用生物学概念加以解释，可以透过一些现象来领会"超越性价值"，并强调人格拥有巨大的潜能，其本人也因此被称为人格主义者。詹姆士把人格称为是第一性、实在的根本存在，是一切存在的本真状态，世界就是人格的总和。梁启超非常欣赏詹姆士的人格唯心论，认为人类主观创造性精神能够顺应外界而逐渐发达，精神力量和环境互为采补，如此构成人类进化和社会进化。"人格是共通的，社会的人格，是从各个'自己'化合而成，想使社会的人格向上，唯一的方法，就是要自己的人格向上。明白了这个道理，那么所谓个人主义、社会主义、国家主义、世界主义，都可以调和过来。"① 梁启超意识到不论中外的人格，只要积极向上都会促成某种主义的形成，因此他决心从最能表现文化主体的人格处入手去改造社会风貌。

梁启超对国民进行深层结构的文化教育时，还受到柏格森的生命哲学及其直觉主义的影响。柏格森的生命哲学主要推崇直觉、贬低理性和计量，认为只有通过直觉才能把握生命的绵延。梁启超采借直觉主义和率真情感来净化国民人格。他说："用情感来激发人，好像磁力吸铁一般，有多大分量的磁，便引多大分量的铁，丝毫容不得躲闪，所以情感这东西，可以说是一种催眠术，是人类一切动作的原动力。"② 于是梁启超把情感作为积极人格的催化剂。他所称赞的情感就是直觉。柏格森认为宇宙是充满生命的洪流，生命冲动造成宇宙进化。梁启超也认为生活就是宇宙，宇宙就是生活。梁启超又根据儒家哲学把生活看作"心"，即宇宙便是吾心，吾心便是宇宙，

---

① 梁启超：《欧游心影录节录》，《饮冰室合集》卷7，中华书局1989年版，第18页。
② 北京大学哲学系美学教研室编：《中国美学史资料选编》下卷，中华书局1981年版，第417页。

心是情感的汇聚，宇宙是情感的洪流。梁启超指出，生命的意义和人生的价值不在物质生活的丰富而在于道德自我的挺立，这正是儒学所固有而西学所新生的。他说：“直至詹姆士、柏格森、倭铿等出，才感觉到非改走别的路不可，很努力地从体验人生上做去……但是真果拿来与我们儒家相比，我可以说仍然幼稚。”① 这些都表明梁启超也赞成用高尚的情感陶冶人格，用符合生命冲动的、率真的、非理性的思想来建构人格内容，会更加符合人与社会、人与自然关系的需要，同时也说明梁启超并没有与詹姆士、柏格森等人的哲学观点完全一致，因为他仍然认为儒家的人生方法比西方哲人的观点要高明。

　　此外，梁启超看到精神的力量对国民人格的作用还受到康德自由意志的影响。梁启超吸纳了康德以自由为核心的伦理学作为构建新民道德人格的重要理论依据。梁启超称赞康德学说时说：“案康氏哲学，大近佛学。此论即与佛教唯识之义相印证者也。”② 梁启超称赞康德的自由主义，认为其和佛学同等重要，说明他也赞同自由是伦理学乃至人格的核心结构，是文化的灵魂，是一切原生的可能性。人具有了自由便具有了主体性、能动性和可创性，可以说人的自由的意志无坚不摧、无所不能，这可以解释梁启超对“心力”巨大能量的信赖。而梁启超又极其尊崇佛学，甚至在论证国民主观力量时也多采用佛学观点。他用佛学来比附康德哲学既说明其对康德哲学的重视，也说明其察觉出康德哲学与佛学在思想上有相近之处。康德把生命分为两类，一是属于下等方面的肉体五官，二是属于高等生命的“真我”精神。在梁启超看来，康德提出的“真我”的特点是永恒的主观精神，类似于佛教的阿赖耶识、不灭的精神。梁启超承认一切品格都由类似于康德的“真我”所创生，因此利用康德哲学和佛学同时为自己的人格建构服务。

　　梁启超本人也是中国近代的道德决定论者之一。梁启超对道德决

---

① 梁启超：《科学精神与东西文化》，《饮冰室合集》卷5，中华书局1989年版，第115页。

② 梁启超：《近世第一大哲康德之学说》，《饮冰室合集》卷2，中华书局1989年版，第51页。

定论的思想体现于《新民说》中，他在文中指出新民措施是近代中国当务之急，所有祸国殃民的人都来自民间，因此要从民众的根源处开始改造，防微杜渐，从"新民"开始能够最终改良政府。他说："苟有新民，何患无新制度、无新政府、无新国家。"① 在特殊的社会环境里，梁启超找到了决定社会发展的最终依靠——新型国民，而新型国民则应该是具备中西结合的新道德人格者，新道德能够决定一切。如此，在梁启超的思想里，道德是最伟大的力量，由特定道德合成的心力可以与客观境况圆融相契。人格是否具有道德内容决定了客观现实中事物的成败。梁启超看到了思想和行为之间能够相互转化，认为改变国民的思想意识和道德现状会准确无误、卓有成效地改变国民的精神面貌和生活状态，改变国民现状即是改变国家现状，所以他认为对国民进行启发教育的核心就在于对心灵世界的道德重塑。而这一切又都与梁启超推崇心学具有无法割舍的关系。心学首先突出个体的主观决定力量，梁启超又非常认同主观精神境界的无限创造力、能动性，这样，主体能够进行自由的道德选择，而道德又决定了主体生存状态。因此，梁启超也称赞心学说："晚明士气，冠绝前古者，王学之功不在禹之下也。"② 当然，梁启超称赞心学目的是借鉴心学中的主体能动性为国民道德人格构建增强说服力。

梁启超还对佛学思想研究造诣颇深，察觉到西方基督教不能顺应我国民族的情感需求，若利用宗教的积极引领作用，只有借鉴广大、深邃、精微、细致的佛教才能填补国民的精神渴求，不仅能与国民政治活动相辅相成，还能为国民提供社会凝聚方式。梁启超放弃了佛教中轮回、出世、灵魂不灭等观念，而采用"空"角度上的"无我"来推进国民的无畏品格。在这里，他从"无我"而进入的无畏伴随着唯意志论而展露出来。因此梁启超所讲的"心"虽有佛教成分，又受到唯意志论的强化而凸显心的主动性和个体性，甚至把佛教所有教义都归属为心理学现象而强调主观精神的科学性、可靠性。"无

---

① 梁启超：《新民说》，《饮冰室合集》卷6，中华书局1989年版，第52页。
② 同上书，第38页。

我"的观念是梁启超"境者心造"的一部分，是强调三千世界皆虚幻、唯有心体意识为真实的理论，是告诫人们肉身不可靠，因此无所谓得、无所谓失，从而追求理想不需瞻前顾后。按照梁启超的逻辑，只有认识到肉身必死，现在肉身的"我"早晚要归为虚无，人才会摆脱贪生怕死观念，找到精神永存的不死之方。"无我"的解脱是本体哲学超越自然领域在人生领域内的展开。

这样，不论是自由意志说还是人格唯心论，抑或是佛学思想等中外高扬主体力量的理论，都自然地被梁启超利用起来，为开启国民人格中的精神力量添砖加瓦。

三　自由是人格结构中的核心价值

梁启超分析了自由的含义，把自由作为贯穿于塑造新民人格结构的主线，并以此为中心展开对自由方法的论证，彰显出他不同于西方自由主义的价值追求。

（一）自由含义

曾有 17 世纪的英国学者罗伯特断言自由是不受任何法律约束，高兴怎样生活就怎样生活。黑格尔批判了这种任性的经验主义自由观，他说："自由正是在他物中即是在自己本身中，自己依赖自己，自己是自己的决定者。"[1] 黑格尔强调，除了"自我决定"，还要把自我同外在事物的必然性联系起来。马克思主义就是实践决定论的自由观，把自由同人的生产实践联系起来，使自由在历史本体论的高度上获得合理解释。总之，自由使人显示出自己是自己的根据，自己可以创造自己，自己实现自己，个体可以自由地选择、自由地创造，是人区别于动物的本质性规定。

在中国传统社会里，人无法选择出身环境、无法选择生活的意义，甚至君叫臣死臣不得不死、夫若休妻妻不得不走、父让子死子不得不死、女若犯规族人可以依照规矩将其处死，人连生存的自由都无法选择。人没有选择的余地，自然没有出路也没有退路，只能听从宿

---

[1]　[德] 黑格尔:《小逻辑》，贺麟译，商务印书馆 1980 年版，第 83 页。

命，按照一个体制下预定好的生活轨迹前行。人把权威视为神来遵从，形成了宗教之外的信仰，信仰之外便无思想，从此斩断了思想的演进、思想的创造。而没有创造，文化也会停滞。文化的本质就是人进行自由自觉的创造。人改造对象世界的实践活动并不是机械、简单地复制对象本身，而是把人的自觉的需要、愿望、计划、目的等主观性东西自由地、主动地客观化到对象之中，从而在主客体统一的活动结果中使人的本质力量得到自由发挥。梁启超在中国近代社会中肩负文化建设与救亡的双重任务，既在学术层面上提倡思想的自由解放，也在实践层面上以民族复兴为目的而论证出自由的现实途径。

卡西尔在《人论》中宣称："人类文化作为一个整体，可以被看作一个人不断自我解放的过程。"① 文化的内在生命力和活力正在于其中所蕴含的时刻跃动着的人的自由。人的自由构成文化内在的灵魂和真正精神。梁启超在新文化建设中，对于西方近代所提倡的自由的人文精神，予以极高的评价，很准确地抓住了自由在社会文化和人的发展中的特殊意义，把自由作为新民人格建构的总体价值取向，赋予自由极高的地位。他认为，人生来就有追求知识、独立自主、合于群体的天赋本性。而中国历代专制的"民贼"知道这些本性最不利于统治，因此，他们驯化民众的首要任务，就是先打消人追求自由的积极性，使其合乎自己的统治。一旦民众有了自由精神、自由追求，就会懂得民主、谈论自己的权益，就会蔑视皇权而承担起国家政治管理的责任，这些都是"民贼"所惧怕的。所以梁启超在改造国民素质的时候，呼吁恢复国民这些久被压抑而萎缩的本性，使他们了解自己的本性继而发扬光大，自觉摆脱长期以来的思想桎梏，承担起治理国家的责任。

梁启超把人类天赋的自由权利看作是社会权利平等的前提，自由也是社会权利平等的体现。他说："不自由毋宁死……自由者，天下之公理，人生之要具，无往而不适用者也。"② 在梁启超看来，自由

---

① ［德］卡西尔：《人论》，李琛译，光明日报出版社 2009 年版，第 222 页。
② 梁启超：《新民说》，《饮冰室合集》卷 6，中华书局 1989 年版，第 40 页。

的重要性大过生命，自由既是人权的体现，又是人的本质体现，并列表历数近代世界争取自由的大事，用以说明世界上几百年来的重要事件，每一件都是以争取自由为起因，由此推论出：实现自由也是中国发展的根本途径。

梁启超在《论自由》一文中将西方近代争取自由的活动概括为四个方面，即政治自由、宗教自由、民族自由和生计自由，包括六种结果即"平等问题""参政权问题""属地自治问题""信仰问题""民族建国问题""工群问题"。在他看来，中国需要解决的迫切问题是民众的参政和建国问题，即国家独立问题。然而，梁启超重点论述的却是精神自由问题，原因在于：他认为思想的自由，是所有领域内自由之首。只有解放国民千年来封建制度下被压抑的思想，使其敢说、敢做、敢于自由创造，才能争得其他方面的自由。

西方近代的自由观范畴包含两个基本方面：一是属于个体意志方面的精神自由，旨在破除长期以来基督教神学权威的精神压抑；一是属于法律范畴方面的行为自由，旨在破除封建专制对天赋人权的压制。梁启超在提倡自由时，兼重这两种自由而更侧重于精神自由，呼吁国人要摆脱对传统、世俗、境遇、物欲的奴隶心理，实现个体意志的独立自抉。同时认为这两种自由相互关联，行为自由需以精神上的自由解放为内在根基，才可称得上是真正的自由，如果增加一个人的物质生活优越性，使其物质上的选择具有更多自由，然而他的心灵没有得到真正解放，他仍然不会感到自由，这时物质越多越会使人感到束缚，有如《圣经》中记载的所罗门王妻妾成群可他仍然痛苦一样。政治方面的自由与平等相关联，如果社会制度限制了自由和平等，造成人与社会的尖锐矛盾致使身份、种族无法改变，必然会引发"王侯将相，宁有种乎"般的尖锐社会对抗。

（二）获得自由的途径

梁启超强调社会主体的精神独立与自由。他认为，精神独立自主的自由人格是人之所以为人的本质规定，实现精神自由就获得了完整人格；而获得这种人格，就要排除被压制的心理。这是获得"真自由"的关键所在。他对自由精神的强调类似于19世纪欧洲自由思想启蒙集大成者约翰·斯图尔特·米尔（1806—1873）的观点，约翰认为个体都有思想的自由；不能随意压制相反的思想，每一思想都有其存在的理由，找到双方的合理之处才能获得更客观的结果；真知的特点在于经历多次打压，随时间的演进终会被重新发现，直到它获得人们的认可而能够抵挡住其后再次出现的反对力量。这与梁启超对自由的观点相一致。例如，梁启超对东西文化的客观比较和看法，便是尊重双方的优越性，承认双方的独特价值；再者，梁启超所追求的儒家德性人格思想历经激进革命派铺天盖地的声讨却仍坚信能够使全世界看到它的好处，乃至获得全人类的认可。这可以看出梁启超与约翰《论自由》思想的相关性。

梁启超认为，按照进化论规律，自由之所以会失去，是因为有强权的存在，强权就是适应者、优势者，"适者生存""优胜劣汰"，没有比这更具有说服力的了。所以梁启超提议，中国若想生存，应使自身强大起来。大家都成为生存竞争中的强者时，强者对强者，二者则内在平等，甚至竞争时的条件也暗藏平等，二者反会相辅相成，相互畏惧，不存在谁夺走谁自由的事。即使在当代，有学者分析日本为何对犯下的屠杀行为认罪如此困难，其中原因之一就是中日两国综合实力不对等。没有人能真正夺走他人的自由，身体上的臣服也只是暂时失去自由的现象，如果从精神上认可、安于被臣服的地位，那么自由便真正失去了。因此精神自由比身体自由更重要，梁启超套用庄子"哀莫大于心死"的话而提出耻辱莫大于自愿成为奴隶的看法，主张追求真正自由的人一定要先自尊、自立、自强而自由，除掉心中的臣服意识。也正因如此，梁启超最痛恨欧洲和日本人说到"保全"中国的话，因为如果中国需要他人来保全一定已经不能自保，所以那些经常说到保全别人的人应该受到自由之德的批判，自由是个人的天赋权利而不应由别人赋予。

至于如何去除心中的奴性，还给人精神自由，梁启超着重提出破除四种臣服心理作为实现国民自由的现实途径。

一是不做古人的奴隶。对于古人的立德、立言、立功，当汲取其传递出的精神价值而不是具体内容，以免与时代脱节。梁启超认为，对于古代的圣贤固然应该热爱而尊敬，孔子固然应该效法，但是古代人之所以能成为圣贤、豪杰，是因为他们拥有独立的自我；如果没有学习他们的独立精神而只依葫芦画瓢模仿古人，后世就不会再有圣贤出现，历史就会是"有先圣无后圣，有一杰再无杰"的状态。他以孔子为例，强调孔子之所以能成为孔子，就是因为他有不同于尧舜的独立精神，并不依附于先圣而自由于先圣之外，所以才能超越尧舜而更有建树。假使孔子成为尧舜的奴隶，只知效法尧舜，后世就不会有孔子存在了。所以今日不可拘泥于包括孔子在内的圣贤旧说，应走出他们的思想局限，不尽信、不盲从，敢于推翻前人见解，树立独立自抉的主体意识去观察问题探索真理，排除文化盲从心理。不依附、独立于古代先圣，才能有自由的思考空间。

二是不做世俗的奴隶。梁启超解释说，不要跟随别人的意见走，不要有从众心理，要有独立主见。他认为，近代中国人时而举国把西方文化中的言辞朗朗上口，时而规避西学唯恐不及，随着时局变迁和社会舆论影响而变化无常，这就是自己不尊重自己，做事不能从一而终。他赞赏那种在恶劣的社会环境下，独能出淤泥而不染的独立人格，颂扬有自主精神而不被世俗左右的大丈夫。

三是不要做境遇的奴隶。梁启超认为，人处于生存竞争的世界，以人定胜天的精神可以对抗任何困境，而如果不努力奋斗，却逆来顺受，任由境遇压迫，可以称为天生的奴隶。在他看来，"天下善言命者"，没有比得上中国人的；中国人不努力奋斗而只是迷信命运，全无自主精神，这样的人生没有存在的意义和生活乐趣。

四是不做情欲的奴隶。梁启超感叹情欲对人的毒害太深。"心为形役"即指人的精神被本能的物欲和情欲所遮蔽和束缚，心灵成为欲望的奴隶。他虽然反对人成为宗教的奴隶，却赞赏宗教那种心不为躯壳所困的境界。他认为，孔子"克己复礼为仁"的说法，是用精神的"己"克制肉体的"己"，即用道德来约束自己的物欲、情欲。他将这种"以己克己"称为"自胜"，即超越自我，从而实现精神自由。

梁启超偏重于精神境界的自由，因为他注意到人的主体能动性力量可以大到不可估量。若精神获得了自由，一切未竟的事业都不在话下。梁启超说："同一江也，同一舟也，同一酒也，而一为雄壮，一为冷落，其境绝异，然则天下岂有物境哉？但有心境而已。戴绿眼镜者所见物一切皆绿，戴黄眼镜者所见物一切皆黄，口含黄连者所食物一切皆苦，口含蜜饴者所食物一切皆甜，一切物果绿耶果黄耶果苦耶果甜耶，一切物非绿非黄非苦非甜，一切物亦绿亦黄亦苦亦甜，一切物即绿即黄即苦即甜，然则绿也黄也苦也甜也，其分别不在物而在我。"[1] 这样，梁启超综合了佛学中心念动处即产生万千世界，身处万千世界中又由于心念所动而使自己经历千差万别的命运和景象的观点，认为不论是宇宙还是人生，一切皆由心来主宰，心既能够主宰客观世界，也能主宰自己的主观世界。这和王阳明的"心外无理""心外无物""心即理"的观点相通，因此人生中酸、甜、苦、辣的滋味也都取决于主观感受。

　　自由也如当代中国台湾作家龙应台所理解的，并不仅仅局限于民主的投票选举，而是一种生活方式、一种思维方式，是举手投足之间的回旋余地。近代的梁启超早已把这种认识上升至灵动的文化精神层面而点评出来。他并没有把自由停留在某种物质创造的开放形式上，而是执着于精神上的自由解放，这与文化哲学的着眼点相契合。并且他通过采借佛学心不为外物所累、心学的"心即理"而获得主体灵魂自由的方式，使外界的有形与精神净尽的"无"内在统一，并且精神的自由会指导肉体获得自由。

　　因此，精神的自由意识与行动之间是相互转化、指导与被指导的关系，从自由的精神里面，也必然能够推论出求解放、求自由的行动。自由的作用和前景是如此的重要，因此梁启超认识到改变民众的不自由意识就能改变国民现状，改变国民现状便是在改变国家现状，所以自由教育的入手点是国民的主观精神世界。

　　自由行动的现实执行者不能是英雄豪杰和圣贤、明君，而是全体民众。这是由于专制体制下贤明君主少，人又无完人，以一人的思想

---

　　[1]　梁启超：《自由书》，《饮冰室合集》卷6，中华书局1989年版，第45页。

来左右天下，势必会有失误；独裁之下国民在听命过程中都成了奴隶而再无爱国之人。如梁启超所说，专制之下的民众只知效忠某一代朝廷或一个帝王而不知热爱整个民族，所以需要推翻专制和独裁，解放民众。梁启超也同样重视豪杰的作用，他用崇拜的语调点评说人类世界由具有恢宏大气的豪杰所开创，豪杰若振臂一呼，民众会一呼百应。英雄豪杰的人数众多时，他们的影响力将非常大，会产生意想不到的效果。英雄豪杰也来自民众，他们也是民众中的一员，所以梁启超认为争取自由的现实力量应该是全体民众，这样才会形成整个社会的自由风气。

（三）与西方自由主义的比较

去除人的奴性心理及找准实现自由的载体，还必须要批判一种经验主义的自由观，澄清自由之德才能开辟自由途径。经验主义的自由观强调人的任性与随意，并且轻视一切制度和法规，把自由等同于人的惰性和自由散漫。梁启超在《论自由》中提到，如果将自由理解为个人自由，当时的中国则是享受这种自由之福的地方了，老人和儿童可以随意吸食鸦片是何其自由，而这些行为在文明国家必然会受到法律制裁。在这种情况下，个人的自由增多，团体的自由就会减少，个人的自由无限大，团体的自由就灭亡了。所以梁启超认为，在当时中国，"真自由者"应该服从法律的限制和保护，法律既可以防止人的自由危害的行为，也可以保护人享受到应得的自由。梁启超也强调自己并不是否定个人自由，他看到了团体自由是由个人自由累积而成的，团体是个人生存和自由的保障，只是自由在不同的时间、空间下会表现出不同的形态。如此，梁启超把自由的展现与环境背景联系起来，突破了经验主义自由观的任意与妄为，把看似对立的自由和纪律思想相统一。这也是梁启超与西方个人主义所强调的自由观的不同之处。

其实，梁启超论证的精神自由，与西方近代的自由主义观点有很多不同。他的自由观念虽源自西方法理思想，也是当时境遇的应激反应，但他的自由思想具有特殊性。比如梁启超的自由主义思想在集体主义基础之上与民族主义结合在一起，并在国家主义基础上以个体自由让位于国家自由，表明了他的自由主义里面含有救亡的任务，而西方近代建立于存在主义理论基础之上的自由主义却是个体为了证明其存在价值而考虑到族群的意义，这种自由主义里面含有的任务是进行个体挽救，追求个体幸福；梁启超也以自由思想论证了个体与群体之间的统一关系，表明了个体获得自由后对群体产生的促进影响，而西方结构主义哲学思潮里面的自由主义却恰恰相反：个体获得的生存自由越多则越使个体脱离了整体，所以西方最终会出现弗洛姆式的对自由的逃避。梁启超追求的却是主动的、积极的、敢于承担族群责任的自由。这都是梁启超的自由主义思想在中国特殊历史背景下呈现出来的与西方的不同之处。其中反对传统权威束缚的思想，与西方近代反对神学精神统治的思想有类似之处。

梁启超对自由含义、获得自由的途径、与西方自由不同价值取向等方面的阐发表明，他把自由放置于至高无上的地位，把自由当作近代中国启蒙和救亡的主线，自然也会把自由作为国民人格结构中的核心价值。从梁启超的一切社会经历和磨难都是为达到传统修身理论中的身心自由而言，他的人格建构都是围绕自由德性的目标而设计的，一切德性的培养都为实现主体在现实社会达到孔子"从心所欲不逾矩"一样的自由，在自然法则中获得创造的自由，摆脱心灵烦恼达到无惑、无忧、无惧的精神自由。梁启超更把自由观教育作为现行政治的精神瓦解良剂，以中国的文化演进来诠释自由的发展进程，走上一条文化、教育、政治相结合之路。可见，自由在梁启超的人格结构中理所当然地居于指导地位，也是文化建设和人格改造的参照系。

四　言教是文化哲学最高和自觉阶段

在文化哲学的意义上，文化自觉是指在学术上对文化的自觉反省，自觉反省的最高境界是对人的本质做深层心理结构的教育与改变。因此，如果谈到文化的反省，谈到对国民本质结构的启蒙与教育，梁启超是必当提及的近代学者。他学术思想研究的主要特征便是文化建构与人格教育目的相结合，既是知识性与目的性相结合，也是由中国近代社会的特殊状况所决定的。

梁启超文化自觉反省的目的是进行新文化建设，而新文化建设的目的则是个体国民的人格教育。梁启超所指的"个体"并非是西方近代的权利主体，而是一个具有价值自觉的道德主体。他要对整个群体负责任，这时个体德性便与整体社会文化产生了必然联系，所以不论是在客观的文化实践上，还是在理论推演上文化自觉与国民人格教育之间都体现出承接和因果关系。相反，如果通过探讨梁启超个体德性人格的教育还可以论证出近代中国文化基本价值的构成，彰显出德性人格对文化选择的决定性作用。那么对于这一论题的任务，则需要由个体德性教育与文化自觉之间的有机互动、辩证统一来完成。因此梁启超的"言教"阶段既是他本人学术思想的深化与落实，也是近代文化哲学的最高阶段，因为他察觉到推进社会发展的决定性力量是人，又从人的身上看到了改变人本质的决定性动力来源是深层结构的人格。

（一）人格言教的价值取向

梁启超的人格教育思想主要体现在《新民说》里面以及欧洲考察之后他对传统文化的再批判和对国外各种思潮的采借上，他教育的目的是使国民拥有综合的中西价值观。这种新的价值观大体上包括三个方面：

首先，梁启超力求建构德性人格的主体。梁启超国民人格教育的显著特点是建立于儒学道德基础之上并以此为根基。梁启超发现，如若改变一社会的文化思想、一国的衰弱状态，则必须从个体国民开始改变，个体如果具有积极向上的德性，那么群体就会兴盛不衰，因此以德立人非常重要。虽然新民的人格里面不仅仅包含有道德，还需具备科学知识的认同、民主法律的思想，然而梁启超却偏重于从道德方面塑造新民人格。之所以把道德作为主要根基，是因为他看到"古人之学，一头一路，只从一处养。譬之种树，只养其根，根得其养，枝叶自然畅茂。种种培壅灌溉，修枝剃叶，删去繁冗，皆只是养根之法"[①]。即凡事要找到主要矛盾和重心所在，其他事都要围绕主要矛

① 梁启超：《德育鉴》，《饮冰室合集》卷7，中华书局1989年版，第22页。

盾而展开，主次分明，一心不可二用，把日常生活的实践都看作是道德训练，把人生所经历的一切都看作是为增进人的道德认知。梁启超认为把道德作为人格根基时，家、国、天下都会兴盛。他彰显了道德的无上价值。

在梁启超看来，具有道德人格的国民，才会具有责任感，从知有个人而知有群体，能够自觉承担起建设国家的任务，能够对社会群体负起责任，才会改变以往"知朝廷而不知有国家""知个人而不知有群体"的混沌状态。所以他要塑造的是价值自觉的道德主体，既对自己负责任，也要对群体负责任。康德提出责任是一切价值的源泉，没有任何担当、不负任何责任的东西，不是人而是物件。梁启超在评价自己的人生观时也表明了其基础就是责任心和"兴味"，在他看来，个人的德性人格最为重要，这决定他是否能够为国家和社会担起责任，他在北海讲话中提道："现在中国的情形糟到什么样子，将来如何变化，谁也不敢推测。……智识才能固然是要的，然而道德信仰——不是宗教——是断然不可少的。现在时事糟到这样，难道是缺乏智识才能的缘故吗？老实说，什么坏事情不是智识才能分子做出来的。"[1] 显然，梁启超强调道德对于知识才智具有优先性。因为往往社会上出现的混乱现象都不是因为缺乏才智所造成的，而是缺少道德的束缚，乱用才智所造成的。如果一个人没有才智，可能不会对社会做出多少贡献，也不会给社会带来多少危害；如果一个人拥有才智又缺乏道德信仰，那么他带给社会的危害则不可估量。因此梁启超说如果做不成一个人，知识越多则越是坏事。梁启超道德信仰的基本内涵包括：严厉约束自己，不跟随恶势力；忠实、坚韧、吃苦、有责任、有恒心；把这种高尚人格精神由针对一般朋友而推演至针对整个社会；对道德的感召力要充满信心。

这些也都是梁启超道德人格建设的构想。他由道德人格出发而经历人生中的种种事物，获得种种认知和理解，往往又回到增加和提高自身的道德素质上来。他在《自由书》中便表达过"种种烦恼，皆

---

① 丁文江等编：《梁启超年谱长编》，上海人民出版社 1983 年版，第 1140—1141 页。

为我练心之助，种种危险，皆为我练胆之助，随处皆我之学校也。我正患无就学之地，而时时有此天造地设之学堂以饷之，不亦幸乎。我辈遇烦恼遇危险时，作如是观，未有不洒然自得者"①。可以看出，梁启超把种种锻炼、磨难当作一种历练自己的手段，当作学习机会，这种淡定、无畏的精神态度在其德性人格的构想中也具有极高的价值。

其次，梁启超力图建构出符合现代发展的知识性主体。如果一个人只具有道德，却不具备创造生活的实际能力，也无法承担起拯救社会和民族的责任，因此近代国民向现代转型时必须在人格结构中纳入科学知识。梁启超认为，几千年来思想界知识单调而贫乏，求学问只求伦理道德的体悟，长此以往社会将无法生存下去，因此同时提倡科学之方才是良剂。不过，在梁启超看来，近代中国社会最严重的问题是道德的麻木和缺失，如果没有道德作为人发展的衡量标准，纵使有知识也无法发挥作用，不能承担起对他人和社会的责任。知识要建立于道德的基础之上。

最后，梁启超还力求参照西方塑造出具有民主政治意识的人格。因为若要承担对群体和国家的责任，国民必须具备法律、政治意识，否则未来民主国家便没有建设的基础。梁启超认为青年人如果蔑视法律、法规，便不再有人把这种思想灌输到社会去。没有新颖的法律、政治的教育，也无法建成民主政治的社会。同时，社会也要求人不断地提高自己的道德人格修养，人的动物本性使人不可能成为完美的人，要防止他不完美的本性给社会带来危害，就要建立起民主政治制度。这样既可以民主地群策群力，结合每一个人的优点来为社会做贡献，也可以防止独揽政权人的决策失误，更可以通过法律来制裁任何人的过错，真正实现"天子犯法与民同罪"。民主政治的建设需要"新颖丰富的法政教育"来培养国民的民主政治意识，而青年人则应该首先来获得民主政治和法律知识。

除此之外，梁启超还看到人格建构仅仅由道德品格、科学知识、

---

① 梁启超：《自由书》，《饮冰室合集》卷6，中华书局1989年版，第14页。

民主意识三个部分构成并不完整，人格建构也应当包括感情。梁启超认为虽然道德在人格结构中相对于其他成分具有优先权，道德是一切品格的前提，但是道德的形成却需要情感去陶冶和提升。因为理性虽然可以告诉人哪些可以为，哪些不可以为，但是具体实践中人到底去做还是不去做，做的是否长久等就需要情感、毅力等因素来左右。所以梁启超把道德和情感结合在一起，认为天下最神圣的是情感，有时用情感吸引人，可以发出像磁铁一样的大量原动力。情感虽是本能的，但它能促使人超越本能；情感是当下即时的，它的意义却可以超越现在而产生深远的影响。于是梁启超把情感当作一种更内在、根本的东西。情感有善也有恶，好的时候用梁启超的话来说"很可爱"，坏的时候很可怕，因此古往今来的学者都注意情感的陶冶。

（二）人格言教的途径

梁启超人格教育的目的是使国民成为具有现代意识"智、仁、勇"的新民，这是梁启超按照儒家的原有观念"三达德"进行的教育设计，重申学习目的是"做人"的传统思想。这既是梁启超的教育观，也是其人生观，二者统一。梁启超主张求学问的目的应该是求做人，各种具体领域的知识都是做人所需要的生存手段，而不是专靠生存知识、技巧就能达到做人的标准，因为动物也有生存技巧。梁启超从心理学上分析说人类感情分为知、情、意三者，而传统文化把它们分别归纳为智、仁、勇。这三者被称为达德，是因为这三个层次是人之所以为人的基本道德要求。梁启超根据这三者的划分把教育分为知育、情育和意育。他的三个方面的教育不同于现代的智育、德育和体育，因为他根据人生的意义和价值原则是要教育近代国民"不惑""不忧"和"不惧"，准备把这三者作为根本。梁启超还严厉批评当时学校没有"情育"和"意育"，"知育"也存在重大失误，只传授常识和具体知识，而没有提高根本判断力。他针对当时青年人悲哀、痛苦、不能抵御外界压力等心理现象，指明这些都是由不知、不仁、不勇造成的，都是因为知、情、意未经磨炼的原因，因此梁启超指出不论是学校教育还是国民个体人格修养都应该从这三个方面开始。可以看出，梁启超要求人在实践过程中应该对世界有一个总体把握，对人生观有一个总体看法，即应该把所有的社会经验都自觉升华为理论总结，要求在道德形而上学的层面解决具体问题，于是他把人生哲学的意义贯彻到社会实践中。

总之，梁启超并不是唯伦理道德马首是瞻，也没有轻视科学知识、民主政治思想、情感的作用；相反，他辩证地看到了个体德性素质是其他一切为人、处世方面的前提，并且把正确对待科学知识和民主思想、情感等的态度也看作国民的一种德性。因此他把日常生活中的一切实践、看法包括对待科学与民主的态度在内都纳入国民的思想意识中，构成梁启超所指的德性人格，这就是他把科学、民主精神都归入道德领域的原因。并且，在梁启超看来，作为新国民，应该承担起挽救社会和建设国家的责任，这就需要国民具有道德修养、科学知识和民主政治意识，由此，责任一词成为一个根本范畴，它把德性主体、知识主体、民主政治主体和情感主体在国民的思想意识里统一起来。

按照梁启超的理解，国民的思想世界属于"大我"，肉体属于"小我"，要发扬"大我"对"小我"的话语权，就必须对国民的思想境界即"大我"进行改造使其更好地发挥作用，国民的思想境界表现为深层心理结构，由于原有认知结构的顽固性，使国民的这一部分心理结构最难改变，然而如果改变了其原有结构，也会使人在日常生活中表现出惊人的巨变。因此，通过教育使人的本质结构发生改变是最深层次的文化觉醒，也是文化哲学的最高阶段。显然，梁启超深谙此理。因此梁启超把对人改造的重点放在了主观精神境界的思想和价值观上，这成为梁启超20世纪初的首要任务。梁启超在《教育与政治》一文中曾提出教育的根本目的问题，认为是教人转变为现代人。这个现代人应该具有现代性的思维方式、价值观念和审美方式，并且在总体上以本土传统文化思想为基础，结合西方科学、自由、平等、民主、共和、爱国主义等观念。这说明梁启超给教育规定了方向，并且使中国传统文化、古希腊智者主义、西方近代伦理文化、民族主义等复杂对立的思想进行了学术转换，达成了某种内在平衡。

　　梁启超从理论上论证了中西文化结合的必要性，并且把这种理论付诸新文化建设的实践，落实在他的教育事业中，使人清楚地看到社会发展与教育之间的相互推动作用。他的新民人格教育思想是其新文化建设思想的逻辑起点和落脚点，迎合了启蒙和救亡的双重责任，赋予了人的生存价值和意义，达到文化自觉的最高境界。

　　恩格斯曾指出，"文化上的每一个进步都是迈向自由的一步"①。梁启超对文化的自觉反思和批判，每每使用辩证的、一分为二的、联系的观点去考察文化成果，既直接影响到"五四"之后文化哲学的思路走势，也使自己的思想进一步符合历史的逻辑，他所作的文化批判成为当代文化建设的历史性资源。

本章小结

　　中国近代的文化自觉具有特殊性，含有救亡的任务，救亡与启蒙同步。梁启超自20世纪初以来一直在启发国民认识自己的生存意义和人生价值。所以要谈中国的现代性和启蒙思想，梁启超是不可绕过的里程碑式人物，他身后的文化批判意义，带给人们一百多年的深思和讨论。但是"启蒙只是救亡的历史工具，自为的目的高于为他的工具，救亡最终压倒启蒙"②，因此梁启超的启蒙行为具有特殊意义，启蒙的意义并不在于启蒙自身，文化批判的意义也并不在于文化批判自身，而在于救亡。正由于救亡的任务，梁启超的文化批判的目的注定就是启迪人们的政治觉悟和更新人们的道德观念。这意味着梁启超察觉到了人相对于文化的主体性作用，人可以利用文化去改变社会现状乃至改造世界。

　　"五四新文化运动最大的思想效果就是彻底切断了儒家传统与现代社会的积极关系，就是以现代的名义对儒家去魅、拒绝乃至公开蔑视。五四运动之后，任何明确诉诸儒家传统的现代化方案、任何高调

---

① 《马克思恩格斯选集》第3卷，人民出版社1972年版，第92页。
② 李泽厚：《中国现代思想史论》，东方出版社1987年版，第11页。

的保守主义努力，甚至任何调和传统与现代的智性尝试都会遭到时代主流的无情嘲弄。"① 五四运动中的西化派胡适、陈独秀、鲁迅等人却断然推翻了整个传统文化的价值，乃至只承认西方文化或西方中的马克思主义文化，从而没有进行真正的中西文化融合工作。他们也使中国文化不再具备中国特色，导致当代的文化建设仍需要回过头去补足中国优秀传统文化这一部分，才能建成中国特色的社会主义文化。从这个意义上说，梁启超的先见性和保留态度恰好科学地维护了传统与现代之间的连续性，因为"五四"的启蒙意义并不在于完全参照欧洲启蒙的具体内容，而在于结合当时中国社会的具体环境。

梁启超对国民思想的启蒙接触到人的本质改造问题，他认为文化主体的人能够真正推动社会的发展。他站在历史的角度上主要传达文化价值体系，既向人们展示人格结构的动态图式，又向人们提供生活信念、人生的自由意义，满足人的终极关怀。梁启超把自由看作人格结构的核心价值，其最后一步对主体的"言教"是其文化哲学的最高境界。因此，梁启超新文化建设的目的、动机就是使人获得更多自由，对自由的推崇、分析和论证也不是从言技或是言政方面，而是从言教方面入手，他以言教的形式使人们认识到深层的以自由为核心的人格结构对人的自我行为能够有效调控。这些都说明梁启超认识到人相对于文化所具有的主体性，人是文化的主体，人具有主体能动性，经过了文化改造的人能够挽救中国近代文化危机和社会危机。他对文化主体的启蒙和言教都代表着他对文化在历史进程中地位的认识以及对社会、文化发展责任的主动担当。

可以看出，梁启超触及最深层次文化变迁的主体性根据，使文化自觉与教育自觉在逻辑上达成一致，代表着他对文化哲学田野式考察所能达到的高度。这种以文化兴国为价值取向、以寻找人的主体性为基点的教育方法论对于当代在主流文化指导下价值观的建构也具有极重要的借鉴意义。

---

① 丁耘：《儒家与启蒙——哲学会通视野下的当前中国思想》，生活·读书·新知三联书店 2011 年版，第 78—79 页。

第六章　梁启超人格教育思想的民族特点

由中国近代社会救亡图存的现状所决定，梁启超的学术思想具有极强的目的性，他的目的性之一便是对国民思想的现代改造。通过对梁启超的教育思想与西方同一时期的存在主义相比，能够看出，在近代中西文化的多元碰撞与冲突中，梁启超的人格教育思想呈现出普遍性与特殊性相结合、中西汇通与民族性相结合的特点；通过对梁启超的人格修养理论与中国传统的道家思想相比较，能够看出推崇儒家人生哲学的梁启超的人格建构理想与传统道家的人格修养理论相反相成，并具有人格修养阶段上的衔接性。

第一节　存在主义与梁启超的人格实践

梁启超改造国民人格的思想受到了西方文化思潮的影响，当时西方广为流行的哲学是存在主义。第一次世界大战之后存在主义在德国开始流行，它是现代西方哲学中影响极大、流行极广、风行一时的哲学流派，其代表人物有德国哲学家雅斯贝尔斯（1883—1969）、海德格尔（1889—1976）、法国哲学家萨特（1905—1980）等人。如果追本溯源，存在主义哲学之父当属丹麦哲学家克尔凯郭尔（1813—1855）。存在主义一词意为生存、存在、实存。存在主义哲学论述的不是抽象的意识和概念，也不是指人的现实存在环境，而是指精神的存在，把人的心理意识与个人的现实存在对立起来，注重人生问题的探讨。存在主义思想的一个显著特点是"人本主义存在主义是一种以个人为中心的哲学，尽管它并不反对科学，但它聚焦于人类个体身份的追求，同时涵盖了肤浅、守旧的市民社会的社会和经济的压力"①。它把现实和存在的精神相对立，却并不反对科学，是一种以个人主义为中心的哲学。

一　从克尔凯郭尔到梁启超再到雅斯贝尔斯

克尔凯郭尔认为哲学研究的起点是个人，终点是上帝，属于有神论存在主义。他强调哲学家应探讨现实中的人生问题，这与其自身在现实生活中的孤独、悲闷、愁苦等情绪有关。克尔凯郭尔的恐惧、战栗、悲观、绝望等消极情绪使其对个人生存状态产生最本真的理解。这种情绪驱使人采取行动，进行非此即彼的选择。

克尔凯郭尔还认为单有思考不足以引发行动，必须有结束这一思考过程的决心，从这一点看，克尔凯郭尔具有的唯意志论倾向与梁启超极力促进近代国民进行文化觉醒、提高国民自信力、建立国民主体性相似。然而克尔凯郭尔的决心必须由激情来产生，他认为一个人的激情是内求性或主体性，最重要的激情如爱情和信仰并不只是偶然地发生，它们一定是被培育出来的。克尔凯郭尔的激情说与近代中国寻求的民族热情相类似，尤其克尔凯郭尔客观地看到激情的产生方式是培养，这与梁启超文化批判的最后一个阶段——国民文化自觉的教育培养理论相一致。在东西方不同的国度、不同的时期，并不直接相交的两位学者能够产生文化哲学的相同的看法和手段，恰恰印证了文化在纵向与横向范围内的传播力度，更符合文化的普遍性规律。克尔凯郭尔受到黑格尔绝对精神的影响，认为一切具体、特殊的存在是普遍精神过程中的一个实例，是这个过程的构成部分，人的存在要归属于绝对精神的过程，言外之意是具体的存在要受到绝对理念的控制，主体的意志要受到客观存在的上帝的支配，从这一点上说，克尔凯郭尔当属于客观唯心主义者。但人的存在属于绝对精神的过程这一思想，

---

① Thomas R. Flynn, *Existentialism—A Very Short Introduction*, Beijing：Foreign Language Teaching and Research Press, 2008, p. 8.

却使人实际上失去了自主性和独立性，失去了个性和自由，这也将使自己忘却对发生过的事件的责任，取消了个人从伦理上对待自己和世界的可能性，因为个体受到了绝对理念的控制。这便与梁启超的"境者心造"拉开了距离。因为梁启超的主体性精神包括宇宙万物，宇宙万物中也必然包含绝对理念，所以梁启超所指的"心"则无所不包、范围无限广大，心就是一切事物的依据，绝不会再受到其他客观理念的控制，与王阳明的心学思想一样，他们对心能的阐释都属于主观唯心主义。由此，克尔凯郭尔的存在主义理念相对于梁启超的主观能动性来说是客观唯心主义与主观唯心主义的区别。

雅斯贝尔斯和海德格尔看到第一次世界大战后德国资产阶级心中充满烦恼、恐惧、焦虑及悲观失望等情绪却又不甘于失败，时刻企图重振雄风。于是以雅斯贝尔斯、海德格尔为首的一批资产阶级知识分子便把这种情绪引上自我奋斗的道路，变悲观、消极情绪为自我激励的动力，论证个人意志的力量，从而建立起存在主义哲学。雅斯贝尔斯认为哲学应该从存在的个人出发，梁启超也是以改善人类生存现状为目的，这可以通过梁启超力图从改造国民人格结构入手推演至社会文化的改变而获得明证，因此两者都以个人为研究起点。雅斯贝尔斯也关心人在危机中的生存问题，这与梁启超在近代中国社会危机中积极寻求改进国民生存状态的忧患意识相一致。雅斯贝尔斯继承克尔凯郭尔的有神论存在主义，主张回到上帝，这一点与梁启超放弃往生西方的积极的入世性的宗教观截然不同，梁启超对佛教的运用如他自己所说的是"智信"地践履而非"迷信"地执行。梁启超与雅斯贝尔斯多少都受到了宗教观的影响，前者是基督徒，后者对佛教情有独钟。雅斯贝尔斯的宗教情结来自个人最后却回到上帝的怀抱，梁启超对佛学的运用来自人间又回到人间以经世致用的形式展现出来。他相信经过中西方文化特质、古今文化特质改造过了的人是解决近代中国危机的关键，解决危机的目的是使人重新获得人类自身的本质力量和自由属性，因此危机瓦解的过程必然要发生在人间而不是彼岸世界。这些思想都造成了雅斯贝尔斯与梁启超之间的联系和本质区别。

二 海德格尔与梁启超人格构想比较

海德格尔是无神论存在主义的主要代表之一。他在 1927 年所作的《存在与时间》中第一次提出存在主义一词，并促使存在主义理论化、系统化。他指出人存在于孤独、烦恼与痛苦中，面对的是虚无，认为人之所以痛苦，是因为人同他的生存环境条件不相称，面对着的是一个无法理解的世界，所以人永远只能生存于忧虑和恐惧情绪之中。而正是这种忧虑和恐惧，才揭示出人的真实存在。海德格尔指出，人有自我选择和自我控制的自由，通过忧虑和恐惧才能明白自己是存在着的，只有验明主体是存在的，才谈得上主体选择的自由，主体才能自由支配自己的意志。海德格尔把人的肉体存在与精神的存在相对立，承认人会自由选择一种存在形式：或焦虑，或消解焦虑。类似思想在梁启超的观点中早有表述。在梁启超的思想中，感觉不到近代中国社会危机的人、不为社会衰落所痛苦的人就是麻木的人、无知的人，是需要被文化批判唤醒的人，是需要进行人格重塑的人，反之则是具有选择能力的有识之士。因此，在梁启超的潜意识里也如海德格尔一样体会到了近代中国国民与其生存环境不对称，只有能够感受到痛苦和忧虑的国民才是觉察出社会危机和文化危机的人，才能自由、自觉地确定自己的行为。梁启超如海德格尔一样，承认人拥有选择环境的自由、改造环境的自由，所有境遇实现与否、境遇的好坏都取决于主观选择。只不过在梁启超这里，主体的心、主观思想肆无忌惮、无所不能，是彻底纯粹的自由。

海德格尔所处的工业时代能够接触到现代物质手段带来的便利和弊端，他承认现代科学能够以预知方式展示未来存在、构建理想模式，使存在的精神能够继续。但是人却以主体身份站到世界对立面对世界颐指气使，破坏了人与世界的天然合一而形成主客二分状态，并通过各种文化手段堵塞了通往存在的澄明之路。现代科学技术的高速发展使人类主体性大为增加，从而步入了人类中心主义。海德格尔认为，在科学技术繁荣昌盛、人们迷醉于物化追求的时代面前，已无暇顾及对存在的精神状况的追问，存在受到了科学技术的遮蔽而隐形在人们的内心世界中，在物化思想中起主导作用的个人主义取得了统治地位。这样，海德格尔把科技文化对人格的破坏力阐述了出来。梁启超也看到了西方社会的物质文化发达而精神文化倒退的现象，以及由西方传入的科学物化思想给国民带来的冲击，他看到中国国民心灵也受到了"形役"，受到了种种诱惑和束缚不能自拔，亟须破除。

面对由工业时代造成的人主体精神的异化而导致的人与自然、人与社会关系的破坏，海德格尔以积极应对的态度阐释了他的存在主义，坚持认为人应该拥有思想地生活于宇宙中，当人思考的时候，人就是在行动，人通过思考和行动能够寻找到适合自己的方式，和谐地存在于当下世界，脱离不和谐的最合适的解脱方法是以诗意的思维方式接受、说明这个世界，然后借助工具手段解决人的生存危机，以工具融合诗意，科学融合价值，理性糅合人类的感情。这样，海德格尔把科技与人文价值统一起来，解决了人与世界主客二分、人与存在异化的问题。这种解脱的理论依据来自先在的文化环境、现实情景。海德格尔说："在和并不是人自己的在者打交道时，人已经是处于这样一个在者之前，这个在者是为他而设的，是他所相依为命的，归根到底是他在一切文化与技术活动中所不能主宰的。倘若不与人自己的在者相依为命，那么人同时就是归根到底不能控制人自己的在者了。"①这表明海德格尔看到了人的内在本质规定性与先在的文化环境息息相关，人不能超脱自己现实的社会空间性和时间性，人生来就只能生活于先在的思想中，所以必须要掌握先在者的规律，因为该存在先于本质。他无法主宰先在的思想和文化乃至技术，但人可以主宰自己的精神存在，否则他连自己都会失去。海德格尔对人类生存"栖居"地的关切和对主体精神的重视也是其人本主义的体现。因此作为哲学思潮，存在主义首先关注的是现代人内心对精神境界的异化及寻找某种遗忘的精神，从而唤起人们对现代精神危机的关注。梁启超看到西方实用主义、知识型社会的价值濒临崩溃。于是他对西方的科学性重新

---

① ［德］海德格尔：《海德格尔存在哲学》，孙周兴译，九州出版社2011年版，第218页。

考察，发现科学物质的生活不能解决人生观的问题，由技术的"智"只能带来物质财富的增加、生活的标准化，机器一丝不苟地高速运行，却越来越排除了非理性的东西，造成人与人之间的情感疏离。而"仁"则包括责任意识，"智"的统辖范围却无论如何也不能上升至心灵的精神层面，西方便出现精神家园的迷失乃至"没落"。梁启超便不再希望中国社会蜂拥照搬西方平等、自由、民主等价值，反而应该从遗失的中国传统伦理文化中寻找到精神与存在者之间的默契。由此，梁启超加大了复兴遗失的传统精神的信心。梁启超深谙中国传统的伦理精神关注的就是人的生存状态，包括个体的自省、针对他人的推己及人等，力图恢复一个具有总体概括力的"智"慧，即对人生的"慧观"，因此梁启超也提倡"智"，然而却是不同于西方的技术性的"智"。

海德格尔提倡，人既要在工具理性的发展过程中感受"无历史和无家可归"的孤独感，又必须借助诗意的方式走向自己的救赎。面对悲观、情绪沮丧的人们如何走出精神危机，生存态度便成为最迫切需要解决的问题。海德格尔的论证是使人们了解个人存在的真实性、重要性，希望重新燃起人们生存信心，唤起生的能动性，比如他提出勇敢面对当下世界，因为它是个体本身的存在环境，应该敢于面对一切事情，并且指出这个现实世界每天都可能发生各种不幸，然而这并不可怕，因为世界本身就在灾难与解决中度过，人类就生存于如此世界之中。可以看出，海德格尔的存在哲学就是教导人们面对现实，不应超脱所在的世界。这也说明海德格尔的存在主义来自现实，又不脱离于现实，并且服务于现实，与现实存在紧密相连，充斥着对现实强烈的关怀。因此海德格尔的存在主义是为了确立人生价值，建立一种幸福而有意义的人生方式。未来存在的蓝图又必须是高于现实存在，具有超越现实的、距离现实不能过远的理想预设。

梁启超的新文化建设也不是凭空出现，完全是根据现实社会文化、政治的需要而制定。梁启超从第一次世界大战前以树立人的主体性为主的存在主义角度出发去对待西方文化，几乎是全盘接受。第一次世界大战后，梁启超逐渐用怀疑、审视、批判的眼光去重新审视西方文化，也不再急于推行政党改革，开始走上一条文化救国之道。他的这种全新思想路线的形成，是基于历史和自身的客观需要。梁启超从 20 世纪初出任各个政府的官员开始，到他看到民主政治愿望落空，单凭一己之力无法完成国泰民安的心愿，最后宣布结束政治生涯为止，反思了各种问题悬而未决的原因，说："从前有两派爱国人士，各走了一条错路。甲派想靠国中固有的势力，在较有秩序的现状之下，渐行改革。谁想这主意完全错了……乙派要打破固有的势力，拿甚么来打呢？却是拿和他同性质的势力，说道：'你不行，等我来。'谁想这主意也完全错了。说是打军阀，打军阀的人还不是个军阀吗……那里知道民主主义的国家，彻头彻尾都是靠大多数国民，不是靠几个豪杰……这是和民主主义运动的原则，根本背驰……质而言之，从国民全体下工夫，不从一部分可以供我利用的下工夫，才是真爱国，才是救国的不二法门。"① 从梁启超的表述中可以得知，他根据社会的实际情况进行客观分析，既检讨了自己，也认清了现实情境，从军阀打军阀的行动逐步走向深层思考，不再求民主政治的表层现象，而是准备从文化思想角度对国民进行总动员，在经验的框架内对自己进行了清算和超越。尤其在欧洲的游历过程中，梁启超结合欧洲经济开始萧条、社会革命暗流涌动的现状，对中国文化价值、中国国民整体素质等进行了总结。他的心灵深处不断发生巨变，产生爆发性认识，并且他也经常与国内人士等谈及自己思想的变化。比如梁启超并没有单纯地认为以中国文化自身即能挽救西方社会的危机，而是很客观地看到中国国民的整体素质在公民意识、民主、自由等方面远逊于欧洲国家，因此中国暂时无法实行议会政治等。这些都表明梁启超置身于社会历史背景中，对自身的思想脉络有了清醒认识。尽管梁启超曾总结出各国社会革命的必然性规律，却得出中国不适宜搞社会主义而是应该首先发展工商业的结论。但这些都不妨碍他如海德格尔一样勇敢地面对当下世界，对现实状况怀有强烈的责任感，并不断地

---

① 梁启超：《欧游心影录节录》，《饮冰室合集》卷 7，中华书局 1989 年版，第 22—23 页。

超越自我而达到思想上的解放。为此，梁启超还发挥了儒家的三达德——智、仁、勇含义，把勇看作心理结构中的"意"部分。他对国民施以"意"育是教人不惧、教人有毅力和恒心。梁启超认为，如果一个人要做到意志坚定、有勇气，第一件事就是心胸要宽广，正大光明地行事，其次是不能受到本能欲望的羁绊。在他看来，意志薄弱是一个人的致命弱点，如果身体上被人束缚，终有一天可以通过奋斗获得自由。面对当下灾难、困境时没有自主的勇气，做了自己意志的奴隶，那就是进入到了万劫不复中，永无出头之日。梁启超教育国民在危机面前磨炼意志，做到果敢而大无畏，"这样才算顶天立地做一世人，绝不会有藏头躲尾、左支右绌的丑态"①。梁启超如海德格尔一样，教导国民勇敢地面对当下世界，并在当下世界中寻求解救的方式，这也与他儒佛相结合的"境者心造"思想不无关系。既然客观物境唯心所造，除去人的精神存在是真实，一切皆虚幻，人便不再需要害怕虚幻的物象，只需要相信主体精神这个真实的力量即可，人的心力一定会扭转此现象。

海德格尔要求以类似于直觉的"诗意"思维的方式而不是任何科学理论去描述存在，这与梁启超所倡导的运用生命哲学、直觉主义和率真情感等来陶冶国民人格的方法类似。梁启超把情感比作磁铁，认为它可以吸引人、感化人，因此情感可以算作是人类生命的内在冲动和创发力，情感靠直觉来传递，因而提倡用诗歌、散文、小说式的美好情感来陶冶国民的人格品性。再有，梁启超教导青年人要本着对一切保持兴味盎然的态度而做学问和事业，就是在向人们展现"诗意"生活的积极践履方面。梁启超所称赞的情感和趣味就是类似于海德格尔所指的"诗意"的思维方式。这表明梁启超也赞成使用艺术的"诗意"的思维方式建构人格，用符合生命冲动的、率真、非理性的思想来践履人格内容，这会更加符合人与社会、人与自然和谐关系的需要。

马克思说："意识的一切形式和产物不是可以用精神的批判来消

---

① 梁启超：《为学与做人》，《饮冰室合集》卷5，中华书局1989年版，第108页。

灭的，也不是可以通过把它们消融在自我意识中或化为幽灵、怪影、怪想等来消灭的。"① 这意味着精神的产物不能够在精神领域内消灭，也不能通过有意回避问题的形式而取消问题的存在。海德格尔善于提出问题但并不去解决问题，他关注的是思想领域内存在着的精神问题，这种存在是他的哲学主线，他只是在思想的世界里面理解这些问题。这与梁启超的文化主张显然不同，梁启超善于发现近代中国社会的危机问题，并且积极寻求解决的办法，继而付诸实践。虽然他不赞成流血和革命的实践，但并不反对思想和言论的实践，他在论述破坏专制和旧有思想时说过："凡以铁以血破坏者，破坏一次，则伤元气一次，故真能破坏者，则一度之后，不复再见矣。以脑以舌而行破坏者，虽屡摧弃旧观，只受其利而不蒙其害，故破坏之事无穷，进步之事亦无穷。"② 言外之意是以思想言论的宣传和实践进行破坏更为有效。此外，梁启超认为宇宙和人生都是不圆满的，所以需要人们发挥主观努力去创造，经过日积月累，一步步走向无止境的圆满，这体现出一种务实的奋斗精神。梁启超还主张以中国文化精神去挽救西方文化，而中国的传统文化既属于入世的文化又是建立人与人伦理关系的文化。

在海德格尔看来，西方人自亚里士多德以来，便渐渐遗忘了存在，仅仅执着于存在者，而缺少了形而上学的反思，从而忽略了人的独特的崇高精神价值的追求。人的本真、澄明的存在逐渐被各种物欲填充，被物欲遮蔽。若使人在现实社会中恢复能动的无限可能性，就必须超越当下存在，包括超越当下人的生物属性，使人成为具有创造力的超感性存在，也必须超越当下环境的现状，即不满足于现状，不断地自由创造，不为他人、他物所役，否则便立刻丧失发展的可能性。所有存在者都是存在的本真特性所要求的不断超越的东西，就连人的生物自体也不例外，所以人类在不断的进化中超越从前，成长和完善。因此海德格尔强调人是活在未来的动物。从梁启超所作的《新

---

① 《马克思恩格斯选集》第 1 卷，人民出版社 1972 年版，第 43 页。
② 梁启超：《新民说》，《饮冰室合集》卷 6，中华书局 1989 年版，第 62 页。

民说》可以看出，梁启超客观分析了中国近代国民现状、原因，看到中国人的现代性大部分来自西方而不是内在自成，人心也随现代性的加深而逐渐被偏私、私德、物欲等所填充，人被物、情等所奴役。为破除种种欲望的束缚和遮蔽，还给国民一个本真的存在，梁启超结合中西古今优秀文化在内的新风格，勾画出新型国民应具备的素质才华等，使国民既不满足于现状，又依托于现实土壤而自由选择。如法律共同体与道德共同体、公民与君子、知性与德性、保守主义与破坏主义等思想出现在梁启超的国民人格建设中，都说明梁启超把本没有结合在一起的东西结合在了一起，重新阐释也意味着对以往的否定。能够看出，梁启超不同于海德格尔，他看到了问题而力图解决问题，同时也说明当时这些对立性思想在梁启超的阐述中并没有成熟，它们只是处于理想的蓝图中，处于萌芽状态之中。因此，如果按照这些思想改造国民人格，国民必须在很长一段时间内不断地超越、完善自己，经过时空的推算，真正完成《新民说》中的改造工程也只能是生活于梁启超之后——未来之中。其实即便国民达到了预定的新民目标，根据不断进化的环境，国民仍需不断地超越自己。尽管梁启超没有明确表达出这种思想，事实却如此。

海德格尔和梁启超都是以建设性的视角崇尚创造性精神，倡导对客观世界的关爱，强调现实与理想之间的内在联系，具有重新阐释人与人、人与自然之间理想关系的重设欲望和冲动，具有崭新的时间观和未来观。在海德格尔的思想中，出现怀疑、否定和虚无主义的倾向，然而，他并不是要决绝地推翻一切，而是积极地否定。梁启超也出现过以佛学观来消除对事物的执着，倡导放下物对人的束缚，他的虚无主义倾向也同样由于经世的需求而走向积极的入世观。看得出来，梁启超与海德格尔阐发的都是生活本身意义上的哲学。

三　萨特的存在主义与梁启超的人格实践

生活在梁启超之后的法国当代著名哲学家萨特是无神论存在主义者，认为上帝不存在，人间的一切照常运转。萨特的存在主义哲学标榜个人的生活自由，把存在放在第一位，迎合了法国第二次世界大战后知识分子的孤独、苦闷和放荡不羁，所以深受欢迎。到 20 世纪中叶它成为欧洲最流行的哲学思潮。萨特和海德格尔一样提出"存在先于本质"的思想。他在《存在主义是一种人道主义》中指出，人必须为自己的存在和自己的一切行为负责，身份角色并非天生，在于自我选择，进而强调：由于没有上帝，人是孤零零的一个自由的人，别无所恃。每个人虽然是自由个体，他的选择却无法摆脱生存环境的限制，即历史背景赋予他的使命，他需要为历史的相关性而负责，历史的相关性里面既包括自己，也包括他人。人若想成为一个有生存意义的人，可以通过在社会环境中建立一个超越自己的目标，以此目标来解放自己或体现自己，人类需要重新找到自己。萨特称这种存在主义思想为人道主义。

（一）萨特与梁启超的责任意识

萨特说："如果存在真是先于本质的话，人就要对自己是怎样的人负责。所以存在主义的第一个后果是使人明白自己的本来面目，并且把自己存在的责任完全由自己担负起来。还有，当我们说人对自己负责任时，我们并不是指他仅仅对自己的个性负责，而是对所有的人负责。"① 这说明萨特的观点不同于最初的存在主义而日趋合理，不再以个人的存在而排斥他人的存在，并且可以由个人的存在方式推论出他人的存在方式，把人的本质看作是对群体的责任。于是萨特以主人翁极具同情感的、推己及人的责任心来处理人与人的关系，并把这种方式扩充到人与群体的关系。他进一步解释说，如果存在先于本质，人需要在后天的环境里逐渐形成自己的品性，这个品性必然与所处的群体社会及所处的时代相关，即它要适应群体和时代。因此个体的意义非常重要，因为他与整个人类相关。例如有人以会员的资格宣称安分守己是最好的处世之道，这不仅仅是一个人承担责任的问题，这个会员是要求人人都安分守己，这时个人的行动是代表全人类来履行责任。由此，往往是个体在铸造自己的同时也铸造了全人类。

---

① ［法］让－保罗·萨特：《存在主义是一种人道主义》，周煦良译，上海译文出版社 2012 年版，第 7—8 页。

梁启超在《自由书》中也表示，大丈夫应以自身承担天下事，为全体尽义务而不仅仅为一身，这样做有益于天下全体，通过尽义务所取得的巨大利益却不是全在于他人享用而是我自己也能获利。这种个体与全体辩证统一的思想也在梁启超的个体与群体、"小我"与"大我"的论证中表露无遗。梁启超为自己建立的生存目标是在近代积弱的社会中寻求一种生存力量，也为所属的群体带来奋起的希望，他的行为带有个人对相关群体的责任意识。这种存在行为的意义体现在个体与群体、"小我"与"大我"的辩证关系上，也体现在个体主义与民族主义的对立与调和中。个体独立与合群是梁启超大力倡导的两种重要人文精神。梁启超认为个体独立与合群这对看似对立的德性，实际上却相反相成、内在统一。他认为中国所以任人欺凌而不成其为独立国家，就在于国民缺乏独立的德性，一个人的德性会对他的民族产生直接影响。如果全国上下都对社会危机担不起责任，人人都相互推诿、依赖成性——梁启超指出这种依赖性就是奴性——这样的民族就是"奴种"，因此对于中国的救治策略只能是提倡个体独立，使"人人各断绝倚赖，如孤军陷重围，以人自为战之心，作背城借一之举，庶可以扫拔以往数千年奴性之壁垒，可以脱离此后四百兆奴种之沉沦"①。人人都有孤军奋战的决心和勇气定能够使人人独立，人人有独立的勇气才会使他所处的团体而独立，个人的存在意义会在他对群体承担的义务中彰显出来。梁启超认为，人有"大我"和"小我"之分，个体相对于群体来说就是"小我"，群体则是"大我"。在大的群体中必然存在自私和兼爱他人的两种不同情况，自私并不必然就会对群体产生大的危害但也无益，在协调"小我"与"大我"即个体与群体关系时，由于"小我"包含在"大我"之中，所以善于利己的人应该识时务而利群。梁启超的言外之意是，有了"大我"才能保全"小我"，如果"大我"都没有了，"小我"势必是一盘散沙而终至覆没，两者是连带责任关系。梁启超对国民进行的人格教育便

---

①　梁启超：《十种德性相反相成义》，《饮冰室合集》卷1，中华书局1989年版，第44页。

是把个体放置于民族主义的责任中，在此背景下，人格教育既是他本人的一种自由选择，也是为全体国民在迷茫状态下树立起一个觉醒目标，如萨特一样促使其重新找回自己的价值。

（二）萨特与梁启超的主观主义

萨特认为存在主义的出发点是个人的主观性，而主观主义则代指两方面的含义，"一方面指个人的自由，另一方面也指人越不出人的主观性"①。萨特认为人不能到自身之外去寻找存在的证据，自己就是自己的存在条件，个体精神比肉体更自由，人的思想的存在就是个人存在的有力证据，一切都在人的精神掌控范围之内。萨特也极其信赖个体的主观力量和主观识别力，他举例说，如果有个声音在说话，它是否是天使的声音还得由听到声音的个体自己来决定。如果个体认为某一行动是好的，只有个体有资格说它是好的而不是坏的。人甚至有自由和有能力随心所欲地解释一个标志，将其作为天降的标志，并且为了强化主体的选择力量而反对宿命论。萨特指出决定个体存在的是个体自己，而听命于随波逐流就是痛苦，连事情的样貌都是由人来决定的。萨特的存在主义强调人能够进行自由选择、自由判断，说明人可以改变一切事物，当然人也具有改变的可能性。这一论调为梁启超推崇主体力量的合法性以及进行新民改造添加了注脚，增加了说服力。

萨特说："是懦夫把自己变成懦夫，是英雄把自己变成英雄；而且这种可能性是永远存在的，即懦夫可以振作起来，不再成为懦夫，而英雄也可以不再成为英雄。"② 至于成为懦夫还是英雄，都是主体选择的结果，关键在于自身的主观愿望。如果说梁启超夸大了人的主观精神改造社会和改造国民的力量，则萨特把梁启超的主观能力更加推进一步。萨特说："我们可以说有一种人类的普遍性，但是它不是已知的东西；它在一直被制造出来。在选择我自己时，我制造了这种

---

①　［法］让－保罗·萨特：《存在主义是一种人道主义》，周煦良译，上海译文出版社2012年版，第8页。

②　同上书，第23页。

普遍性；在理解任何别的人、任何别的时代的意图时，我也在制造这种普遍性。"① 他甚至认为无论是任何人、任何事、任何时代的特点，只要是能够被描述出来、总结出来的规律或经验，它们就都是主体的人按照自己的意志、逻辑思维制造出来的，不是客观自有的。在这里萨特牺牲了真理是主客观相统一的本性，认为普遍规律是主观自生的，是人制造了它，其用意不过是凸显人的至高无上的主观权威性、裁决力，人的主观思想无所不能。可以说，一切事物都需要人来赋予其规定性，人不存在，事物相对于人来说便没有了意义，也失去了普遍性。萨特却承认个体选择行为的绝对性并不改变每一个时代的相对性，这说明他又承认客观世界的先在性，存在是先于本质的，客观世界并不以人的意志为转移。由此萨特推断出存在主义的核心思想是每个人都要对个人和个人所属的同类群体承担起责任，并且可以根据个人承担的责任而去理解不同时代的文化模式。

梁启超利用主体不同的分辨力来逐步阐述主体对不同事物所赋予的不同意义及主体在宇宙中造物主的地位。他举例说："同一社会也，商贾家人之，所遇者无一非锱铢什一之人；江湖名士人之，所遇者无一非咬文嚼字之人；求宦达者人之，所遇者无一非谄上凌下、衣冠优孟之人；怀不平者人之，所遇者无一非陇畔辍耕、东门倚啸之人。"② 这说明主体所见者，正是主体所热衷的，非主体所热衷的，对于主体来说都会视而不见，都处在主体的选择范围之外，主体有自己的选择能力。梁启超又说："无名之野花，田夫刈之，牧童蹋之，而窝儿哲窝士于此中见造化之微妙焉；海滩之僵石，渔者所淘余，潮雨所狼藉，而达尔文于此中悟进化之大理焉。"③ 这说明主体不同，心态不同，所看到的情形、感觉便不相同，也即是说，以不同的主体精神会转化出不同的境遇；相反，所不能见到的精华之处，也正是主体所忽略之处，一切事物、现象的出现，都是根据主体的愿望。比如同样的

---

① ［法］让－保罗·萨特：《存在主义是一种人道主义》，周煦良译，上海译文出版社2012年版，第26页。

② 梁启超：《慧观》，《饮冰室合集》卷6，中华书局1989年版，第47页。

③ 同上。

风雨，几个知己在一起谈古论今、击剑饮酒会感觉饶有兴味，而漂泊异乡的游客，独自行走在寒冷的雨中则会凄苦忧闷；同样的黄昏，对于恋爱的人和孤独寂寞、失魂落魄的人却呈现出或欢愁，或愁惨的不同景象；同样的桃花，给不同的人的感觉或者是清静，或者是爱恋。梁启超又看到，各地的山、川、春、秋、风、月、花、鸟等，"万古不变，无地不同。然有百人如此，同受此山、此川、此春、此秋、此风、此月、此花、此鸟之感触，而其心境所现者百焉；千人同受此感触，而其心境所现者千焉；亿万人乃至无量数人同受此感触，而其心境所现者亿万焉，乃至无量数焉。然则欲言物境之果为何状，将谁氏之从乎？仁者见之谓之仁，智者见之谓之智……故曰惟心所造之境为真实"[1]。在这里，梁启超前半句话承认了自然景象亘古不变、客观存在，后面的阐述便转向了佛学的"无量世界观"。因为何种物境是真实，以谁来作为标准，无法判断。他以相对论的方式认为每个个体的看法都有其存在的理由，因此所见之物呈现出的千差万别，不在于物本身的性质不同，而在于主体识别力的千差万别。这时梁启超又推翻了客观世界自有的规律，致使外界没有一个普遍衡量事物的标准，所以他只好向内索求，把主观自己的精神作为标准，认为只有自己的感觉、自己的所见才最真实可靠，于是迈向了佛学的"三界惟心"。"三界惟心"是指欲界、色界和无色界，所有形形色色的世界都是由一心所变化而来。梁启超也认为惟有一心才真实，心所代表的精神永恒，肉体和宇宙万象都是虚幻，一切法相都是由心感化而来。梁启超与萨特一样，都没有在人之外的宇宙中寻找一个造物主，不同之处是：他把主体心的精神力量作为造物主，赋予了心体宇宙主宰的地位，让客观世界以人的意志为转移，不承认客观世界的先在性和真实性，当然承载主体心的人便是宇宙万象的中心，如果人不存在，一切便都不存在，这便是梁启超的"境者心造"含义，比起萨特的主体自证能力来说有过之而无不及。同时还可以看出，梁启超以心为世界本体，心能够造出大千世界，而萨特却谨慎地承认客观历史进程，认

---

① 梁启超：《惟心》，《饮冰室合集》卷6，中华书局1989年版，第45页。

为个体不能改变每一时代的相对性，这是二者对主体信赖程度的不同所造成的不同的本体论和认识论。

梁启超的这些观点都为他教育国民改变以往心态和精神面貌，树立起奋发向上、自主、自信的精神就能够改变近代中国命运的思想提供了理论依据。

（三）萨特与梁启超的自由主义

萨特在面对未来时，采取的是积极的态度，从事一项工作时只当尽力而为，不存幻想。萨特的存在主义并不是全力以赴来证明上帝存在与否，而是证明人应该自主地生活。所以在关于人存在的意义上，萨特对梁启超在建构主体人格能动性方面表述得更加合理。他说："人只是他企图成为的那样，他只是在实现自己意图上方才存在，所以他除掉自己的行动总和外，什么都不是；除掉他的生命外，什么都不是。"[1] 人只有向着自己的目标行动起来才能显示自己的存在，人的生命便在于追求目标、实现理想。萨特的最终目的是建立一个价值模式的人的王国，有别于物质世界，在人的价值王国里面统一的标准是自由主义。在人与人的群体中，每个人都处于其他人的思想中，依靠普遍标准来界定自己和他人。

梁启超非常赞赏"莫问收获，但问耕耘"这句话，认为将来的成就现在不必要去想，只是现在尽自己的能力去做，只要尽力就好。他认为用这种态度去做政治、做学问都可以一心一意，排除杂念干扰，自然会有收获；急功近利，见异思迁，反而做不好。这与萨特的积极尽力、不存幻想的态度相一致。

梁启超认为，人若证明自己的存在，必定积极行动起来实现自己的自由意图，以自立自强的有机生命来应对物质世界，每个人的生命存在都需要经过竞争，生存竞争与生俱来。所以需要近代国民面临强国时警醒和自觉改变，每个个体需要足够强大以维持生机和生存，这种强大便是生理上的健全和健全的人格，除此能够求得生命的自由选

---

① ［法］让－保罗·萨特：《存在主义是一种人道主义》，周煦良译，上海译文出版社2012年版，第20页。

择之外，什么都不能起作用。积极的自由等同于人的生命，除掉表明个体生命存在的积极的自主的思想，人便等同于自杀，什么都不是。

梁启超的积极心态实际上来源于他的人生观，他是利用"趣味主义"和"责任心"等去践履他的人生观的。梁启超说："我是个主张趣味主义的人。倘若用化学分解'梁启超'这件东西，把里头所含的原素名叫'趣味'的抽出来，只怕所剩下仅有一个O了。我以为凡人必常常生活于趣味之中，生活才有价值，若哭丧着脸捱过几十年，那么生命便成了沙漠，要来何用！中国人见面最喜欢用的一句话'近来做何消遣'，我听着便讨厌。话里的意思好像生活得不耐烦了，几十年的日子没法过，勉强找些事情来消他遣他。一个人若生活于这种状态之下，我劝他不如早日投海。"① 这表明梁启超极其看重生命的质量，指出是以趣味的、乐观的态度还是"消遣"的态度来面对学术和政治，是积极与消极人生观的分野。梁启超本人就一直生活于乐观主义的实践中：对于政治，兴致勃勃，全情投入；政治上失败，又转而专注于学术，孜孜不倦，也全靠"趣味"。梁启超认为对事物保持兴趣才会带来快乐。他的乐观主义，受到明末清初学者唐甄的启发。他借用唐甄说过的话"悦为入道之门……不悦则常怀烦懑，多见不平，多见非理，所以一切怨天尤人、不相亲爱皆由此生；悦则反是"，总结说："这话是很好的。我自己的修养也是向这条路上走。"② 梁启超把这种乐观主义的人生哲学作为自己立身行事和教导青年的准则，希望国民能够提高精神的修养和生活"趣味"，体现出生命存在的积极意义。

萨特存在主义的核心也是自由主义，认为任何人面对任何环境时，都有选择的权利，都是自主的。人面对环境，如果不能按照自由意志做出积极的选择，这个人就等于失去了自我，不是真正的存在。按照萨特的逻辑，人如果遇到困境，或者臣服或者抗争，这都是他自

---

① 梁启超：《学问之趣味》，《饮冰室合集》卷5，中华书局1989年版，第15页。
② 梁启超：《中国近三百年学术史》，《饮冰室合集》卷10，中华书局1989年版，第162页。

由选择的结果，只不过前者是消极的自由，后者是积极的自由。如果这个人放弃了选择，他便失去了自性。

这种深入分析自由思想的表述早在梁启超对于民族自由途径的阐述里已经表达出来。梁启超和西方学者一样，把人的首要价值列为自由，认为人可以进行自由创造使人区别于动物，人还可以为争取自由而采取积极的行动，因而对自由的压抑是天下首恶，对自由的放弃更是罪不容诛。精神的自由正常来说是永远无法剥夺的，除非此人主动放弃了自由权利。梁启超举例说，强者在突出自己权利时一定会触犯弱者的自由底线，弱者如坚持不降低自己的底线，就不会屡屡招致强敌，当弱者让出自由时，强者只是顺势接受了出让的自由。所以梁启超以恨不能成才的态度认为，侵犯自由之事的根源在放弃者身上。借此，梁启超暗示出近代中国的危机应该出自中国自身的内因而非外因。既然自由如此可贵，梁启超又进一步指出放弃自由之后，人便如奴隶一样无自立、无自主、无自治，结果会导致族群覆灭。族群覆灭是因为一个社会自由的文化创造、文化精神已经停止。人若没有自由便与奴隶无异，梁启超接下去也必然能够推断出，是奴隶便得听命于人、俯首帖耳、唯唯诺诺，只知道带着枷锁按照上级的旨意去做，每走一步如履薄冰、小心翼翼，又岂敢私自发挥创造。因此奴隶不论从身体上还是精神上都远离创造，久而久之，无论何种民族都必然覆灭。可见，梁启超也把自由的作用和意义等同于个性价值、民族保全以及生命本真的存在，这与萨特的看法不谋而合，只是梁启超个体自由的思想根源于政治而非学术。

萨特的存在主义也不是随心所欲的自由选择，而是每个个体都会发现自己正处于一个有组织的处境中，他是无法脱离这一点的，他的选择是牵一发而动全身，涉及整个人类。人要参照这个组织的看法和意愿后天来铸造自己，人不是生来就如此，一如弗洛伊德的"超我"对于"本我"的要求，这就是环境作用给他的压力。而对于一个人外在的考察标准，只能通过个人承担的责任来解释他。即是说，不管怎样判断一个人，都要鉴于他现在所处的环境以及个体的实践成效。梁启超也把自由的考虑建立于现实的农业经济基础之上，把人看作历史的人，在东方特有的原本只知"一个人自由"的社会现实中来论证自由，把自由价值辐射到社会整体结构中的每一分子，不只强调单个精英的自由和自我意识，还把个体还原进整个社会的系统内来考察。梁启超观察到自由虽然是权利的象征，在中国只有自由的风俗却没有自由的美德，自由的美德要与法律紧密相连，在法制健全的国家才会最尊重自由权利，人们也才会懂得哪些是真正的自由，哪些是随意的自由。"文明人最自由，野蛮人亦最自由，自由等也，而文野之别全在其有制裁力与否。无制裁之自由，群之贼也；有制裁之自由，群之宝也。"① 没有法律约束的任意的自由，只能是侵犯群体的自由，一个人没有法律意识、任意妄为只能是害群之马，而具有法律意识的人行使自由权利则会对群体有益。梁启超对自由权限的清醒认识与萨特的受到组织约束的自由观点相一致。

萨特说："自由作为一个人的定义来理解，并不依靠别的人，但只要我承担责任，我就非得同时把别人的自由当作自己的自由，同样当作自己的目的。"② 争取个人的自由同时就要争取别人的自由，这是自由的责任意识。梁启超早就把个体自由的追求与群体自由的实现联系起来。他在启发国民追求自由的时候，并不是号召国民只认识到个人自由，而是要认识到全民的自由。因为他认识到专制政府是由国民组建，若变专制为立宪首先当改变组建政府的人，政府是由民众所组建，所以要改变全民。全民都有自由权利意识，政府就会维护自由权利，全民就会从专制之下解放出来。梁启超相信自由是天道，做符合天道的事是行"良善之事"，如果一人、一家、一国都这样做，那么天下便得自由。根据这种推理，个人要担负起全天下自由的责任。

（四）萨特与梁启超对个体人道主义的展望

萨特把自己的存在主义理解为人道主义，他是想说明两点：一是

---

① 梁启超：《十种德性相反相成义》，《饮冰室合集》卷1，中华书局1989年版，第46页。

② ［法］让－保罗·萨特：《存在主义是一种人道主义》，周煦良译，上海译文出版社2012年版，第31页。

不容许一个人对全人类作终结性的评判，存在主义者永远不会给人作定性，因为人仍然在形成中；二是人本身就是他自己的超越中心，因为除去人的宇宙、主观性宇宙外别无他物，除了他自己外别无立法者。

　　梁启超早就表露了存在主义的这些思想特征，梁启超虽然看到了中国近代国民的劣根性和散漫性，但他从不给国民下终结性的定论，从不认为其顽固不可改变，反而认为国民的人格结构不是封闭而是开放的，能够适应和接受现代化的文化、经济、政治等，也能够理解现代社会的种种冲突。因此他在《新民说》中为国民设计出兴民德、开民智、鼓民力的改造方案，而且在《新民说》中提出功利与义理、权利与义务、知识与德性、民权与国权、共和主义与自由主义等相融合的思想，这些都是梁启超在新文化建设和人格建设时提出的特殊理想。梁启超的《新民说》体现出与萨特相同的个体展望信心。两者的不同之处在于：梁启超是以对国民教育改造的实践性环节来说明对个体人格发展的信心，而萨特则主要是从形而上学层面说明个体发展的可能性。

　　此外，梁启超认为在每一次的重大历史转折时期都必须具备两个条件，一是在现实社会运动中要有带领民众的伟人存在，二是在理论上要具备统一的指导思想。这说明梁启超已经意识到，人得为自己做出决定，做出决定的根据不能在自己身上来寻找，只能在行动中立出一个体现整体意义的目标。

　　再者，梁启超的新民建设行为本身就是准备解放国民被奴役已久的本性，使人还原为能适应生物进化与竞争的人，能够按照现代人的方式去生活，自我超越国民自身的劣根性。由此，梁启超还推测出每个国民在未来先进社会里都会成为优秀的人，因此每个人都不能再称其为英雄，未来的社会自然无比壮观瑰丽。并且，根据梁启超的判断，西方哲学"专以爱智为动机，探索宇宙体相以为娱乐"，离实际生活很遥远；而中国哲学则相反，特别是"儒家不重知识""重在力行""或为自己的修养应用""或为改良社会的应用，对于处世接物

的方法，要在学理上求出一个根据来"①。可以看出，梁启超认为研
究人之所以为人是儒家哲学的研究范围，因此儒家哲学是以人为本的
人本哲学，专门探索人际关系、社会关系，以用来改造社会，有很强
的人际情感色彩和很强的应用性。这些都说明梁启超的文化建设和文
化实践本身就是一场人道主义运动，只不过梁启超在进行人道主义运
动之中更关注经世。

　　从萨特所表达出的与梁启超相同或相近的哲学思想中，可以透视
出梁启超在人格建设思想上的先见之明，更加使人深刻洞见梁启超由
于时代背景而无法彻底、准确表达出来的思想，所以萨特的存在主义
哲学展现出梁启超未来的文化构想。可以说，萨特的存在主义很大一
部分体现出梁启超的文化哲学特色，因此考察萨特的文化思想，会惊
人地发现许多似曾相识的梁启超的人格改造思想，只是梁启超的思想
有时会表现出更彻底而决绝的一面，萨特的阐述显然比梁启超更加趋
于谨慎和理性。不仅在东方，即使在西方，梁启超的文化思想在当代
也具有不朽的源泉性价值。

第二节　道家之"道"与梁启超的人格
理想之"道"

　　在梁启超的学术研究中，他坚守儒家的人生哲学为主流思想，博采
道、墨等家之长，并参照近代社会的发展情况，构建起自己的人生和人
格之"道"，这使其人格建构方法与道家的修养方法产生了某种关联。
通过两者之间"道"的比较，可以看出，梁启超的人格建构之"道"
既有对中国传统文化历史承继性的一面，又有超越传统而充满现代紧张
感的一面，但二者之"道"都是对社会现实情况的呼应方式。

一　老子与梁启超人格之道的内容比较

　　据考证，道的初始含义就是人所行走的道路。人以道作为法则，

---

① 梁启超：《儒家哲学》，《饮冰室合集》卷 12，中华书局 1989 年版，第 71—72 页。

而道是自然法则，所以《老子》追求的理想品格是"尊道""道法自然"乃至清静无为。这里的自然法则是种生存状态，是不假外力、顺其天性的动态展现，它是相对于人为而言，老子认为人为即是"伪"，是人造而反自然现象。老子认为天道即是人道，人道也即是圣人之道，他说："人法地，地法天，天法道，道法自然。"从逆向推论，老子哲学与自然有关，落脚点却是人。人是宇宙万有的组成之物，所以人应该服从于天道。天道的本性如何，人的本性就该如何。庄子也赞同："道之所在，圣人尊之。"而天道是"利而不害""不争而善胜""不言而善应"，相对应的理想人格便是"为而不争""以其不争，故天下莫能与之争""圣人处无为之事，行不言之教"。老子为人生设立一个最高标准是以静制动、对抗一切作为，提倡无为。从种种迹象来看，作为老子哲学范畴核心观念的"道"是本体，它是以人的生活态度和精神为依据，从人存在的总体上确立道的形而上学概念，体现出人学本体论倾向。

梁启超是儒家学说里面的今文经学代表者，他以公车上书、百日维新、倒袁等政治行动把古今儒家的政治理想发挥得淋漓尽致。当梁启超对政治活动失望厌烦之后，便开始反思失败及国家现状的原因。于戊戌变法后，梁启超把问题解决方法从"政学"为主变为以"新民"为首要事务，他认为新民的第一任务是建构新型人格。而新型人格要由中西古今的各种优秀的、合乎时势的伦理构成。在这些伦理思想中，梁启超倡导的人格修养之"道"与道家的修身养性之道的内容、方法等既有着异曲同工之妙，又有着本质、空间、价值取向等方面的差异。

梁启超以新的人格教化之"道"，一改中国近代的"言技"与"言政"，而只是"言教"，只讲如何教化国民，如老子一样，也体现出人本主义倾向。

（一）老子与梁启超的人格蓝图框架

按照老子的看法，宇宙万有由道所生，万有的特征就是道之德，道之德就是宇宙之德。因此他认为，道的特性如自然无为、致虚守静、生而不有、为而不恃、长而不宰、柔弱、不争、居下、慈、俭、朴等观念，都是道的基本特性，同时，宇宙万物也体现出人的内在本质。庄子进一步概括道的特性为只可意会、不可言传，他说："世之所贵道者，书也。书不过语，语有贵也。语之所贵者也，意也，意有所随。意之所随者，不可言传也。"庄子一语概括出"道"是无形的总体面貌。

老子把柔、愚、啬作为理想人格的框架结构。在此结构中，精神生活的各因素相互依存、相互作用。在不同环节上，共同实现清静无为的目的。人格中的意志力量当属"柔"，它是人格的最深部分，它体现出无为的外貌。而人格中的理智部分是"愚"，是人格的感性层面，代表生存的最高智慧，类似于大智若愚。人格的最高层面是"啬"，它是人格中的道德力量，标榜着无为的德行，即人的精神不被外物所诱。三者和谐统一，会形成健全、无为的"真人"品格。

梁启超赞同儒家哲学中"以为人能弘道，非道弘人，故天之道、地之道等等，悉以置诸第二位，而惟以'人之所以道'为第一位。质言之，侧儒家舍人生哲学外无学问，舍人格主义外无人生哲学也"[1]。儒家所提倡的"人道"就是人生哲学，人生哲学就是要造成一种尽善尽美的人格主义。这就是"孔子谓韶尽美矣，又尽善也……美善合一是孔子理想的人格"[2]。梁启超认为"美善相乐"理想其实是儒家心目中最高的社会人格，也是健全的人格。由此，梁启超在"美善相乐"的基础上建立起自己的人格结构图式。

梁启超于1901年曾归纳出四个方面的教育宗旨和方针，即"志于道、据于德、依于仁、游于艺"，总括为德育、智育和体育三个方面，是梁启超的德性人格结构总体范围。其教学原则是"重精神，贵德育"。梁启超的教育目的由逻辑推演论证出应该从培养政治人才到培养拥有新民德的全体国民；人格建构的内容由政治结构占主导而变为新道德结构居主流地位；德育的总体方法按照他自己所说："一曰

---

① 梁启超：《先秦政治思想史》，《饮冰室合集》卷9，中华书局1989年版，第68页。
② 同上书，第98页。

淬厉其所本有而新之，二曰采补其所本无而新之，二者缺一时乃无功。"① 不论梁启超对人的精神世界培养的内容、方法、原则及过程，还是对其培养方法理论的论证，都以心体的能动作用为依据，以逻辑论证为方法，并且凸显出力求参加社会实践、适应时势的"有为"的人格理想。这套完整的人格结构教育设想，能够比老子的人格结构框架更进一步设立出原则、方针、目的及方法，并且经世性极强。

（二）"无为"与"有为"的区别

老子"无为"的人格取向与儒家"有为"的人格取向恰恰相反。梁启超坚持儒家看法，提倡凭借文化熏陶、风俗礼仪和制度杠杆等来实行仁、义、礼、智、信，老子却认为礼是祸乱之首，主张无为而取消"仁"和"义"。这与梁启超积极入世、经世的思想似乎格格不入。梁启超发现只有"少年强则国强"，"今日欲抵挡列强之民族帝国主义，以免浩劫而拯生灵，惟有我行我民族主义之一策，而欲实行民族主义于中国，舍新民未由"②。他认为拯救近代中国国民必须博览各国民族的自立之道，融汇汲取各民族的民德、民智、民力，用来弥补中国国民自身的短处，中国才能独立自主。只有培育出具有新道德素质的国民来，以道德文化救国，中国才会转危为安，所以梁启超舍弃政治活动转而以培育新民为主。梁启超的育人方针以国衰民弱的历史事实为背景，以建构国民的全新人格为重心，建构新人格以更新人的道德意识为主，在人的主观精神世界里下的功夫最多。梁启超提倡采用各国先进道德和思想成果来构建中国的新文化、新思想和新道德。他在《新民说》中透露出自己的新民理想为：国家主义与个人主义相融合、进取与冒险相结合、权利与义务相统一、自由主义与群体主义相结合、公德与私德相统一，以及提倡自治、独立、自尊、合群、尚武等精神。这些新民精神都与经世致用、有所作为的思想相吻合，这些与老子的绝圣、弃智的"无为"思想恰好相反。

然而老子在 2500 年前的历史语境里看到了当时的文化发展对人

① 梁启超：《新民说》，《饮冰室合集》卷6，中华书局 1989 年版，第 77 页。
② 同上书，第 4 页。

的压抑，一如弗洛伊德看到的文化负作用一样，他也预测到技术手段将会与物质的发展产生何种关系。老子是在当时社会的环境中，对现实社会文化进行了批判、控诉与不满，并且在现实的不远处悬挂起绝仁、弃义、绝圣、弃智的旗帜，还在日常生活中躬行践履道家的质朴无为、小国寡民、绝圣弃智的信念，乃至庄子再立一"真人"形象而与儒家理想中的圣贤区别开来。道家建构起来的理想人格内容自然毫无悬念地以无为为中心，以"柔""愚""啬"为框架，以"慈""俭""静""朴""守雌""处下""不盈""不争""无事""无知""无欲""无私""绝巧""弃智""绝学""去甚""去奢""不敢为天下先"等为具体人格内容和特点。这些概念、范畴针对当时社会文化对人的束缚而言，希望消解掉社会制度与人之间以及物质生产与人之间的异化。表面上清静无为是没有作为：不运用技巧、不运用分析、不运用繁文缛节，实则是主观对客观采取了命令、强制的手段，用人为的消极人格形式去指导实践，并且这些人格的内涵与当时社会的亚文化甚至反文化息息相关。这恰恰能够说明老子的人格内容并没有脱离人与社会的关系，又在对现存社会关系的反抗过程中以无为的形式倡导自己的主张。所以老子的人格内容以现实为依托又远远高于现实，却又没有脱离现实，正是无所为而又无所不为。

　　梁启超以近代中国满目疮痍的现实为背景，以挽救社会危机为价值取向，以唤醒民众为过程，以新民德为具体手段，在民众多数麻木的基础上运用教育手段，力图使国民的思想文化意识、深层社会心理产生一个飞跃。这个飞跃产生于现实土壤，又超越于现实土壤。梁启超并不奢求国民能够一夜之间突然大彻大悟、发愤图强，他力图使国民一步步、一点点地改变，认为这样便会带给当前社会一定的希望，未来的社会里便会充满了优秀人才，政体自然会改变乃至国家强盛、民族独立。这便是梁启超根源于现实，又超越现实的、有所作为的人格建构思想的总体思路。可以说，老子与梁启超二者都是以现实为背景，进行"无为"和"有为"的思想弘扬，只是面对社会文化现状，道家以"无为"来避世，梁启超以"有为"来经世，二者的文化选择都与社会现实紧密相连。

二　道家与梁启超"无我"的入道方式

得到"道"的途径很简单，在日常生活里老子提倡返璞归真，认为以外力强迫就范于"礼"或者"制度"就是"伪"，"伪"藏匿、束缚了人的本来面目。"伪"也属于人文和"人化"的现象，与有史以来的人类文化进程、智慧演进有关，因为"道"是自然、原始、虚无状态，不掺杂人为。所以老子倡导"绝圣弃智"，复归无为，便是复归于"道"。

《庄子》中所提到的庖丁，通过熟练的技巧逐渐超脱客观事物的束缚，得到自由运用的境界，达到无可附着和言说的"道"。庄子描绘了许多拥有高超技巧的工匠，目的都是揭示人与天地万物圆融无碍、遵从自然的原生态生存方式，而不是阐发具体的创造技巧和客观规律。在轮扁斫轮、庖丁解牛、津人操舟抑或是东野御车等一切生活实践中，主体渐次脱离自然和社会的束缚以及摆脱生理和心理的束缚，剖开外部现象，显露真相，唤醒人们在自然中的归属，呼吁人回到原初状态下的婴孩般的纯与真，要求人与自然合一、呼吸同步，达成无知、无欲乃至无法言说的"道"境界。庄子着重表达人以怎样的方式存活于天地宇宙之间，如何在心与物、宇宙和谐统一中去展现物质世界与人心之间的相通关系。只有达到如此境界，人才会摆脱与物、与人、与社会的利害关系，站在主体之外去解析主体理念。这虽然使主体看上去好像呈现空洞状态，却获得了"不在场"的强大，即无形的力量。这时精神获得自由，不被外物所累，体现出归于"道"的意义，这也是寻求"道"的旨趣所在。庄子所描述的以"心斋""朝彻""坐忘""见独"去体会天之"道"，就是主体忘却自我，没有"私我"的观念，无我是至"道"的最佳途径。从哲学角度看，主体之所以能达到如此境界，在于他泯灭了主体与客体的差别，心物相通，打破物我两隔，形成了主客一体。

梁启超也提倡以"无我"方法来入人格之道，尤其是当他醉心于中国文化研究和新民人格建构之时。梁启超教导有志识的国民需放下个人生死，忘却个人得失，达到无我。梁启超非常强调人精神生活的重要性，认为当今世界常有知识饥荒之怨，最重要的却是精神饥荒。如果没有思想引导制约，知识便无社会价值；人无精神支柱，便没有正确的人生目的，人就不过是消耗面包的机器，毫无价值可言。他认为中国和印度拯救精神饥荒的方法较好，因为东方的人生观都认为精神生活第一位，物质生活第二位，人最重要的是求得精神生活的绝对自由。

梁启超指出，若获得精神生活的绝对自由，方法有二：一是抑制物质生活使其不过于奢华，才能为精神生活的蓬勃发展留出余地；二是树立高尚美满的人生观，确立精神生活，以人生观的势力压抑物质生活欲望。梁启超采取美满人生观来处世是积极应对方法。首先，梁启超所言的美满人生观是指："宇宙是不圆满的，正在创造之中，待人去努力，所以天天流动不息，常为缺欠，常为未济。"① 拥有这一人生看法，做事情便会有了标准，认为宇宙尚未圆满而需要人类继续创造，也便清楚自身不断实践的意义，不论大同世界、极乐世界都尚且遥远，必须时时督促自己前进而不停留；一旦宇宙既济，一切都已圆满，人类容易放任自流而停滞不前。只有宇宙未济，才可以使人"发愤忘食，乐而忘忧，不知老之将至"，也可以由于生命的创造力而天天快乐，无一点沉闷气象，可以说，由创造带来的快乐就是美满人生，同时也能够达到某种自由。其次，梁启超所说的美满人生观是指人类不能单独存在，不能说世界上哪一部分是我，哪一部分是他人，人"我"不可分，人与群体应该是统一整体。所以孔子才会说毋我，佛家也不讲"我"的存在，才可以给精神自由让路。而佛、道在最高境界上义理也相通，道家自然也主张无我。

梁启超认为无我，并不是要把原本的我加以贬低，而是根本就找不出我与世界的不同来。这是对自我的提升，是要把"我"提升到与世界的同一高度上。梁启超利用佛家一切为空的方法，否定了肉身的"我"。按他的说法，如果人人都能明白世界上本没有我的存在，

---

① 梁启超：《东南大学课毕告别辞》，《饮冰室合集》卷5，中华书局1989年版，第13页。

则自己所做的一切事，根本就没有成败得失之虑。免除了私人忧虑，群体也就免除了烦恼，为此他专门作有一篇《说无我》来解说佛学的无我观，同时也表达物我两忘、达成人格之道的途径。他说："以我国文字书写解释今存大藏中者垂八千卷，一言以蔽之，曰'无我'"，"佛何故说无我耶？无我之义何以可尊耶？'我'之毒害，在'我爱'、'我慢'，而其所由成立则在'我见'。"① 我见即是对自身固执己见，对周边所见的物象产生执着。按照梁启超的解释，人对主观精神之外不属于自己的东西比如我身、我妻、我家族、我财产、我乡土、我团体、我阶级、我国家等有所执，这种以自我感受为中心的固执己见会造成偏爱和倨傲。所以梁启超强调说："其所由起，则徒有我之见存，故谓之'我见'。不破此我见，则我爱与我慢决未由荡涤，此佛所以以无我为教义之中坚也。"② 梁启超坚持破除我见，否则万事万物都以我为中心，以主观我的精神来行动，凡环绕我者都受到我的支配，我则固执己见，"我"会使客体对象化，成为心物之间沟通的障碍，是造成主客二分的元凶，所以必须忘我。梁启超在学理上也认同道家的"无我"，他认为"齐物"论的中心思想就在于抹杀宇宙万物的各种差别，才能得到共相、和平等，"齐物"论的主线就在于"天地与我并生，而万物与我为一"这两句话上。他看出，齐物论所讲的道理类似于佛教的法相宗，以分析考察名相的方法来破除名相。这样，梁启超既肯定了庄子的无我思想，又揭示出道家的无我思想与佛教之间的密切关系。

　　梁启超利用佛教所解释的无我思想最终目的并不是出于六道轮回、奔赴西方极乐世界，他认为极乐世界就存在于"吾心"，从而彰显出人的权威性和主观性。因此，梁启超把无我的方式落实到"修心"上面，即个人品格的修养、人格的培育。尽管梁启超采用佛教观点来阐释无我观念，梁启超却把佛家的"法"概括为心理学，为此，梁启超还专门作有《佛教心理学浅测》一文。可以看出，既然梁启

① 梁启超：《说无我》，《饮冰室合集》卷9，中华书局1989年版，第27页。
② 同上。

超把佛学视为心理学，那么也自然把"无我"纳入现代科学范围内来论说。如此一来则打破了"无我"观念的形而上学束缚，侧重于从科学、社会实践方面运用"无我"思想，而不再奉行西方极乐世界所倡导的无我观念。所以梁启超的"无我"观念的确是运用佛学术语和佛学方法进行的阐释，并不就是佛学。梁启超所讲的心中做到"无我"自然也与佛教相关，重点讲的不是以阿赖耶识为主的"无"，而是境由心生，一切物境包括"我"在内都是心体的显现，强调主观心力作用，彰显人的主观精神涵盖、创造一切的能力。从这个意义上也可以说，梁启超的"无我"说是人主观精神世界修养，是"'境者心造'的一部分，侧重于本体领域，无我的解脱则是这一本体哲学在人生领域的贯彻和展开"①。因此，梁启超与老子的"无我"都可以归纳为修身养性的途径，也是建构理想人格的途径。

除此之外，梁启超还利用进化论来诠释无我思想，进化论在他那里不是用来说明宇宙未济般的生命不息从而推论出"我"的无常乃至于无我。其实，梁启超所讲的进化论作为佛教义理的一部分而存在，无论祖辈之间的生物遗传还是个体与社会群体之间的精神感染都是业报轮回中共业的一个殊相。因此，梁启超在论及自己的生死观点时反复强调说，进化论家的遗传学说是指宇宙众生在其生命过程中，所遇到的周围环境乃至所形成的性格习惯，尽数遗传给自己的子孙，如此一代传一代，无论是前世、现世、来世的人，都以此遗传给子孙。这样一来每个个体的生命都不能永远停留，都在进化过程中得到繁衍、延续和有所变化，因此在生物进化过程中具体的个体便是"无"。梁启超在以进化论解释无我的过程中，通过遗传显示出个体与他人、家庭及社会之间的相关性，继而在对社会、群体的彰显中隐没了个体小我的存在，进入到无我状态。梁启超在《仁学序》中指出过："今夫众生之大弊，莫甚乎有我之见存，有我之见存，则因私利而生计较，因计较而生挂碍，因挂碍而生恐怖，驯至一事不敢辩，

---

① 魏义霞：《谭嗣同梁启超"无我"说探异》，《学习与探索》2011 年第 5 期。

一言不敢发。"① 正是由于惧怕失去现有的一切而不敢作为和不敢言论，达到怯懦极致时即使看到孩子落入井中也内心麻木，听到身边的痛苦呻吟也不动心，见到同胞糜腐也不怜悯，放任同类众生的痛苦而无知无觉，于是不仁之事便开始出现。然而"我"作为一个个体，不应该有私、有爱，既然无私、无爱，则不如舍弃我身为众生牺牲，使我良心安稳。由此，梁启超把进化论和佛学结合在一起来解释人格"无我"的入道方式，显然比老子自然心境下无我之说更具说服力。

三　老子与梁启超人格之道的价值取向比较

老子把道作为本体，道的观念是在生活的历练中领悟和获得，又必须回复到生活中才能所向披靡。而"道"与"物"又具有不可解的辩证关系，"道"高一尺则"物"高一丈，"道"的获得全凭个体对生活的感悟和修为。因此"道"与主体本人的认识能力、选择能力、判断能力密不可分，而这种认识能力、选择能力和判断能力又是主体的人格特质，具有这种人格特质的人并不是真正地疏离社会生活，是能够与社会更好地互动、更好地适应社会的人。纵使老子所倡导的"鸡犬不相闻""老死不相往来"、不着帛只穿粗布也是思考之后对生活方式的一种选择，并不是真正返回原始的部落而赤身裸体、野果充饥，而是针对当时社会制度对人的束缚进行反思和批判，然后希望主体能够选择倾向于自然、自由的现世生活。这与梁启超对国民进行的本质改造、新民人格建构具有相同目的，都是使其能够更好地适应于社会和服务于社会，而不是脱离于现实社会。

梁启超首先论述近代中国的社会危难，阐明国民的生活状态，然后说明社会发展同国民素质之间的必然联系，当国民拥有新的道德品格后会对时下社会变迁有所醒悟、反应，然后由认识进入实践，对社会制度、社会文化承担起改造和选择的任务。由于认识到这一点，梁启超在对中国文化进行反思之后决定从社会变迁的根本力量——国民

---

① 梁启超：《仁学序》，《饮冰室合集》卷1，中华书局1989年版，第32页。

的本质、人格入手，对全体国民进行教育和改造，希望在全社会形成强有力的积极奋进、自觉图强的社会心理力量。梁启超把对人格中的德性教育作为人格建构之道中的主要内容。他把教育要有针对性地实施、直抵人的心灵当作"入道"。他所指的"道"是指一种精神的升华和追求，里面不包含人的物质、名利追求。他说："今人为学，多在声价上做。如此则学时已与道离了。"过于在乎声誉、清名反会舍本逐末、误入歧途，逐渐疏离道，结果是"费尽一生工夫终不可得道"①。梁启超看出当时很多人做学问，并不是为追求圣贤的精神境界，而是为沽名钓誉，由于过于注重名利，则反倒失去了修养人格之道的真精神。可以看出，梁启超在这里所提及的"道"并不是道家的道法自然、放弃"人化"的无为方式，而是通过学习修身养性的方法所达到的一种精神自由境界，即是以恰恰相反的"人化"方式来入道。当然，梁启超在这里所指的"为学"也不是对科学知识的学习，而是专指对德性人格的学习。不论梁启超的人格之道、学习之道还是教育之道都是以人的社会生活为参照物，目的是使人类增强德性意识和批判能力，便于用此之"道"更好地进入现实生活的"大道"，不是运用"道"来避世，而是利用"道"来更好地入世。因此梁启超之"道"的现实价值取向是使人能够顺应人类社会的自由法则而实现生存意义、生存价值，并且解决生活实践中的困惑。"道"对于梁启超的新民人格理想来说相当于人格建构的路向；而道家之"道"的价值取向是力求人能够顺应自然法则，无为、无障碍、无困惑地生活，也可以说，老子之道是顺应"天道"的生活方式，其目的是更好地规避、回避生活中出现的问题；二者一个是动态的积极，一个是静态的消极。这些都是梁启超之"道"与道家之"道"的最大、最根本区别。如果二者生活方式与态度能够有机衔接，则宇宙观与人生观会完美结合，必会达成宇宙既济、人生既济。然而也由此可以推论出：道家顺应"天道"的生活秩序，存在于人生价值演进的初始阶段，梁启超顺应自由法则的"人道"生活是人生价值演进中

---

① 梁启超：《德育鉴》，《饮冰室合集》卷7，中华书局1989年版，第2页。

的高级阶段。二者并不是类型不同、内容不同，只是时空顺序的不同。在后现代社会里，由于技术手段与对象之间的异化问题将被解决，则"天道"生活与"人道"生活会更容易打破界限，彼此接纳、融合。

道家之"道"与梁启超之"道"的相似点在于二者都是对社会生活的经验性总结、反思，都是对生存方式的选择。尽管道家哲学与自然有关，但其并不是真正的自然哲学、生态哲学，而是力求在社会生活中超脱人化现象，做到简单、自然、便捷、心无旁骛地生活。老子看到自然界中柔是生存张力，例如人在初生时身体柔弱，人将死亡时身体僵硬；草木生则柔，死则枯槁，这些都是自然规律。而"愚"是生的智慧，"啬"是生的方式，因此老子所倡导的"愚""柔""啬"的人格框架，并不是无知、盲目退让与吝啬成性，是为使人更好地按自然规律去生存，生命才会长久、快乐。在这里道家显然是按照生命的本能和标准去规划人生，只是以自然作为生活的参照物，认为顺自然规律则生，逆自然规律则亡。这在现代马斯洛层级需要理论里面是人的最低等需要——生存的需要。而梁启超则是按照人类生存的价值和意义去规划人的生活方向和目标，希望人能够实现类似于马斯洛层级需要理论的最高层需求——成就的需要。

老子论证道时的显著特点是运用了辩证法的思维方式，例如《老子》中所表达的："祸兮福之所倚，福兮祸之所伏，孰知其极，其无正。"梁启超虽然没有运用辩证法来论说人格之道，但采用了逻辑叙述的手段，以佛教和进化论为基础，一环扣一环，推论出国民在看淡生死、放下利益之时，人会具有无畏精神，人具有无畏的精神才会全身心投入政治事业中，一心投入政治事业中才会收获政治成果。如果以佛学来论，梁启超已经领悟到"舍"与"得"之间也是辩证统一关系，只有真正舍弃了物质和生命的顾虑，才会得到真正想要的成果，有"舍"才会有"得"，因此梁启超在社会改良实践中把放弃与收获之间相互转化的道理运用自如。

另外，梁启超表达过摒绝他念、一心图强也是一种欲念的表现形式，这和《老子》所讲的"无名，天地之始；有名，万物之母。故常无欲，以观其妙；常有欲，以观其徼”的辩证思想相契合。因为老子所说的常无欲也并不是排除一切欲望，是指理智分别之下的无知和无欲，比如不去尊崇贤能，民众自然不争；不抬高稀有货物的价值，民自然不去盗窃奇珍。在老子看来，心为物役会造成物我两分和对立，背离人的自然天性。老子所说的无知无欲就是初生的婴孩状态，婴孩也并不是完全无欲无求。他的欲和求都是自然天性，并非超自然的人欲奢望，婴孩的欲和求无分别。有分别与无分别的处事方法，正是老子辩证法的精妙之处。不论老子对"欲"有分别还是无分别地对待，都是要求人欲不要被人所造的外物所累，否则人化创造物会与人的本质产生异化。这与梁启超在追求理想人格的道路上所主张破除心奴、"不为物役"之说相一致。

梁启超强调精神不要被物所役，否则会丧失与环境抗争的勇气，从而失去人的生存意义和价值，成为不自由、奴性的人，人的精神便无法控制外在世界，从而与外在世界产生异化。当人的主观精神能够规划自己也能规划外部世界时，人便成为自由的"类"的存在物，自由维度中的人的创造会带来民族的"生"、国家的"复兴"。这样，梁启超重建的人格结构与社会危机直接相关，这与老子无为的人格之道的价值取向恰恰相反。老子的无我、无为的人格之道是促使人在万象多变的世道中选择一条更利于生的道路。梁启超倾向于儒家的理想人格之道，则更具有经世理念，是超越人的生存基础的成就的需要。这也是道家与儒家学术上不同旨趣造成的根本差异。梁启超还是极其赞同老子对人格修养提出的"生而不有，为而不恃，长而不宰"的指导，① 认为老子哲学是"最高尚""最有益"的哲学。

总之，梁启超以"无我"来入人格之道的方式，与老子利用"无我"来求自然之道然后再总结为人之道的目的一致，都是彰显此岸世界中人的本质的注脚。从这一点上说，老子人格之道与梁启超的人格之道异曲同工。

---

① 梁启超：《老子哲学》，《饮冰室合集》卷8，中华书局1989年版，第22页。

本章小结

西方自文艺复兴之后，开始彰显人的主体性和主体力量，学术思想的重心在于对人性的培养、教育和提升，因此从文艺复兴时期开始文化必然呈现出两个方面内容：一是主体自决所倚赖的人的精神层面，二是由现世主义和个人主义所决定的物质感性层面。现世主义和以人为中心的倡导促使第一次世界大战后存在主义在德国开始流行，逐渐成为 20 世纪西方的主要哲学思潮。存在主义主要强调个人的存在和主体的选择能力，但也容易使个体走向极端自我从而带来社会的动荡与不安。在同一时期的东方中国，梁启超从政界退出后而专心于学术研究，他既发掘人的主体力量、自主能力，探寻个人自由存在的意义，又注意探求群体的自由和存在价值。对于主体人的关注使梁启超的学术思想与存在主义产生了交集，因此从克尔凯郭尔到梁启超，从雅斯贝尔斯和海德格尔到梁启超，再从梁启超到萨特，形成了一条梯阶鲜明的呈递关系，在每个人的思想中，都有一条贯穿其中的主线，即以人为中心，彰显人的主体力量、主体的自由选择，这都是以人的生存状态和生存意义为旨归。

存在主义是说明个体存在的哲学，关注个体内部非理性的主观情绪体验，阐发有关个体行为、自由、选择及其责任的哲学学说。它最大的特征是只考虑到自身的需求、外界环境带给自身的情绪体验，通过真切的痛苦、失望等触动人心的情感来证实自己的存在。存在主义关注的焦点集中在人类个体在大众社会普遍要求和社会经济压力下对身份和意义的追求。托马斯·R. 弗林教授说："Essence is not destiny. You are whate you make yourself to be."[1] 本质并不是命运，你就是你自己所造就的人。对伦理和价值的思量至高无上。尽管梁启超关注的焦点也如此，然而绝不贴近于狭隘的存在主义。梁启超也强调个体的

---

[1]　Thomas R. Flynn, *Existentialism—A Very Short Introduction*, Beijing: Foreign Language Teaching and Research Press, 2008, p. 8.

作用，他的个体并不是以西方个人主义为中心的个体，而是与群体共生的个体，他的道德价值必须在社会整体运行中得以实现。梁启超采纳的只是与存在主义相近的个别思想来构建他的文化理想。梁启超的这种儒家个人意识，被美国学者狄百瑞看作是有别于西方个人主义的特殊的人格主义，狄百瑞说这种人格主义"肯定的是在社会、文化过程中得到塑造与成型的强烈的道德良知，其极致便是在天人合一之中达至自我实现感"①。中国近代社会不仅应该是"群治"也应该是"群生"的社会，他人是"群生"的条件，以人际关系为基点的群体自由也含有"我"的自由，绝不是由"我"来代表整个类的自由，因此"我"要对类的自由负起责任。梁启超从群体出发理解自由，而存在主义从个体出发体验自由，正因如此，道德价值的自觉在梁启超这里便找到了立脚点。梁启超对个体存在的理解，不是建立在抽象概念上的价值与意义，而是建立于国家民族谱系下实践着的国民基础上。梁启超思想中的国民所倚赖的宇宙世界，是为生存而竞争、充满紧张与冲突的世界，于是个人的德性不再是德性本身，而成为一种适合整体进化的能力。这也是梁启超与存在主义显著不同之处。存在主义与梁启超都采取了不同的方式和途径来说明个体存在，一个是通过个体自由选择来说明个人的存在意义，一个是通过论证个体与群体关系来说明群体存在的重要性。二者的出发点相同，目的却不同。

梁启超的人格建设思想除了与西方的存在主义伦理思想具有类似、疏离和超越之处外，细细品味，坚持儒家人生哲学的梁启超的人格教育理论与中国古代道家在修养内容、修养方式、人格的价值取向等方面明显对立，但却相反相成，并且具有某些相似和超越之处。因为梁启超的人格修养理论是博采了道家、墨家等传统伦理，并以近代社会的发展现状为参照系，道家的人生修养理论自然也是梁启超人格修养的本土理论来源之一，这必然使梁启超的人格建构方法与传统道家的修养方法有相合之处，也有不同之处。

---

① ［美］狄百瑞：《亚洲价值与人权——儒家社群主义的视角》，尹钛译，社会科学文献出版社2012年版，第17页。

　　在理想人格设立框架的方法和原则上，近代的梁启超与古代的老子有着颇多的相似之处。他们都是对现实境遇有感而发，都是对现存文化社会的反思、批判与建构，没有离开现实的土壤，在生活中积极践履自己的人格理想，以文化实践对抗现实。梁启超以"有为"为参照系来建构理想人格的框架内容，道家以"无为"为参照系建构起自己的人格修养框架；二者都是以"无我"来求入"道"方式，梁启超是通过佛学与进化论等来解释自己入人格之"道"，道家是以忘记"我"的存在，以技来入"道"，二者以不同的方式来达到相同的人格修养目的。并且，道家之"道"与梁启超人格之"道"的落脚点都是人，行的都是生活之"道"，都具有人本主义关怀，只是这种生活之"道"由于时间、空间和历史背景以及各人思维方式的不同而呈现出差异。

　　通过对梁启超的人格修养之"道"与道家修养之"道"的比较，可以看出，梁启超的学术思想里既有对中国传统文化承继性的一面，又有超越传统而充满现代感的一面；虽然梁启超与道家分别以"有为"和"无为"来入"道"，其实二者之"道"都是对社会现实情况的积极应对。

　　总之，通过对西方存在主义代表雅斯贝尔斯、海德格尔、萨特与梁启超的人格实践思想比较，再通过对道家之"道"与梁启超人格理想之"道"的比较，它们之间既有相同也有相异之处。可以看出，梁启超学术思想中的德性人格理论，在中西文化冲突与碰撞中，呈现出中西文化交融与民族特殊性相结合、传统性与现代性相结合、当下性与未来性相结合的特点，更能够体现出梁启超学术思想中以人为本的特征。

第七章 梁启超学术思想研究的当代价值

梁启超学术思想中的文化建设思想不仅对当代文化的建设具有引领作用，而且他的德性人格教育呈现出以青年为主要教育对象、以中西结合为教育内容、以破旧立新和淬砺采补为原则、道德建设具有目的性等特点，这些都为当代的文化和道德建设提供了历史借鉴。

第一节 梁启超新文化建设的学术贡献

梁启超用来改造国民个体德性的新文化、新理念成为当代新儒家兴起的前奏，体现出对当代学术的引领。并且，他还表现出了直观的辩证思维方式，例如对本体论问题、唯心和唯物的看法、人性善恶等问题的看法，这些都是梁启超的学术思想对中国文化发展做出的贡献。

一 梁启超文化建设思想与当代新儒家的关系

"五四"以后，中国的文化哲学产生分化，由西化派、当代新儒家和马克思主义文化哲学三分天下，它们之间有分合、同异、冲突和融合，形成对立统一的文化局面。

当代新儒家的文化哲学，重在寻觅民族文化的优长，并卓有成效地发掘了中国传统儒家人生哲学的精湛内涵——道德主体性，克服了传统儒学原始性、直观性的缺陷，力图把中国固有文化纳入世界先进文化行列。

梁启超、梁漱溟及张君劢都在"五四"以后对新文化运动做出抗拒式回应，他们都宣扬中国传统文化的优越性，迎合西方的直觉主义思潮对科学主义进行反思，强调人生观与科学的区别，试图以中西调和的方式复兴中国传统文化。在梁启超之后，当代新儒家的梁漱溟、张君劢等人都开始宣扬中国文化的优越性。梁启超认为"情感"超过科学的观点与当代新儒家接近，而且他在宇宙生命冲动论上又与梁漱溟的宇宙生活事事相续的观点有相似之处。

但是梁启超的文化思想毕竟与当代新儒家有着重要区别：

首先，二者虽然都在宣扬传统文化优越性，但在梁启超的思想中，孔、老、墨这三种思想都是中国的传统文化，经常对三者思想进行互释，他并没有独尊儒学。虽然他也强调儒家的仁学精神，但这种精神中又往往夹杂着墨家的兼爱和道家的无为，他并没有抓住儒家思想的核心——心性之学加以系统的理论分析。而梁漱溟则以西方的心理学分析儒家心性论，建立了系统的生命哲学。

其次，梁启超虽然也像梁漱溟、张君劢那样强调人生观与科学的区别，但是梁漱溟、张君劢严格地划分人生观与科学的区别，认为人生观不包含科学，科学无论怎样发达都不能解决人生观问题。梁启超却认为人生观包括科学与情感两个方面，"人生观和科学不能分家"，总体道德基础上的人生观能够解决科学和情感两个方面的问题，这与当代新儒学突出形而上的生命本体，把科学贬为形而下器物的观点有明显不同。

再次，在对待理智与直觉的关系上，梁启超从人类情感的爱和美来解释直觉，并提倡自由意志与理智相辅相成，这与当代新儒家把道德与理智对立起来的观点也有所区别。

最后，梁启超虽然也说过"内圣外王""修身、齐家、治国、平天下"一类的话，但他并没有像当代新儒家那样以心性论为核心来论证内圣与科学、民主的关系。

总之，当代新儒学是要从认识论意义上补充中国传统哲学缺乏的逻辑性，从政治意义上提倡民主，而梁启超则是注重一般的文化观，既没有形成系统的传统哲学理论，也没有形成系统的政治理论，往往采取心物调和、东西调和的方法泛泛地论证中国文化的优越性。因此他只是形成了一种尊崇传统文化的思想，并没有上升到当代新儒家那种以心性之学为核心的理论体系。并且在长达二十年的"科玄论战"中，梁启超也表现出与当代新儒家的理论分歧。确切地说，梁启超只是走到了当代新儒家的门口，因此，梁启超并不能与梁漱溟、张君劢等人一起作为当代新儒家，但他的文化思想却可以成为当代新儒家的前奏，这是他对文化发展历程的学术性贡献。

通过梁启超与当代新儒家的异同点对比，可以看出梁启超在新文化建设中，植下了五四运动中所没有的传承性精神，"五四"的显著特点就是割断了现代与历史之间的关系，梁启超却恰恰相反，试图建立二者之间的联系，正是由于这种努力，才引领了当代新儒家的思想，这是他对中国古今文化接续性的特有贡献，同时也说明梁启超是在否决、批判全盘西化的文化观。西化派认为世界化、现代化就是西方文化。这显然是欧洲中心论的观点，同时也表现出只见文化的时代性、不见文化的民族性的偏激。这也引起了当时国民党方面"中国本位文化"派的不满，他们认为，全盘西化派对同是西方文化的"资本主义和社会主义文化"不加区分，而一味笼统地要求全盘西化，必然会搅乱他们所谓的中国文化建设统一阵容。梁启超反对全盘西化观点的文化价值也被后来的马克思主义者们所印证，毛泽东就明确批评过："所谓'全盘西化'的主张，乃是一种错误的观点。"① 毛泽东也主张应该吸收世界上一切优秀的文化。可以看出，梁启超对古今文化的正确看法也引领了中国人对待民族文化的态度。

二　辩证的思维方式

梁启超在多个问题的探讨上采用了辩证的思维方式。例如他对本体论、唯物和唯心的看法，对于人性善恶等问题的表述都表现出这样的思维方式。

---

① 毛泽东：《新民主主义论》，《毛泽东选集》，人民出版社 1968 年版，第 667 页。

对于本体论问题，梁启超既清楚认识到本体论在哲学中的重要性，但又从另一个角度上认为这是没有必要去探求究竟的问题。他说："什么叫做本体论？人类思想到稍为进步的时代，总想求索宇宙万物从何而来，以何为体，这是东西古今学术界久悬未决的问题。据我想来，怕是到底不能解决。学者还是喜欢研究他，研究的结果，虽或对于解决本问题枉用功夫，然而引起别方面问题的研究，于学术进步，就极有关系了。"① 这意味着在梁启超看来，探求宇宙万物来源的问题在学术界一直没有得到解决，也是没有希望解决的问题，不必再纠结于此问题而浪费时间；同时他指出由这一问题的研究会带来其他一系列相关问题的研究，这有益于学术的进步。

梁启超对于很多问题都是既有肯定的一面，又有否定的一面，实际上是用敞开、开放的思想和眼光来对待事物，既探测事物的本质又兼顾事物的外延方面。他对于唯物、唯心的看法也是如此。

梁启超在历史领域本着历史主义的看法，又在宇宙观中以主体"心"为本体。他认为不能简单地把哲学划分为以物为本体或以心为本体的学说。在梁启超看来，没有必要去追究思维与存在谁是第一、谁是第二的问题，所以只好走"非"唯物论、也"非"唯心论的中间路线。梁启超于1924年写了《非"唯"》，在这篇文章中表明了自己的非"唯"态度。他说："对于赫赫有名的唯心唯物两派主义下的'哀的美敦书'，其余'唯什么'、'唯什么'的我都一齐宣战。"② 文章虽短，但态度却很鲜明，表明了梁启超对于"唯物"与"唯心"问题的看法。他既看到了双方所持的合理性，也看到了双方的不足之处，因此保留了自己的态度倾向，这是他对待问题采取全面考察的结果。

梁启超对任何问题都希望综合考察问题的正反两个方面，并采取辩证的态度，防止思想和言论过激。对此，梁启超有自己的看法："然则中庸主义是好呀还是坏呢？我说，两面都有，好处在他的容量

---

① 梁启超：《老子哲学》，《饮冰室合集》卷8，中华书局1989年版，第3页。
② 梁启超：《非"唯"》，《饮冰室合集》卷5，中华书局1989年版，第84页。

大，从没有绝对排斥的事物，若领略得他的真意义，真可以做到鱼相忘于江湖，人相忘于道术……中庸主义若从这方面发展出去，便是平等自由的素质了。坏处在容易没却个性，凡两种事物调和，一定各各把他原有的性质，绳削了一部分去，这就是把他个性损坏了，专重调和的结果，一定把社会事务轮廓，弄得囫囵不分明，流弊所极，可以把社会上千千万万人，都像一个模型里铸出来，社会变成死的不是活的了。我想孔子时代的中庸主义还没有多大的毛病，越久了毛病就越显著，后来中庸主义和非中庸主义都成了对峙两极端，中庸这个名词已经变质了。"[1] 梁启超所谈及的"中庸主义"和他实际上事事采用的"中庸"的思维方式，其实都是西方哲学里面辩证法的代名词，他只不过是利用民族语言理解了这一西方概念。由于他以旧名词解释新事物，从而把他要真正表达的意思越描越黑，使人也更加不能真正了解他所表达的"中庸"含义。梁启超也为了避免人们不能获得"中庸"的真精神，只一味去采取折中路线而丢失个性，变成僵化呆板的标准模式，而倡导孔子时代的"中庸主义"，希望人们凡事多权衡利弊，三思而后行。这大概就是梁启超提倡"中庸"哲学的真精神，他把"中庸"这一名词作为用来考察事物的主次矛盾、正反两方面看问题的方式，并不是简单地提倡折中与调和，尽管梁启超并没有彻底使用辩证法以至于他在现实社会中只能是改良者而不是激进的革命者。

　　对于中国古代所争辩的人性善恶问题，梁启超也加以考察。他在《德育鉴》中以正反两方面的分析方法指出："孟子言性善，故其功专在扩充。扩充者涵养之厉也，积极的也。荀子言性恶，故其功专在矫正。矫正者，克治之厉也，消极的也。盖其学说有根本之异点，而枝叶自随之而异。启超谓皆是也。孔子言性相近习相远，以佛语解释之，则人性本有真如、无明之二原子，自无始以来，即便相缘。真如可以熏习真如。孟子专认其真如者为性，故曰善。荀子专认其无明者为性，故曰恶。荀子不知有真如，固云陋矣。而孟子于人有不善者，

　　① 梁启超：《孔子》，《饮冰室合集》卷8，中华书局1989年版，第57页。

则曰非天之降才尔殊，其所以陷溺其心者然。以恶因专属后天所自造，而非先天所含有……然既有前此种种深固之习，顽然成为第二天性，而犹谓其降才无殊，不可得也。"① 他认为孟子讲人性善，旨在扩充人的涵养，属于积极方面；而荀子讲人性恶，旨在对人的矫正，属于消极方面。佛家则认为人性中本就有两个方面，一是"真如"，一是"无明"。孟子是把"真如"当作了人的本性，却没有看到人性中的"无明"，所以他讲人性善；荀子却把"无明"作为了人的本性，没有看到人性中的"真如"，所以讲人性恶。梁启超把多年来治佛的心得拿来比附孟子和荀子的人性说，以辩证的思维方式认为孟子和荀子二人都只是说了人的本性的一个方面，既有合理之处，也有欠缺之处，但二者却相互联系、相互影响，最终殊途同归，都是为促进人性向良性方向发展。由于无法简单地否决性善或性恶，最后梁启超得出和王阳明一样的结论，即人的本性无善也无恶。

正因为梁启超认为人的本质在初始阶段就无善无恶，则需要实行儒家的人格主义，需要在"性"和"情"上为人格做到后天环境的美化。他不仅要求个人的完美，还要求达到社会群体的完美。这便要求人们去"修己"，其旨在养成人格，而养成人格的最终目的是使人人有君子行为。因此，梁启超对学术思想的哲学研究最终要与人格教育相结合。

第二节　梁启超人格教育的特点

梁启超的学术思想研究与人格教育相结合，这表明他的文化批判的最终目的是人的本质的理解和建构。他对人的本质的理解和设计体现于他的新民人格建构上，并在进行人格建构时呈现出以下几个显著特点：

首先，在进行人格教育时以青少年为主要对象。梁启超意识到社会发展与个人之间是相互依赖、相互制约的关系，国家的根本是人

---

① 梁启超：《德育鉴》，《饮冰室合集》卷7，中华书局1989年版，第76页。

民，国家的强弱贫富取决于国民的整体素质，而西方国家的优点就在于国民的"文明程度高"。他指出，若想国家富强就需要改造全民的素质，在全民中当以青少年为重点教育对象。他坚信少年强则国强，少年弱则国弱。他说青年是一国将来的主人，与国共存的时日还很长。国家如果兴盛，青年可以享有荣耀；如果国家灭亡，青年人就会身历痛苦而无前途，无论何种现实都无法回避，必须面对。梁启超看到了青年在国家发展中的重要作用，因此他认为教育和改造的重点对象是青年。

其次，在确定向青年传输何种内容时，在西方利己主义和群体主义多方思潮影响下，梁启超结合了中国国情，认为应当使公德与私德相结合。公德代表群的关系，包括人与群体、人与社会、人与国家之间的关系；私德是"独善其身"的个体修养，代表个人对个人的关系准则。根据梁启超所说的"一私人而无所私有之德性，则群此百千万亿之私人，而必不能成公有之德性"①，能够推断出，私德本身就包含在公德之内，公德是私德的外延，公德与私德二者兼备说明个群关系的和谐。但梁启超更偏重的是公德修养，认为只有具备公德的人，才能为本国公共事业尽心尽力。梁启超以公德教育为主的思想是修身、齐家、治国、平天下的具体体现，也反映出他的责任意识。可以说，梁启超非常注重责任意识，责任意识是他在德性人格建构中的一个参照系数。梁启超说："诸君读我的近二十年来的文章，便知道我自己的人生观是拿两样事情做基础：（一）'责任心'；（二）'趣味'"，"'责任心'强迫把大担子放在肩上是很苦的，兴味是很有趣的。二者在表面上恰恰相反，但我常把他调和起来，所以我的生活虽说一方面是很忙乱的，很复杂的，他方面还是很恬静的，很愉快的。"② 梁启超在人格建构中把"责任心"与"趣味"巧妙结合起来，认为这样可以使人能够以苦为乐，苦中求乐，而这一主张又恰与孔

---

① 梁启超：《新民说》，《饮冰室合集》卷 6，中华书局 1989 年版，第 119 页。
② 梁启超：《"知不可而为"主义与"为而不有"主义》，《饮冰室合集》卷 4，中华书局 1989 年版，第 60 页。

子、老子的修身养性思想相一致。由此，梁启超非常注重高尚精神境界在人格中的作用。他认为由责任心可以牵涉个体与群体、"小我"与"大我"、自由与纪律的关系等问题，因此责任感在梁启超这里是一切伦理道德的出发点，尤为重要。在当代，提高青年的自尊、自强、自立，建立核心价值观，以爱国主义、集体主义和增强为民服务意识为价值体系，明人我关系、群我关系，青年才会自觉树立起遵守公共道德、爱护公共环境以及具有参与公共事业的责任心。

再次，破除旧道德中的好伪、懒惰、奴颜、为我、愚昧、软弱等落后阻碍国家和人全面发展的思想，同时建立起具有现代性的权利、义务、自由、进步、独立、爱国、善群等有利于与他国一争上下的新道德，即破旧立新、有破有立。梁启超说："不破坏之建设，未有能建设者也。"[①] 他认为破旧的意义并不在于破旧，而在于建设，只有如此，才能建立新政府、新制度和新国家，才能防止国家把国民作为奴隶、盗贼，也能防止国民自甘堕落地自认为是奴才和盗贼。梁启超有破有立的思想符合道德思想内化规律。他看到了社会制度、风俗习惯、社会思想等对国民道德的影响，在今天仍具有很强的现实意义。因为在今天的思想道德教育过程中也需要重视家庭环境、社会环境和学校环境对青年人的作用，改造青年思想道德的同时也应大力改善环境影响，并且在破除一种旧观念、旧环境时应积极树立起新观念，打造新环境，把道德思想渗透到制度保障、文化建设中去，促进德育与社会环境的合力。

此外，在寻求道德文献的资料来源方面，梁启超提出了"淬厉"与"采补"并重的方案。对中国传统伦理道德进行批判创新、严格筛选，提倡以中国非理性的人文精神来增强人与人之间的和谐关系，同时也要采纳补充西方伦理的精华，例如中国传统伦理里面所没有的公民思想、科学精神等，以西方文化来弥补中国传统伦理的缺陷。梁启超的"淬厉"既有批判、分析、创新和继承，也有借鉴和完善的含义。对于西方伦理精神的采补，梁启超也加以分析和判断。他看

---

① 梁启超：《新民说》，《饮冰室合集》卷6，中华书局1989年版，第64页。

到，欧洲的近代出自实证主义经验，对人、自然、社会乃至人的心理
活动情况的描述和价值判断尽量用数字来表示。科学研究的成果也极
大地丰富了人们的物质生活，使人们在现世中对个人主义的追求得到
物质满足，也实现了古希腊以来科学探索的精神。在学习西方过程
中，西方的科学理性精神无所不在，梁启超看到中国必不可免地要面
对西方的科学与价值、知识与意义、自然与人文、真与善的问题，所
以他也看到了西方现代化过程中科学文化的负效应。但是梁启超并不
否认科学知识在西方现代化过程中的重要性，仍然倡导青年国民进行
伦理道德和知识的双重培养以促进中国的现代化，即淬砺中国的伦理
道德，采补西方的科学民主精神。在今天的道德建设中，在对待东西
方道德的态度上，在对待知识与意义的问题上，梁启超辩证的思维方
式仍具有可取之处。

最后，梁启超的人格道德教育与当时的社会危机、救亡活动紧密
相连，具有较强的现实性。所以梁启超认为自己的《新民说》只是
向国民传输了应然的理论，而没有假以实事的说明，没有成功地给予
国民行动起来的动态方式，而只是表达了一个国民静态方面的自我完
善途径。他说："余为《新民说》，欲以探求我国民腐败堕落之根原，
而以他国所以发达进步者比较之，使国民知受病所在，以自警厉、自
策进，实理论之理论中最粗浅、最空衍者也，抑以我国民今日未足以
语于实事界也。"① 梁启超认为与现实生活距离较远的理论包括哲学、
宗教等形而上的东西，而关于实事的理论则包括法律、生计学、政治
学等解决实际问题的方法，纯理论的理论与实事的理论二者应该密不
可分，差异在于目标订立的远近问题，纯理论和实事的理论都是新民
和救国不可缺少的条件。所以梁启超认为铸造新民人格时应使国民懂
得中国落后于他国的原因，掌握救亡的方法，使国民既知原因也知如
何行动。尽管在特定的历史条件下，梁启超并没有完成道德救国的任
务，他的理论还存在一定缺陷，但是梁启超力图把理论与实践相联
系，做到知行统一的思想为当代在道德建设时防止唯理论、纸上谈兵

---

① 梁启超：《新民议》，《饮冰室合集》卷1，中华书局1989年版，第105页。

和避免理论脱离实际提供了启示。

虽然梁启超对西方文化的采纳和对人格的塑造观念，很多是来自其在日本接触的间接材料，他的国民道德建设的内容呈现出许多日本印象，但并不妨碍他的新民建设思想的当代价值。

第三节　梁启超文化建设和个体德性建构的当代价值

梁启超对学术思想的哲学考察必然要走向具体的实践环节，具体实践环节就是对人的本质的教育和改造。通过梁启超的个体德性建构方法与古代道家之"道"、西方存在主义者雅斯贝尔斯、海德格尔、萨特等人思想的比较，能够看到梁启超文化建设和个体德性建设形而上学思想的当下性和未来性，因此根据他的文化建设和教育思想能够推论出当代中国公民德性改造的可行性。

一　当前主体在现代生活中面临的文化障碍

在当前全球化视野下，多元文化冲击、碰撞，中国文化既面临世界一体化问题，也面临如何保持民族特性问题。在文化的民族性问题上，人们的思想不能达成统一。例如，或者忽略传统文化与当代社会主义文化之间的本质差异，无视社会主义文化与传统文化之间不同的制度基础和历史背景，夸大传统文化的当代功效；或者忽略文化的历史承继性，扩大当代文化与传统文化之间的差距，完全排斥传统文化，对传统文化中具有恒常价值的因素视而不见，使当前的社会主义核心价值体系和精神家园的构建失去历史根基等。这种现象的存在说明当前国民对于文化的认识不能达成统一，文化理念能够决定人的价值选择，这势必会造成价值观的差异。

由于当前中国并没有完全实现现代化，民众的思想也没有真正实现现代化转换，当前仍处于思想文化的转型期，这便导致民族的文化心理和价值观念之间出现新与旧、传统与现代的隔膜与冲突。在社会急速变革和转型时期，受外来文化的冲击，人们的价值观念可能会产生急剧变化，其日常行为方式与观念会出现矛盾，并且人们的审美观念和行为标准也会出现变化。所以当前主体文化的障碍还来自文化转型期的困惑，这一时期的文化危机和文化困境已经凸显出来，例如文化激进主义与文化保守主义、实证主义与浪漫主义等各种文化精神的激烈碰撞和冲突，直接或间接地引导人们在文化层面上展开探索。这表明中国社会在转型期对文化已经提出了新的发展要求和方向，需要解决文化内源性与文化外源性危机。其实"人类的文化创新与文化内源性危机具有本质上的一致性，文化整合方式也要求与外源性文化危机相互统一。在分析文化危机时尤其需要指出，外源性文化危机从深层原因来看也是基于文化内在的超越性和自在性的矛盾冲突而产生的文化失范。这种外源性文化危机达到一定的深度，就会导致一种外来的新文化精神同本民族被批判和改造过的文化要素的整合而构成的新的文化模式或文化精神"①。这就促使一种新的既包含传统性也包含现代性的文化精神的确立。这种新的文化精神的源起、发展与成熟必然伴随着人们从最初的不适到理性接纳。

以道德为基本内涵的中国传统文化必定为当前的文化价值观念提供理论依据和精神依靠。但是当前出现了许多道德相对性的危机，这样的事件更多地掺杂进了蕴法律于内的制度文化与精神文化之间的矛盾。今天所研究的文化主要是具有流动性、生命性和创造性的精神文化，而精神文化体现着制度文化并受到制度文化的制约，法律等制度文化也肯定了今天人们一些正当的索取和欲望，不再大力宣传传统的义利观，所以制度文化需要与精神文化同步完善也是一个亟待解决的问题。

文化的发展有赖于文化主体追求整体进步的理想，并把它付诸现实。人作为文化主体既是感性的客观存在，又是具有创造精神的超感性存在，人需要理解文化，也需要创造文化。现代人为改善生存条件，把利益追求渗透到文化理想中，以局部利益限制了思想的整体发

---

① 衣俊卿：《文化哲学——理论理性和实践理性交汇处的文化批判》，云南人民出版社2001年版，第189页。

展，并遮蔽了文化理想。许多人显然只是作为劳动者生活，而不是作为自由自在的类本质而生活。臣服于现代技术的人们习惯于过度忙碌，致使他们精神退化并带动社会也丧失了精神追求。模仿、没有个性化思想已经在很大程度上成为现代社会人们的第二天性。

除了无法获得真正意义上的自由以及过度浮躁外，作为文化障碍，还有现代社会里人的不完整性。知识和能力令人难以置信地扩张和提高，个人活动日益被局限于特定领域。这证明社会的发展和个体行业的分工在促使人专业化过程中也局限了人的活动范围。以往，尖牙利爪的狮子是草原之王，而它也只有生活在草原上才能显露自己的王者本性，一旦来到钢筋水泥的城市里它便无法生存，草原之王的生存空间被特定化。如此比较起来，人是最具有普遍性的动物，然而正因为人本身并不具备特定器官，所以人需要进行特定的文化创造来补偿人的缺憾，于是人便有意识地产生了体力、脑力及各个行业的分工等。尽管人有了文化创造物，但人作为文化的主体还是会为某个领域里的思想所困惑，或者被生理的疾病所折磨，所以，人的能力又是不完善的。在现代社会里，人的文化创造能力仍然不够完整。

在一定历史阶段上是否能够具有高度责任心地自我反省成为现代生活中另外一个文化障碍。文化成果是主体文化具体的对象化，对于社会和人来说具有一定价值和意义；主体思维又是客体文化事实的展现，具有总领全局的作用。二者在人类活动中相互统一，相互印证。所以，一旦触及对客观文化产物的反思也就是对主体文化活动对象化的反思，是社会发展到一定历史阶段上的"自我批判"，就是对于主体文化成果的否定乃至新的酝酿。通过这种对既有文化事实的批判和反省，才可以清楚地意识到人的责任和人的创造本性。只有形成积极、主动的文化反省，才会充分体现出文化教育人民、促进社会发展的作用，才会使文化自觉、文化自信、文化创新成为全社会的共识。因此现代人在生活中会遇到文化观念结构的瓦解与重建，这是一个新旧观念对垒、痛苦抉择的过程。在人的社会化过程中，个体不断铸造自我、否定自我并证明自我与世界关系的过程，是营造自己生活意义的过程。能否不断地彰显自己的主体性，摆脱文化对象的干扰，并且与世界和谐统一是由主体的文化选择来完成。

其实，现代人所经历的一切文化障碍都没有超出梁启超对文化作出的哲学性思考的范围，当代著名作家龙应台在《百年思索》中说："一百年之后我仍受梁启超的文章感动，尽管时光荏苒、百年浮沉，我所感受的痛苦仍是梁启超的痛苦，我所不得不做的呼喊仍是梁启超的呼喊。我自以为是锋利的笔刀，自以为最真诚的反抗，哪一样不是前人的重复？"① 龙应台表示她所感受到的一切时代痛苦都是前人梁启超所重复的。这说明梁启超在近代进行的新文化建设和对德性问题的解决方法并没有远离时代的要求，仍然能够为当代中国在文化建构、人的主体性建构中提供内源性借鉴。

二 德性建构在日常生活中的作用

马克思认为，文化所面对的历史就是人类实践基础上的社会变化，所以一切存在都具有历史性和社会性。历史就是人类的实践史，文化是人类实践的历史积淀，它形成于人类自觉或不自觉的活动中，因为"全部人类历史的第一个前提无疑是有生命的个人的存在"，而"个人怎样表现自己的生活，他们自己就是怎样"②，这正是梁启超透过文化现象考察人的本质，进行德性人格建设的文化人类学基础。

以德性压倒技能，是梁启超新民内容中最突出的亮色。他的个体德性观点并不是要求用道德取代科学知识的地位，而是要求人在德性与知性之上再建立起一个指导行为思想的人生观。梁启超明确指出："人生最大的目的是要向人类全体有所贡献。为什么呢？因为人类全体才是'自我'的极量，我要发展'自我'，就须向这条路努力前进。"③ 人生要懂得奉献、有目的，才会有生存的意义和趣味，才是利他主义，而不是利己主义，是群体主义，而不是个人主义。在此正确人生观的指导下，梁启超认为人掌握科学技能才会有利于社会群体

---

① 龙应台：《百年思索》，南海出版公司 2001 年版，第 87 页。

② 《马克思恩格斯选集》第 1 卷，人民出版社 1972 年版，第 67—68 页。

③ 梁启超：《欧游心影录节录》，《饮冰室合集》卷 7，中华书局 1989 年版，第 35 页。

的发展，否则知识越多危害性越大。他想强调的是，掌握的知识多固然是好事，可以带来物质生活的提高、社会经济的发展，但知识多并不代表一个社会就真正走向了现代化，知识和价值理念同等重要。言外之意是，物质文化与精神文化同等发展才是现代化的内涵，因此衡量现代性的标准不能仅仅是知识技术，还应该具有人文精神、价值理念和生存意义等非技术性元素。

在当代社会，判定一个国家现代化程度的指标，也不仅仅只有经济的增长，还应该具有构成一个国家整体的其他部分的指标。衣俊卿指出，判断一个地区是否整体现代化的标准，"不应当是经济增长等外在的特征，而应当是人的行为和社会运行的内在文化机理的现代化程度，即现代性的生成状况。在这种意义上，无论我们是现代性的捍卫者还是它的批判者，都应当看到一个事实，即现代性在中国尚未形成一种扎根的状态。而造成这种状况的深层原因，是现代性的生成遭遇到了社会内在的顽强的文化阻滞力"①。这说明，在当代社会，由于种种原因，文化的发展并不与已取得的客观成果相对等，德性文化和价值追求的滞后会阻碍社会现代化的程度，在当代还有待于加强文化核心价值的建设，文化核心价值的建设同时也会促进人的生存意义和生存价值与思想行为相统一。梁启超说："我们中国哲学上最重要的问题是'怎么样能够令我的思想行为和我的生命融合为一，怎么样能够令我的生命和宇宙融合为一'。"② 他的言外之意是：哲学上最重要的问题是研究知行与生命的统一，生命与宇宙的统一。因此他试图解决人对于全人类的责任、人的生存价值与自由乃至科学与意义之间的关系问题，对这些问题进行文化批判。在道德基础上树立起总体人生观，无疑对当代人的价值认知和行动仍具有非凡的指导意义。

三　个体德性建构与当代青年价值观问题

当代社会，青年学生身上呈现出典型的新生代特点。他们思维活

---

① 衣俊卿：《论中国现代化的文化阻滞力》，《学术月刊》2006 年第 1 期。
② 梁启超：《评胡适之中国哲学史大纲》，《饮冰室合集》卷 5，中华书局 1989 年版，第 60 页。

跃、反应敏捷，接纳新鲜事物的速度比较快，能够具有开拓创新、勇于进取的精神。与此同时，在他们身上也存在着一系列的缺点，例如在思维方式上一切以个人主义为中心，表现出无原则、无纪律性；在价值追求上以利益为第一、荣辱观不明晰，追求彻底无约束的自由，甚至把他人的存在作为个人发展的"地狱"；在审美方式上不再以返璞归真为美而以矫揉造作为善，这一切都带来了整个社会的价值危机。因此如梁启超所断言，青年人应该是教育和改造的重点对象。

当代社会在青年身上存在的一系列负面现象，究其原因，一方面是由于社会经济的进步、人口的减少带给当代青年优越感，也给他们造成了巨大的社会压力：经济生活的优越使他们养成了好逸恶劳的恶习却不能带给他们成就感，反倒是家庭继承人的责任和经济社会对人自身素质提出的更高要求使他们产生更多的迷茫和压抑，这使他们成为一个矛盾综合体；另一方面，家庭和学校帮助青年完成了向知识型转化，却使他们与社会所要求的全面发展产生冲突和不对等。对于个体青年来说，由于不愿意接受生活的痛苦历练而拒绝优化人格结构、拒绝心理成长。多重矛盾使个体存在的精神与外界环境产生落差，个体体会到前所未有的精神困惑，没有历史感也没有家园感，很多人面对社会经济和文化的发展，为逃避更多的责任和义务而拒绝成长，同时就是在逃避社会给予个人的自由，他们希望回到童年期而逃避这种意味着生存价值的自由和责任。于是社会上出现许多已经成年的"未成年人"。

这些已经成年的"未成年人"接受了科学知识的熏陶却践履着童年期的不知有他、有群体、有国家、有社会的生活，只知有权利不知有义务，只知有自由不知有纪律的生活，他们把这种只知"有己"不知"有他"的生活美其名曰为"原生态"和"单纯"，但这并不能真正抹杀掉他们在现实生活中必须扮演的角色所承担的义务，他们只是自我麻痹，是一种假想中"无知无觉"的状态。按照梁启超的意思，无知的人对社会危害力不大，但有了知识却在道德上把人作为手段而不是目的，这种人便对社会危害力极大。因此当代大龄的"未成年人"的生活态度和价值观既是梁启超在学术思想中所厌弃的，也是当代社会所批判的。他们不懂得人类社会如自然社会一样拥有秩序和规则，不知有秩序则不知有伦理；无伦理，人与人之间不能和谐共处，社会便不能平稳发展。而建立当代伦理秩序的真正价值和最直接方法可以借鉴中国传统文化，这正是梁启超把中国传统伦理作为新民人格建构基础的原因，因为他早就察觉到没有总体道德的人生观作为理论指导，人的精神生活、物质生活将处于无序状态。一如当代的很多青年，只强调"我"的感受、"我"的价值、"我"的意义，却忽略了个体与整体之间的和谐统一。对于这种情况，梁启超认为会导致群体的结合力"薄而弱"，解决方式就是"必其一群之人常肯绌身而就群，捐小我而卫大我"①。否则就是"小我"对"大我"的消解。

其实，彰显个体价值、无规则自由的价值取向并不能促进个体的自由全面发展，反倒是自由成长的障碍，因为不会游泳的人为"超越自我"而入深水，为"不受拘束"而从人行道入高速车道的人，都是在接近自我毁灭而不是自我成就，不懂得必然和僭越自由界限的人无法获得真正的自由，只能是自取灭亡。能够顺应"人之道"的行为，又暗含着适度的思维方式，既不能偏离轨道，也不能走极端，还要懂得自由的界限，类似于梁启超所运用的"中庸"思维方式。梁启超的"中庸"思想其实更多地意味着辩证法，这既要求人能够理解自由对于个体完整的必要性，又要求人懂得自由是个体对于全人类的责任。

本章小结

梁启超以伦理道德为基础的新文化建设虽有一定缺陷但不伤大雅，他的文化建设为当代新儒家的崛起提供了契机；他运用辩证的哲学思维对各种学术问题所作出的探讨，都为当代中国文化百家争鸣、百花齐放带来深刻启示；他的人格德性教育的特殊方式和思路为当代公民的道德建设提供了值得借鉴的方法。

---

① 梁启超：《中国积弱溯源论》，《饮冰室合集》卷1，中华书局1989年版，第22页。

　　梁启超的个体国民德性建构以"小我"与"大我"之间矛盾问题、个体与群体之间关系问题为主线，把文化自觉的逻辑目的都指向了国民德性建构，以自由为人格结构中的价值取向，展开人生意义的论证，使人的主体德性与人生观、宇宙观三者相统一。当代对公民培养的方向其实在价值目标上都与梁启超德性基础上的人格建构相契合。因此借鉴梁启超个体与群体、"小我"与"大我"关系思想可以促进当代中国以传统伦理文化为背景构建当代伦理秩序，以增进人与社会的和谐统一发展。虽然梁启超的德性人格建设思想已经成为历史资源，但是根据党的十七届六中全会上文化"大发展""大繁荣"等相关表述，① 可以肯定，无论从哪个角度对梁启超的学术思想进行研究，都可以为当前中国特色社会主义文化的多元建设提供必要参考。

　　当前社会主义精神文化的发展与经济、政治的发展并不完全同步，个体体现自由与自我的方式过多，集体与国家的观念被"自我"所覆盖。因此亟须改变个体价值观方面的现状，才会促进整体文化价值理念的自觉整合。这存在一个如何打通私德与公德、个人修养与公共生活的隔阂问题，也需要在文化创造过程中认识到主体对文化的决定作用、文化对主体的制约作用及文化变迁的特殊性等，才能够真正推动文化的普遍发展和探寻到人的社会本质生成规律，显示出当代中国人对中国特色社会主义文化发展的自觉程度和深层理解。因此，梁启超对于近代文化发展情况，关于德性人生观、个体与集体、公德与私德、人的存在价值等建构理论必然成为当代公民核心价值观建构的宝贵思想资源。

---

　　① 《中共中央十七届六中全会关于深化文化体制改革　推动社会主义文化大发展大繁荣若干重大问题的决定》，《人民日报》2011 年 10 月 18 日第 1 版。

结　　语

　　梁启超学术思想研究的主要内容就是对文化的探讨和反思。文化是一个民族的主题。中国文化是中国政治、经济等发展的历史背景和土壤。没有适宜的土壤，中国文化就不会向具有中国特色的社会主义方向前进，其政治、经济也不可能得到发展，从这个意义上来说，中国民族文化的建设至关重要。既要使中国民族文化具有民族特色，又要使其具有现代特色，这种文化尝试在近代思想家梁启超的身上充分体现出来。梁启超退出政界后专心于学术的研究，其实就是对文化思想的研究。他以哲学方式来研究文化思想，采用了考据学和今文经学相结合、哲学和文化比较学等各学科相结合的研究方法，并且运用历史主义和辩证法的观点和方法，对文化进行哲学分析和总结，具体包括：演绎与归纳相结合；宏观透视与个案研究相结合；逻辑论证与实证研究相结合；系统分析法与比较分析法相结合；历史演进与个性发展相结合；正反两方面论证相结合的方法。

　　梁启超对文化的研究表现出他对文化观念的把握和建构，因为他把近代中国社会的危机看作是一场文化危机，所以力图以文化建设来救国。他既强调传统文化的权威性、主导性，又强调文化范式的现代转换。梁启超对文化观念的把握体现于他在抽象层面上对文化生成、发展、模式、价值、作用等的考察和在具体层面上对文化作用的深刻认识等；对文化观念的建构则体现于他对国民思想的改造上。

　　梁启超探索文化存在和发展的客观规律及内在辩证性，通过文化现象揭示人的自由自觉文化创造的本质特征。他一直在努力剔除社会惯性、制度、法律、风俗等强加给人的遮蔽，使人的生存价值和宇宙观、世界观相统一，在现实实践中践履自由的意义。他对文化考察的近期目标是救亡，最高目标是要实现人和世界的和谐统一。这种统一和谐正是人的自由。

梁启超在进行文化建构、对国民人格结构进行设计和改造时，遵循了动与静、表与里、内与外、心与物高度统一的原则。作为中国20世纪初的学者，梁启超把握住了两点：一是以中国文化和中国哲学为本位，批判借鉴其他民族的文化成果；二是清醒地认识到传统文化发展的内在统一性、连续性。他对古代、近代文化能够正确考察和理性预测，客观地揭示了传统文化和近代文化的发展规律，又深刻地把握了文化的价值意蕴，体现出他对文化知识体系的研讨和把握，也为国民的现代化转型做出贡献。

很多人轻视近代文化哲学的重要性，从而忽视梁启超的文化研究在近代的作用。其实，中国近代文化哲学，构成了五千年的国学之美。毛泽东在20世纪40年代曾经批评过那种忽视对中国近代研究的不良倾向，他指出："对于自己的历史一点不懂，或懂得甚少，不以为耻，反以为荣。特别重要的是中国共产党的历史和鸦片战争以来的中国近百年史，真正懂得的很少。近百年的经济史，近百年的战争史，近百年的军事史，近百年的文化史，简直还没有人认真动手去研究。有些人对于自己的东西既无知识，于是剩下了希腊和外国故事，也是可怜得很，从外国故纸堆中零星地捡来的。"① 研究中国近现代文化哲学，是锻炼理论思维能力、提高民族科学文化水平的重要途径。按照恩格斯的说法，一个国家若想达到科学的顶峰，就必须要有理论思维做指导，为提高理论水平，"除了学习以往的哲学，直到现在还没有别的手段"②。所以近代梁启超的文化哲学对于当代来说仍具有理论指导意义。

梁启超的学术研究对于当代的指导意义主要就在于他的建设性思想。中国近现代是一个多事之秋：社会政局动荡不安，古今文化冲

① 毛泽东：《改造我们的学习》，《毛泽东选集》，人民出版社1968年版，第756页。
② 《马克思恩格斯选集》第3卷，人民出版社1972年版，第465页。

突，中西文化交融，各种文化观念如雨后春笋、层出不穷，文化也呈现出复杂、激进和多样性。在动荡和激进的时代里，梁启超的文化主张、人格建构思想必然要与 20 世纪初流行的激进的暴力革命思潮相对立，在"铁马冰河入梦来"的年代里，激进与破坏处于第一位，这直接导致了梁启超的改良渐进式思想和实践遭到排斥；但是到了中华人民共和国成立之后的和平年代，尤其是从 20 世纪八九十年代开始，梁启超的思想开始逐渐穿越历史冰封，得到重新重视，毕竟他的文化主张在历史发展阶段上与当代最切近，而且他的重要思想和文化主张都体现于后期的文化建设和人格建构上，在《新民说》的"论进步"一节中梁启超也经常表露出"随破坏随建设"的思想。在和平发展的年代里，建设处于第一位，破坏处于第二位，这使梁启超的建设性思想重新发扬光大。研究近代梁启超的文化哲学，可以使人对于近现代各种古今中西文化之争形成规律性的认识，使人们对于文化思想及其相关问题的考察更加符合自然规律和社会规律，并促进当代文化多元性发展。事实上，当今文化研讨中争论的许多问题，被当代人们反复切磋琢磨，其实早在近代梁启超那里就已经提出来并积极寻求解决方法，有一些已经形成正确结论，完全可以作为今天文化研讨的借鉴。

梁启超把文化考察的落脚点和回归处都自觉指向个体国民的德性人格建构，这显示出梁启超对文化的研究日趋科学化。他在宏观层面上反映出文化反省的目标是个体国民德性建设，并使二者之间呈现出逻辑承接关系，能够对当代中国文化建设的目的性和导向性提供理论保障和新的方法论。在当代的文化建设中，人与对象世界的关系无非是价值关系、认识关系、审美关系、利害关系，以及作为其基础的改造关系。文化哲学的全观方法是要了解和把握这些关系，如果仅抓住其中之一，所形成的文化就会成为偏颇的文化。梁启超从文化自觉反省和批判中推论出个体国民德性建构的基础是本土民族文化，又从个体国民德性建设中考证出个体与群体、自由与德性、科学与知识的关系等，无非都是为解决人的生存意义中所包含的自有内容：真、善、利、美问题。从这个意义上来说，梁启超的宏观性和全面性的考察方式对于当代的中国特色社会主义文化建设仍具有重大意义。

以文化哲学和中国哲学以及当代中国文化建设相结合的视角，对梁启超的学术思想加以研究，可以看出，梁启超既向人们提供了文化发展规律，也向人们传达出价值意蕴。这些都可以促进当代中国特色社会主义文化建设的大繁荣和大发展。一方面，可以借助中国当前文化建设视角来反思梁启超的文化选择和方法对于当前文化建设的价值和意义；另一方面，通过对梁启超的新文化建设和人格德性建设相结合的方法的考察中，以"在者"身份来思考当下中国的文化建设与人格塑造的方法和方向，为当代中国文化建设起到潜在推动和借鉴作用，促进当代社会中仍然存在的个体与社会文化之间矛盾对立等问题的解决。

然而，梁启超学术研究过程中的文化选择、文化建设、德性人格建设及看待事物采用的思维方式等也并不是尽善尽美、完全合理。

在文化选择方面，早期由于梁启超没有与西方文化直接接触，高估了西方文化的实用性，也美化了西方文化，没有看到他族文化对于本土国情的不适应性，所以高度宣扬西方文化而大肆批判中国的传统文化，这时西方文化成为他的主导性选择；在后期，梁启超恰好于第一次世界大战后对西方文化进行了考察，看到了欧洲满目破败的景象，对于文化的主导性选择开始复归到中国传统文化上，并力图以中国文化挽救西方文化危机，却没有看到战前欧洲的日常生活，以欧洲暂时的破败替代了欧洲的全景，其实连梁启超自己也相信破败是欧洲暂时的景象，却武断地拒绝了西方文化在中国的长足发展。大概在梁启超的思想中，武断地认为西方文化是特殊的直线式的前进过程而非螺旋式的上升过程，并且中途不能经历挫折和后退，这才导致了他对欧洲文化的失望。又由于他的改良者固有的保守性，使他不赞成在当时中国流行的共产主义和社会主义，却又不甘心落于世界潮流之后，便混淆了一些概念和性质，比如混淆了马克思主义、社会主义与中国传统文化中"均贫富"等思想的阶级差异，还混淆了治理国学时涉及的文献学问题的含义和功能等；在后期对历史研究方法的探讨中非但没有出现突破性进展，反而推翻了前期历史研究方法的精华所在，并且只承认历史过程中精神的进化，从而与早期对"一治一乱"的历史循环论的批判相对立。这些都表现出梁启超在学术思想变迁过程中的自我矛盾。在新文化建设方面，梁启超把传统文化尊为至高无上的"救世主"一般的地位，势必产生排他主义。斯宾格勒、黑格尔等西方学者的文化观中经常流露出"西方中心论"的论调，在晚年梁启超的文化潜意识里却是"中国中心论"，这如同推翻一种信仰，又建立起另外一种新的信仰，两者走的都是极端，都只看到了文化的个性而没有看到文化的共性，只承认文化的特殊性而不承认文化的普遍性，但奇怪的是梁启超却企图使中国文化成为普世文化，成为所有文化的共同模式。在人格建设方面，梁启超以道德为人格建构的基础，偏重于以德性压倒技能，有轻视物质文化之嫌，破坏了精神文化与物质文化之间的辩证统一，使精神文化缺乏物质基础的支撑。甚至梁启超认为生活的主旋律就应该是道德而非其他，除此之外，社会就会动荡不安。最明显的实例就是：他认为18世纪以前的欧洲封建制度、哲学和宗教都以制定一定的道德条件和标准为目的，他说："封建制度，规定个人和社会的关系，形成一个道德的条件和习惯。哲学是从智的方面研究宇宙最高原理及人类精神作用，求出个至善的道德标准。宗教是从情的意的两方面，给人类一个'超世界'的信仰，那现世的道德，自然也跟着得个标准。十八世纪前的欧洲，就是靠这个过活。"① 而18世纪以后的欧洲因科学技术的昌盛形成了明显的物质利害关系，人与人不再讲感情，缺乏了超现实物境世界的精神信仰，于是"乐利主义""强权主义"开始盛行，才导致了战争与掠夺，近代的欧洲才会衰落。在梁启超看来，社会生活的核心就是德性的精神文化，精神文化就是道德。不论是制度、哲学还是宗教都是为道德而服务，只有这样，社会才能稳定，世界才会和谐发展。但这种观念这不利于当代"两个文明"的建设。缺乏了物质文化为制度文化和精神文化提供的生活基础，制度文化和精神文化则会成为空中楼阁。同时，从梁启超极其看重精神世界的生活，又把精神生活的全部

① 梁启超：《欧游心影录节录》，《饮冰室合集》卷7，中华书局1989年版，第10页。

含义理解为道德这一点上看，梁启超狭隘、错误地界定了精神生活的涵盖范围。道德虽然是文化的精神层面、应然层面，然而"人的道德只是人的精神文化中的一个领域。人类精神文化生活除了道德及其所追求的善以外，还有美、真、正义、神圣等指向，这是用道德无法代替的……不能以人类精神生活中的道德领域来代替全部人类文化精神生活"①。并且精神文化包括两个部分："一是存在于人心中的文化心态、文化心理、文化观念、文化思想、文化信念等；二是已经理论化对象化的思想理论体系，即客观化了的思想。如政治法律思想、艺术、道德学说、美学、宗教、哲学、科学等。"② 这些都说明了梁启超对精神文化的理解不够科学和精确。同时，梁启超从最初追求政治人格塑造到后期追求德性人格改造，也能够说明他只单一地注重制度文化或精神文化而没有意识到物质文化、制度文化和精神文化在现实生活中要三者统一。在思维方式上，梁启超一贯赞同"中庸"的思维方式，他认为"中庸"思维的运用，有运用得当的益处，也有运用不当的害处，他的暗含之意是希望人们超出以往旧的折中式的行为方式，赋予"中庸"以时代新意，这个新意就在于人们要运用辩证的、一分为二的、联系的观点去看待问题，但他却仍然采用"中庸"的名词而没有采用辩证法的名词去概括这一思想，也即是采用旧名词阐释新含义，这势必造成人们新旧观念上的混淆。

　　虽然在文化哲学视域下考察梁启超的学术思想使人能够更深入了解他的学术思想的内涵、价值和作用，但梁启超的学术思想并没有自觉地形成系统的文化理论，他的文化考察中还有很多没有涉及的内容，例如没有专门从人类学角度考察出文化的发生机制，没有探求出人与文化的相互制约关系、人与社会之间的桥梁问题、中西文化的融合机制等，因此梁启超的文化理论只是为中国"五四"之后的文化哲学起到抛砖引玉的作用，但它的作用仍然不可低估。梁启超所有学术方面的局限性，究其原因，主要是出于时代和历史的局限性。他没

---

① 刘进田：《文化哲学导论》，法律出版社 1999 年版，第 235 页。
② 同上书，第 292 页。

有彻底脱离传统知识分子的研究范围来研究学术问题，并仍然以传统的思维方式来研究学术问题，加之自身知识体系的欠缺等，都导致他不能完全站在客观的角度上以科学的方法来评价和研究学术问题，没有形成系统的文化理论。因此，在考察和借鉴梁启超的学术思想时，应采用全观和联系的方式，既不能全盘接纳，也不能彻底否定，必须经过理性分析之后才可以为我所用。

参考文献

［1］梁启超：《饮冰室合集》卷1—12，中华书局1989年版。

［2］梁启超：《梁启超讲国学》，金城出版社2008年版。

［3］贾菁菁编：《梁启超演讲集》，天津古籍出版社2005年版。

［4］梁启超：《梁启超书话》，浙江人民出版社1998年版。

［5］葛懋春编：《梁启超哲学思想论文选》，北京大学出版社1984年版。

［6］李华兴编：《梁启超选集》，上海人民出版社1984年版。

［7］梁启超：《梁启超说佛》，中国青年出版社2005年版。

［8］梁启超：《梁启超文集》，北京燕山出版社2009年版。

［9］梁启超：《梁启超致江庸书札》，天津古籍出版社2005年版。

［10］梁启超：《梁启超游记》，东方出版社2006年版。

［11］夏晓虹编：《大家国学，梁启超卷》，天津人民出版社2008年版。

［12］夏晓虹编：《梁启超学术文化随笔》，中国青年出版社1996年版。

［13］冯志阳编：《梁启超讲文化》，天津古籍出版社2005年版。

［14］摩罗、杨帆编：《太阳的朗照》，复旦大学出版社2011年版。

［15］陈引驰编：《梁启超学术论著集》，华东师范大学出版社1998年版。

［16］王德峰编：《国性与民德》，上海远东出版社1995年版。

［17］罗检秋编：《梁启超心语》，岳麓书社1999年版。

［18］康有为：《文化千言》，花城出版社2008年版。

［19］梁漱溟：《梁漱溟全集》卷1，山东人民出版社1989年版。

［20］丁文江等编：《梁启超年谱长编》，上海人民出版社1983年版。

［21］胡适：《胡适选集》，天津人民出版社1991年版。

［22］李茂民：《在激进与保守之间》，社会科学文献出版社2009年版。

［23］夏晓虹：《阅读梁启超》，生活·读书·新知三联书店2006年版。

［24］蒋林：《梁启超"豪杰译"研究》，上海译文出版社2009年版。

［25］焦润明：《梁启超启蒙思想研究》，辽宁大学出版社2006年版。

［26］夏晓虹：《觉世与传世》，上海人民出版社1991年版。

［27］李喜所等：《梁启超传》，人民出版社2010年版。

［28］方红梅：《梁启超趣味论研究》，人民出版社2009年版。

［29］段江波：《危机·革命·重建》，广西师范大学出版社2008年版。

［30］李金和：《平民化自由人格》，知识产权出版社2010年版。

［31］郑匡民：《梁启超启蒙思想的东学背景》，上海书店出版社2009年版。

［32］李喜所主编：《梁启超与近代中国社会文化》，天津古籍出版社2003年版。

［33］丁耘：《儒家与启蒙——哲学会通视野下的当前中国思想》，生活·读书·新知三联书店2011年版。

［34］梁景和：《中国近代陋俗文化嬗变研究》，首都师范大学出版社1998年版。

［35］贺善恺：《当代中国转型期社会形态研究》，学林出版社2004年版。

［36］朱义禄：《儒家理想人格与中国文化》，复旦大学出版社2006年版。

［37］何秉孟：《新自由主义评析》，社会科学文献出版社2012年版。

［38］李泽厚：《中国现代思想史论》，东方出版社1987年版。

［39］俞祖华：《民族主义与中华民族精神的现代转型》，社会科学文

献出版社 2012 年版。

［40］陈来：《中国近世思想史研究》，商务印书馆 2003 年版。

［41］宋志明：《中国现代哲学通论》，中国人民大学出版社 2008年版。

［42］汪亭友：《"普世价值"评析》，社会科学文献出版社 2012年版。

［43］龙应台：《百年思索》，南海出版公司 2001 年版。

［44］［美］费正清：《中国：传统与变革》，陈仲丹等译，江苏人民出版社 2012 年版。

［45］张灏：《梁启超与中国思想的过渡（1890—1907）》，新星出版社 2006 年版。

［46］黄克武：《一个被放弃的选择：梁启超调适之思想研究》，新星出版社 2006 年版。

［47］殷海光：《中国文化的展望》，中华书局 2016 年版。

［48］尹岩：《现代社会个体生活主体性批判》，上海人民出版社 2009年版。

［49］衣俊卿：《文化哲学——理论理性和实践理性交汇处的文化批判》，云南人民出版社 2002 年版。

［50］杨善民：《文化哲学》，山东大学出版社 2002 年版。

［51］刘进田：《文化哲学导论》，法律出版社 1999 年版。

［52］尚明：《中国近代人学与文化哲学史》，人民出版社 2007 年版。

［53］孙冠臣：《海德格尔的康德解释研究》，中国社会科学出版社2008 年版。

［54］［英］泰勒：《原始文化》，连树声译，浙江人民出版社 1988年版。

［55］［美］约瑟夫·阿·勒文森：《梁启超与中国近代思想》，刘伟译，四川人民出版社 1986 年版。

［56］［德］兰德曼：《哲学人类学》，阎嘉译，贵州人民出版社 2006年版。

［57］［法］让－保罗·萨特：《存在主义是一种人道主义》，周煦良

译，上海译文出版社 2012 年版。

［58］［德］海德格尔：《海德格尔存在哲学》，孙周兴译，九州出版社 2011 年版。

［59］《马克思恩格斯全集》第 42 卷，人民出版社 1979 年版。

［60］《马克思恩格斯选集》第 1 卷，人民出版社 1972 年版。

［61］Thomas R. Flynn, *Existentialism—A Very Short Introduction*, Beijing：Foreign Language Teaching and Research Press，2008.

致　谢

现在，博士学位论文的写作已结束，我尽自己的能力提交了一份博士学业的答卷。虽然这份答卷不能十分令人满意，但是有一点值得肯定，经过这次的研究和写作，梁启超研究学术的态度以及学术与做人相结合的方法深深地感染了我。真是人入文中，文也育人。经历了撰写博士学位论文的磨砺，如梁启超所说"种种烦恼，皆为我练心之助"，这让我获得了做人、做事、做学问的准则，从此以后，我会奉如此准则在人生的道路上，踏踏实实地耕耘、踏踏实实地收获。

能有这样一份深刻的收获，我要感谢黑龙江大学哲学学院的导师们，自从我入学那一天起，他们都给予了我无私的支持、帮助和关爱。他们做人和治学的态度使我受到了鼓舞、学到了严谨；他们的学术成果都堪称典范，成为我前行的指引。尤其要感谢我的导师魏义霞教授，每每在我重要的人生转折时刻，老师都坚定地站在我的身边给予我鼓励、支持和信任，使我能够自立、自信和自强，老师深厚的学识和勤奋的学风也使我时刻警醒自己要力争上游，这份师恩，学生终生难忘！还要感谢张锡勤、柴文华、樊志辉、关健英、张继军、王秋等诸位老师，他们或给予我学业上的指点或给予我学习的帮助。再有，和我一同攻读博士学位研究生的同学们，感谢李福生、尹静、胡慧莲，在我的校园生活中，是他们给予了我许多帮助和关怀。

此外，还要特别感谢的是我的父亲和爱人以及所有对我予以期望的家人，他们给予我精神和生活上的鼓励和关心，使我在学业上能勇往直前、无后顾之忧。军功章里，也有他们的一半。

在此，向所有给过我真诚帮助的人衷心地道一声：谢谢！

向你们深鞠一躬聊表敬意！